Marie Pohl

Geisterreise

S. Fischer

© 2012 S. Fischer Verlag GmbH, Frankfurt am Main
Satz: Dörlemann Satz, Lemförde
Druck und Bindung: CPI – Clausen & Bosse, Leck
Printed in Germany
ISBN 978-3-10-059023-7

Für meinen Vater

Inhalt

Die Afrikanische Königin

Ein Geist muss sich auch mal hinsetzen.
Pina Bausch, Vollmond

Meine Reise beginnt mit einem Sturz.
Ich war nach Kuba gefahren, um Pablo zu sehen.
Ai!
So vieles in meinem Leben habe ich für die Männer getan!
Oder war es doch nur für mich, auf der Suche nach der großen Liebe?
Der Jäger Ochosi. Vielleicht mag ich deshalb den Tanz dieser Santería-Gottheit so sehr. Ochosi, der Jäger, der auf dem Berg lebt, und wenn er tanzt, dann nimmt er aus dem Köcher, den er auf dem Rücken trägt, einen Pfeil und schießt.
Pablo hatte ich in Havanna kennengelernt, mich stürmisch verliebt, war weggefahren und hatte ihm versprochen, bald zurückzukehren. Vier Jahre schrieben wir uns. Lange Briefe.
Wenn die Leute fragten: Was macht Marie? – hieß es immer: Sie reserviert grad ein Flugticket nach Kuba.
Aber ich flog nicht.

Ich lebte in Berlin. In einer Wohnung mit Kohleofen in Kreuzberg. Erster Hinterhof, linker Seitenflügel. Das Haus hatte eine schwere Holztür mit eisernem Schloss und keine Klingel. Sechster Stock. Über mir war nur der Dachboden.

Ich saß in meiner Dachkammer und dachte an Kuba.

An Pablo.

Es ist eine Droge, die Einsamkeits-Droge, die unerfüllte Liebe, die Liebe in Gedanken.

Eines Nachts sagte ich mir, ich brauche ein Zeichen, ich brauche ein klares Zeichen – wenn ich ein Zeichen habe, fliege ich nach Kuba.

Am nächsten Tag lag vor meiner Wohnungstür – sechster Stock, Seitenflügel, eisernes Schloss, keine Klingel – eine Packung Popular con Filtro.

Kubanische Zigaretten.

Mein Nachbar war zwei Tage zuvor nach Kuba geflogen. Ich hatte ihn gebeten, mir eine Schachtel Popular con Filtro mitzubringen. Er wollte eigentlich einen Monat dort bleiben. Aber in der Nacht vor seinem Abflug küsste er das Mädchen, in das er jahrelang verliebt gewesen war. In Havanna angekommen, wurde er fast wahnsinnig vor Sehnsucht und stieg am nächsten Tag in den Flieger zurück nach Berlin. Die Packung Zigaretten war das Einzige, was er aus Kuba mitgebracht hatte.

Drei Tage später saß ich dann selbst im Flugzeug nach Havanna. Ochosi. Auf der Jagd nach dem Mann.

Ich trug das weiße Kleid. Seit vier Jahren, seit meiner letzten Kubareise hing es bei mir im Schrank. Das Pablo-Kleid. Er wollte immer, dass ich Weiß trage. Nur für ihn hatte ich es mir gekauft.

»Estoy aquí – ich bin hier.«

»Pasate – komm vorbei«, er klang gar nicht euphorisch.

Pablo stand kurz vor seiner Hochzeit.

Ich fuhr hin. Das Haus, sein Haus, die Straße, seine Straße.

Wir setzten uns auf sein Sofa.

»Morgen heirate ich«, sagte er. Die Nacht war dunkelblau, dunkelblau wie die kubanischen Nächte sind, dick und voll saftiger Farbe wie Fruchtfleisch. Ich wollte hineinbeißen in diese Nacht. Aber Pablo saß ganz weit weg am anderen Ende des Sofas.

»Warum sitzt du so weit weg von mir?«, fragte ich ihn.

Das Mondlicht. Er zeigte auf das Mondlicht. Als man ihm seinen Santo gegeben hatte, seinen Santería-Schutzgott, da musste er schwören, dass er für den Rest seines Lebens nie mehr im Mondlicht baden, sitzen oder schlafen werde. Er hatte das Mondlicht den Göttern geopfert, damit sie ihn beschützten.

Pablo. Er war so hin und her gerissen in seinem Glauben. Heute glaubte er, morgen zweifelte er. Er war überhaupt ein sehr hin und her gerissener Mensch. Und sein Gesicht war wie ein zerrissenes Hemd mit zwei dunkelroten Weinflecken als Augen.

Es war vorbei.

Ich ging tanzen.

Ich wollte weinen und ging tanzen.

Ich lernte Son Cubano, den »Vater des Salsa«. Ein eleganter Tanz, den heute kaum noch einer kennt. Ich lernte ihn von einem Paar in der Altstadt. Er trug Weste und Hut, sie immer knielange Röcke. Meine Vermieterin, die fragile Dichterin Caridad, nannte die beiden das Postkarten-Paar. Weil sie immer für die Touristen tanzten. Ich lernte die Acht von ihnen … meine Hüften in der Form einer Acht zu wiegen, mich tanzend an die Unendlichkeit zu schmiegen … Und ich drehte und drehte meine Achten, bis die Leute in der Bar laut lachten und über die kleine Weiße Witze machten …

Alles war anders.

Caridad, die Schriftstellerin, bei der ich wohnte, mochte keinen Besuch. Sie hatte Angst vor Menschen, und ohne es zu wollen und zu meinem großen Bedauern, hatte ich ihr gleich bei meiner Ankunft einen Schrecken eingejagt.

Ich stieg aus dem Taxi aus, und ein Mann auf der Straße bot mir an, meinen Koffer hinaufzutragen. Er sagte, er wohne auch in diesem Haus und kenne Caridad, er wolle sie um Bohnen und Reis bitten. Sie öffnete die Tür, eine dünne Frau mit einer noch dünneren Stimme. Der Mann kam herein, setzte sich auf das Sofa im Wohnzimmer und schwieg. Nach einer

Weile wandte sich Caridad an mich: »Me lo presentas? Willst du ihn mir nicht vorstellen?«

Er grinste. Ich bezahlte ihm zwei Dollar, und er ging.

Danach hielt mir Caridad einen langen Vortrag über Kuba, über die Nachbarn, die hier alles sehen und hören und weitererzählen. Sie hatte keine Lizenz, mir ein Zimmer zu vermieten, und hatte große Angst. Wenn man sie erwischte, konnte es passieren, dass man ihr die Wohnung wegnahm. Ich sollte leise sein, sollte niemanden mit hinaufbringen, sollte »keinen Wind in die Gardinen blasen«.

Meine Freundin Yusa, die Sängerin, die ich von meiner ersten Kubareise kannte, hatte mir dieses Zimmer vermittelt. Aber auch Yusa war hier nicht wirklich willkommen mit ihrer lauten Stimme. Ich sah sie sowieso kaum. Sie hatte eine neue Band und war ständig auf Tour.

Ich war allein. Viel allein. Und nahm Tanzstunden.

An einem warmen Abend spazierte ich nach dem Tanzunterricht über den kleinen Platz, wo neben einem Baum und einer Bank die Statue des Freiheitskämpfers Simón Bolívar stand. Ich aß ein Eis. Das Licht der Laternen lag wie Honig hingeschmiert auf dem Kopfsteinpflaster.

»Willst du tanzen gehen?«, fragte eine Stimme hinter mir.

»Nein.« Ich drehte mich um und erblickte vor mir eine ausgestreckte Hand.

»Warum nicht? Tanzt du keinen Salsa?« Die Hand
kam näher.
»Doch.«

So traf ich Ronal. Es war eine jener schicksalhaften
Begegnungen, die einen in eine neue Richtung len-
ken. Aber das weiß man erst viel später.
Ronal und ich begegneten einander, wie sich zwei
Menschen auf der Straße eben begegnen. Wir liefen zur gleichen Zeit über den gleichen Platz. Er rief
mir nach. Preciosura. Dulcura. Schmuckstück. Süßig-
keit. Wie all die Rastas und *jineteros*, die den weißen
Frauen nachrufen, weil sie eine Freundin suchen, die
ihnen das Essen und die Drinks bezahlt, und, wenn
sie etwas Glück haben, ihnen später Geld aus dem
Ausland schickt, und, wenn sie ganz großes Glück
haben, sie heiratet und aus Kuba herausholt.
Ich kannte diese Art von *hussle*, diese Art von Geschäft.
Aber ich mochte Ronals Hand. Er hatte wunderschöne Hände. Nur wegen seiner Hände blieb ich
stehen.
Ronal.
The crazy rasta. Der allen immer erzählte, wie gerne
er Vegetarier wäre, aber dass er sich das auf Kuba
nicht leisten könne. Ein Rasta, der die Bibel zitierte
und Bob Marley, und nicht verstand, warum mir
Céline Dion nicht gefiel. Ein Rasta, der Rum trank.
Er nannte sich *la vibracion*! Oder auch San Lázaro, der
heilige Lazarus. Er war San Lázaro.

Ronal war nicht hin und her gerissen wie Pablo.

»Ich liebe dich«, sagte er gleich am ersten Abend, »liebst du mich denn nicht?«

»Ich habe dich doch gerade erst kennengelernt.«

»Wie lange brauchst du denn, um zu wissen, ob du jemanden liebst?«

In jener Nacht bin ich oft hingefallen. Ich stolperte über Pflastersteine, über Unebenheiten der aufgebrochenen Straßen, ich stieß mich an Bordsteinkanten, war vollkommen aus dem Gleichgewicht.

»Das ist San Lázaro«, sagte Ronal. »Das macht er, weil du mir nicht sagst, dass du mich liebst.«

San Lázaro ist auch Babalu Ayé. Viele der Sklaven, die aus Westafrika nach Kuba verschleppt wurden, gehörten dem Yoruba-Volk an. Man nahm ihnen alles, ihre Besitztümer und ihre Unabhängigkeit, und schiffte sie nackt – nur mit Eisenketten bekleidet – auf die ferne, fremde Insel. Aber ihre Gesänge, ihre Rhythmen, ihre Götter, ihre Geschichten und ihren Glauben schmuggelten sie nach Kuba wie ein unsichtbares Gepäck.

Doch die spanischen Kolonialherren wollten ihnen auch dieses letzte Eigentum nehmen. Wen sie beim Singen oder Beten oder gar einer Opferzeremonie erwischten, dem drohte die Folter. Die Afrikaner sollten ihre Vergangenheit vergessen und katholisch werden.

Aber was einer in sich trägt, was er denkt, was er fühlt,

was er glaubt und vor allem, was er erinnert, das kann einem niemand nehmen. Die Sklaven fanden viele Ähnlichkeiten zwischen den katholischen Heiligen und ihren Orishas, ihren Göttern und Geisterwesen. Babalu Ayé, der Gott, der Krankheiten heilt, war dem heiligen Lazarus verblüffend ähnlich. Und wenn einer krank wurde und Babalu Ayés Hilfe brauchte, rief er nun nach San Lázaro.

Ronal trug seinen San Lázaro immer bei sich in der Hosentasche, in einem kleinen Säckchen aus grobem Stoff, vielleicht aus einem alten Getreidesack genäht. Ronal wusste nicht, was es genau enthielt. Niemand wusste das. Nur die Santería-Priesterin aus seinem Dorf. Sie hatte es Ronal zu seiner Geburt geschenkt und zu der Mutter gesagt: »Dieses Kind ist aus dem Grab des San Lázaro auferstanden.«
Jedes Mal, wenn Ronal Rum trank, spuckte er den ersten Schluck auf die Straße – für seinen Schutzgott. Und jeden Donnerstag kippte er Parfüm auf das Säckchen. Oder jeden zweiten Donnerstag. Je nachdem, ob er gerade zu Hause war. Wie jeder wirklich tief Gläubige, nahm er es mit den Vorschriften nicht so genau. Er wusste ja, dass er glaubte, und musste es niemandem beweisen. Ganz anders als Pablo, der nicht im Mondlicht saß und doch voll stiller Zweifel war.
Ronal war Realist. Und beim Realisten kommt der Glaube nicht aus einem Wunder, sondern das Wunder aus dem Glauben. Weil er im tiefsten Inneren

glaubt und glauben will, findet er die Wunder, die ihm seinen Glauben immer wieder von neuem bestätigen.

»Sag deinem Lazero, er soll aufhören!«, rief ich fast wütend, als ich wieder einmal gestolpert war. Ronal nahm das kleine Säckchen, führte es über meine Knie und Beine und Arme, und tatsächlich, ich fiel nicht mehr hin.

Voller Stolz erzählte Ronal mir die Geschichte von San Lázaro. Wir liefen an der Uferpromenade entlang. Ich war froh, dass er redete und nicht mehr versuchte, mich zu küssen. Ich lauschte seiner Geschichte. Mein Blick fiel auf das Mondlicht, das wie zum Anfassen nah auf dem schwarzen Meer lag.

»San Lázaro war ein Frauenheld«, begann Ronal, »wie ich einer bin. Er wollte nicht arbeiten. Er war nur hinter den Frauen her. Während die eine für ihn kochte, für ihn wusch, für ihn auf die Felder ging, lag er schon mit der nächsten im Bett. Die Frauen liebten ihn, und er verspielte ihr Geld und ging trinken und kümmerte sich um nichts.

Gott sagte zu ihm: Wenn du dich nicht änderst, werde ich dir alle schlimmen Krankheiten dieser Erde auf den Leib spannen. Lazero änderte sich nicht. Er trank, er fraß, er stahl, und er log. Dann bekam er Lepra, Syphilis und alles Schlimme, was man sich nur ausdenken kann. Kurz vor seinem Tod kam Oshun, die Göttin der Flüsse, und wollte ihn retten. Sie ging zu Gott und gab ihm ihren köstlichen Honig, dem niemand widerstehen kann, und überredete ihn so, den armen Lazero nicht sterben zu lassen. Gott schenkte ihm das Leben, verbannte ihn von der Erde.

Lazero ging aber nicht fort. Er blieb und trieb weiterhin seine üblen Spielchen. Gottes Zorn war heftig. Lazero wurde abermals von Krankheiten befallen. Noch viel schlimmer als beim ersten Mal. Seine Haut hing in Fetzen von seinem Körper. Fliegen saßen auf den offenen Wunden. Er schleppte sich wie ein Krüppel durch die Länder. Alle Menschen und alle Tiere flohen vor ihm. Er sah grässlich aus, und grässlich stank sein Leib.

Die Bäume versagten ihm ihren Schatten, der Boden spitzte sich unter seinen Füßen zu Dornen und biss ihm in die Fußsohlen. Kein Halm, kein Moos, das nicht zu Stein, nichts Frisches, das nicht zu Staub wurde. Die Sonne ließ ihre Wut auf seinem Rücken aus und bedeckte ihn mit Schwären. Der Regen wurde eisig und scharf, drang in seine Knochen mit stechendem Schmerz. Er litt Hunger und konnte nichts essen. Er kam um vor Durst und konnte nichts trinken. Über und über von Geschwüren bedeckt, am ganzen Körper von wimmelnden Würmern zerfressen, lief er Tag und Nacht umher.

Der Berggott Oggun schickte Eleggua – das Kind, der kleine Gott, der Türen und Wege öffnet. Eleggua gab Lazero die Hunde, die ihn von nun an immer begleiteten, und führte ihn in eine andere Welt. Dort wurde

San Lázaro König und begann den Menschen zu helfen, die krank waren.«

Hunde. Ronal hatte auch Hunde. Kampfhunde, schwarze Bullterrier. Niemals werde ich diese Hunde vergessen. Er wohnte in einer Wellblechsiedlung, und wenn ich nachts bei ihm aufs Klo wollte, musste ich ihn aufwecken. Das Klo war draußen hinter der Hütte. Ein Fleckchen Erde und ein Eimer Wasser. Dort schliefen nachts die Hunde, die jeden bissen, der sich ihnen näherte. Ich musste Ronal wecken, mir einen Schal umlegen und dann hinaus in die Nacht. Er blieb an der Tür. Wenn er dabei war, taten mir die Hunde nichts. Aber er hielt sie auch nicht fest. Sie schnupperten an meinen Knien, während ich gebückt auf der nackten Erde hockte.

Schon nach unserem dritten Treffen war ich mit zu ihm nach Hause gegangen. Ich habe erst später in meinem Leben verstanden, dass man sich als Frau nicht so leicht preisgeben darf. Ich war ja immer die Jägerin, und eine Nacht mit einem Mann war für mich wie das große Vergnügen, ein erlegtes Wild heimzutragen. Aber Ronal hatte ich nicht gejagt. Ich wollte auch gar nicht lange bleiben. Ich wusste nicht, dass ich von seiner Hütte nicht mehr wegkommen konnte.

Wir trafen uns am frühen Nachmittag. Weil Ronal kein Telefon hatte, saß er meistens auf der Bank neben der Bronzestatue von Simón Bolívar, direkt vor dem Haus, wo ich wohnte.

Ronal hatte keine Arbeit und keine Verpflichtungen und konnte stundenlang auf der Bank sitzen und warten, bis ich zufällig vorbeilief.

Die Luft war warm und leicht. Wie der Atem nach einem langen Kuss. Ich kam von einer Tanzstunde. Nicht von dem Postkarten-Paar, sondern von Marisol, einer Freundin meiner Vermieterin, die mir die Tänze der Santería-Götter beibrachte. Sie nahm kein Geld von mir. Nur Geschenke für ihren Altar. Zigarren. Rum. Und da ich diesmal Süßigkeiten mitgebracht hatte, tanzten wir den ganzen Vormittag den Tanz des Gottes Eleggua, des kleinen Jungen, der Süßigkeiten liebt.

Als Ronal mich sah, sprang er von der Bank auf, lachte, nahm meinen Arm und rief: »Ha! Welch ein Zufall, dass wir uns hier treffen.«

Wir hatten beide Hunger. Ich kannte eine Cafeteria um die Ecke, wo ich auf meiner ersten Havannareise immer hingegangen war. Für einen Peso bekam man dort ein ganzes Mittagessen, einen Teller mit Reis und Bohnen und Fleisch, eine Frucht als Nachtisch, ein *refresco* und einen Kaffee.

Aber der Mann am Eingang wollte uns nicht reinlassen. Hinter ihm aßen die Kubaner in der schönen Halle mit Kachelboden an kleinen Plastiktischen mit bunten Deckchen zu Mittag. Er sah mich an. Er sah Ronal an. Er schüttelte den Kopf. »Hier dürfen nur Kubaner essen, keine Touristen.«

Ich wollte etwas antworten, aber der Mann drehte uns demonstrativ den Rücken zu.

Neben Ronal war ich die weiße Touristin. Die Pesos-Taxis wollten uns auch nie mitnehmen. Er durfte nicht in die Hotels rein. Ich durfte nicht in die Cafeterias. All das hatte ich mit Pablo und meiner Freundin Yusa und den Künstlern, mit denen sie verkehrten, nie erlebt. Aber Ronal war ein Rasta. Und niemand mochte die Rastas.

Ronal führte mich zu einer Glocke, die an einem Seil aus einem Fenster hing. Wir klingelten. Am anderen Ende des Seils wurde ein Eimer heruntergelassen mit zwei kleinen Pappkartons, gefüllt mit Reis und Hühnchen. Wir legten für jeden Karton einen Peso in den Eimer, den eine unsichtbare Hand wieder hochzog. Wir aßen im Gehen und liefen zum Parque Central, zu der José-Martí-Statue – der Mann, der Kuba von den Spaniern befreit hatte. Es war der Ort, an dem die Rastas unter einer Palme versammelt waren und, wie Ronal sagte, »den ganzen Tag über Politik sprachen«.

Einmal im Monat kam die Polizei. Wenn sie einen der Rastas ohne Ausweis erwischten, nahmen sie ihn mit. Wenn er Pech hatte, bekam er dafür zwei Jahre in einem Arbeitslager oder einer sogenannten Schulungsanstalt. Wer sich ausweisen konnte, wurde von den Polizisten vom Platz vertrieben und beschimpft. Niemand mochte die Rastas. Nicht die Kubaner und nicht die Fremden.

Ronal liebte seine Brüder, wie er sie nannte, und fühlte sich im Rastadasein zu Hause. Er war 25 Jahre alt. Ein wunderschöner Junge. Gesichtszüge wie von einem spitzen Bleistift gezeichnet, elegant und fein, mit hohen Wangenknochen, einer schmalen, geraden Nase und großen, wolllüstigen Lippen, die sich an den meinen manchmal bis zum Wehtun festsaugten. Mandelförmige Augen. Er kam aus dem *Oriente*, dem Osten von Kuba.

Eine Boxkarriere hatte ihn aus seinem kleinen Dorf nach Havanna gebracht. Man hatte ihn entdeckt, er sollte groß rauskommen. Einen Tag vor seinem ersten wichtigen Boxkampf saß er mit einem weißen, ausländischen Mädchen am Strand und schälte mit einem Messer eine Orange für sie. Da kam ein Polizist und nahm ihn fest. Dank eines Gesetzes, das von der »sozialen Gefährlichkeit« von Menschen ausgeht, dem *ley de la peligrosidad social,* kann jeder verdächtig wirkende Kubaner festgenommen werden.

Auf der Wache traf Ronal seinen Vater. Sie hatten einander seit vielen Jahren nicht mehr gesehen. Der Vater war Polizist. Er hatte seine Frau geschlagen und ihr nie verziehen, dass sie ihn deswegen verlassen hatte. Er war nach Havanna gegangen und hatte sich nicht mehr um den Sohn gekümmert.

Jetzt standen sie sich gegenüber. Der junge Ronal mit einer Orange in der Hand.

»Nur weil du mein Sohn bist, willst du, dass ich jetzt eine Ausnahme mache?«, sagte der Vater und sperrte ihn für 36 Stunden ein.

An diesem Tag fiel eine Kokosnuss von der Palme im Garten von Ronals Mutter auf ein Huhn. Das Huhn war sofort tot. Da wusste die Mutter, dass ihr Sohn in Schwierigkeiten war, und reiste nach Havanna. Ronal wollte nicht mehr boxen. Er wollte nicht Staatsboxer werden für einen Staat, der ihn einsperrte, weil er am Strand saß und eine Orange schälte. Er war sowieso kein Kämpfer. Er war ein Spieler. Er war San Lázaro. Ein Frauenschwarm.

Die Mutter überredete ihn zu studieren und ergatterte durch komplizierte Beziehungen einen Platz an der Universität. Er hatte gute Noten, war hochintelligent, studierte ein paar Semester Medizin. Aber die Frauen lockten ihn auf die Straße, und bald trug er einen Turban über seinen Rastalocken, saß mit seinen Brüdern am Parque Central, fluchte auf Fidel und die Regierung und jagte hinter den weißen Mädchen her, die ihm sein Leben finanzierten. Er war San Lázaro.

Ronal stellte mich den anderen Rastas vor: »Das ist meine Neugier.« Er nannte mich immer *la curiosidad*, die Neugier, weil ich so viele Fragen stellte.

Sein bester Freund, Jonny, kam auf uns zugerannt. Er

war ganz aufgeregt. Ein Kreuzfahrtschiff hatte im Hafen festgemacht und brachte eine ganze Ladung von Engländern mit sommersprossigen Töchtern, die sich nach einem Abenteuer sehnten.

Ronal nahm mich überallhin mit. Wo er ging, sollte ich gehen. Wo er saß, sollte ich sitzen. Am besten sollten wir zur gleichen Zeit atmen!

Am Hafen tummelten sich die Touristen, warteten Busse und Stadtführer. Jonny hatte binnen weniger Minuten ein Mädchen ins Auge gefasst. Sie stand abseits von ihren Eltern, ihre träumenden Augen in weite Ferne enteilt. Sie war ein bisschen hässlich, unförmig, mit viel zu kurzen Beinen, einem Doppelkinn und ungekämmtem, mattem Strohhaar. Für die europäischen Mädchen ist das Dicksein eine Last, ein Unglück. Deshalb sieht es so unschön aus. Hier auf Kuba sind die Mädchen stolz, wenn sie einen Bauch haben oder einen dicken Hintern oder dicke Oberschenkel. Sie tragen ihre Figur wie ein neues Kleid, das sie allen zeigen wollen.

Das englische Mädchen aber wollte ihren Bauch unter einem langen T-Shirt verstecken. Sie war dick aus Unglück. Und Jonny wusste genau, dass darin seine Chance lag. Wir folgten ihrer Familie heimlich, um herauszufinden, in welchem Hotel sie wohnten. Dann warteten wir, bis das Mädchen, sie war etwa achtzehn Jahre alt, alleine auf die Straße trat, um eine Zigarette zu rauchen.

Ich sollte übersetzen. Weder Jonny noch Ronal sprachen Englisch. Ich sollte dem Mädchen auch das Gefühl geben, dass diese Jungs nicht gefährlich waren.

Wir gingen mit ihr in ein paar Bars Salsa tanzen, liefen durch die Straßen, und um Mitternacht erreichten wir eine Art stockdusteren Massagesalon. Ein langer Gang mit einem schwarzen Vorhang an der Seite. Dahinter lauter kleine Kabinen, die durch Vorhänge unterteilt waren. In jeder Kabine standen ein Sessel und ein Sofa. Alles war ranzig, abgenutzt, und es roch nach Sperma. Man zahlte hier zehn Pesos für eine Stunde.

Es lief so laute Salsa-Musik, dass die verschiedenen Paare einander nicht hören konnten. Hier konnte man also vögeln. Wo sonst? Die Kubaner durften nicht in die Hotels und wohnten meistens noch bei ihren Familien. Man konnte ein Mädchen nicht einfach mit nach Hause nehmen. Am Strand machten die Polizisten ihre Runden, auch auf den Straßen. Wo also sollte man sich lieben? Die Engländerin war angetrunken. Sie hatte große Lust, sie wollte unbedingt mit Jonny in dieses dunkle Nest hinein. Ich suchte in meiner Tasche nach Kondomen. Die beiden hatten keine. Jonny war ungeduldig. Zum Glück fand ich bald welche.

Die Engländerin und Jonny trafen wir danach noch einige Male am Parque Central unter der Palme. Sie trug nun immer ganz enge T-Shirts und wackelte auf ihren kurzen Beinen mit ihrem unförmigen Po. Ich glaube, sie hat ihm später aus England Geld geschickt.

Nachdem die beiden hinter dem dunklen Vorhang wie in einem afrikanischen Wald verschwunden waren, wollte ich nach Hause. Ronal begleitete mich bis zur Tür.

»Siehst du das?«, fragte er, als wir davorstanden.

»Was?«

»Die Hausnummer?«

»108, ja, und?«

»Mein Haus ist auch Nummer 108. Das ist ein Zeichen, dass wir zusammengehören. 108 por ciento de amor. 108 Prozent Liebe. Ven, mi curiosidad, ven, ven a mi palacio.

Ich hab das beste Haus im Viertel, ich hab einen Atari, ein Esszimmer, eine Küche und ein blaues Sofa.«

Er wohnte in Casablanca, und ich wusste nicht, dass es etwas außerhalb von Havanna lag, eine halbe Stunde Fahrt mit dem Bus und eine weitere halbe Stunde zu Fuß. Ich dachte, ich sehe mir seinen Palast an und fahre dann wieder nach Hause.

Wir standen und warteten eine Ewigkeit auf den Bus, und plötzlich kam der so heftige karibische Regen, lauter Striche, die mir die Sicht vermalten. Ich sah nichts mehr. Mit dem Bus fuhren wir durch einen Tunnel, stiegen irgendwo aus und liefen dann irgendwo hin. Ronal spannte seinen langen Mantel – er trug immer einen weißen Anzug und einen langen Mantel – über unseren Köpfen aus wie ein Zelt. Der Boden unter meinen Füßen wurde immer weicher. Keine geteerte Straße mehr. Wir rannten durch den

Schlamm, ab und zu ein Holzbrett, ein Steg über einer riesigen Pfütze, und als Ronal endlich stehen blieb, sah ich, dass sein Viertel eine Wellblechsiedlung und sein Palast eine Wellblechhütte war.

Hinter der Tür bellten die Hunde. Wir hatten auch ihnen jeweils einen Karton mit Essen mitgebracht. Ronal schrie sie immer an: »Putas, putas, comen, comen, comen. Esst, esst. Sie beißen jeden tot, der hier reinkommt, wenn ich nicht da bin.«

Früher hatte er mit ihnen Geld verdient, bei Hundekämpfen. Jetzt wollte er es nicht mehr riskieren, sie zu verlieren, denn sie bewachten sein Haus, den Atari, den Fernseher und das blaue Sofa.

Ronal warf den Reis und die Hühnchenschenkel auf den Boden. Der Boden. Nur das Wohnzimmer mit dem blauen Sofa hatte einen richtigen Boden. Das Schlafzimmer nicht. Dort war bloße Erde. Und dort schlief seine Cousine. Die nun aufschreckte, mich begrüßte und ins Haus nebenan flüchtete, wo eine andere Cousine mit ihrem Mann wohnte. Ronal sagte, das mache ihr nichts aus. So gehe das immer, wenn er Besuch mitbringe.

Ich setzte mich auf das blaue Sofa vor den Fernseher. Kleine kitschige Bilder an den Wänden mit Herzen und Blumen darauf. Aschenbecher aus verrosteten aufgeschnittenen Coladosen.

»Tupac oder Céline Dion?«

Was wollte ich hören.

Definitivamente Tupac.

So verbrachte ich meine erste Nacht in dem Wellblechpalast.

Am Morgen hörte ich den Brötchenmann ans Fenster klopfen – es war eigentlich kein Fenster. Ronal hatte einen alten Fensterladen zwischen die Wellblechwände montiert, mit Lamellen, die man hochklappen konnte, so dass sich ein kleiner Spalt auftat. Durch diesen Spalt schob der Brötchenmann jeden Morgen das eine Brötchen, das Ronal zustand, die staatliche Frühstücksration. Das Bett war direkt unter dem Fensterladen. Ich konnte – ohne aufzustehen – das Brötchen entgegennehmen.

Die Müdigkeit lag noch in meinen Gliedern, und ich genoss diese Schwere und den Geruch, den der Schlaf den Menschen entlockt und wie eine Glasglocke über ihr Bett hängt. Ich versuchte, meinen Traum zurückzurufen. Da erhoben sich draußen laute Stimmen. Die Nachbarn. »Apurate, apurate, conio! Beeil dich, beeil dich«, rief einer. Durch den Spalt im Fenster sah ich zwei Männer im Zwielicht stehen. Der eine rauchte und fluchte, während der andere sein Gesicht in einem Eimer wusch. Dem Licht nach musste es kurz nach sechs sein. Ich schloss die Augen und suchte erneut den Schlaf, der immer schneller immer weiter wegglitt. Eine Frau von gegenüber fütterte jetzt ihre Hühner, eine andere klapperte mit Töpfen, die ersten Hunde bellten, und ich nahm die immer lauter werdende Unruhe von draußen als ein Zeichen, endlich aufzustehen. Das Morgengeläut, so heißt es, ist des Jägers Ochosi Lachen.

Ich schlich mich ins Wohnzimmer. Auf dem blauen Sofa lag unter meinen Kleidern mein Handy.

Eine Nachricht.

Rosario. Meine Freundin aus Madrid.

»Wir kommen morgen in Havanna an. Iberia ... Flugnummer ... Uhrzeit. Bereite alles vor. Wir wollen unbedingt die Reise in den Osten machen.«

Es würde also geschehen. Die Reise zu der Santería-Priesterin. In einer E-Mail hatte ich Rosario von Ronal geschrieben und von unserem Plan, vielleicht eine Reise in sein Heimatdorf zu machen, zu der Santería-Priesterin, die dort lebte. Ronal wollte seinem San Lázaro eine Ziege opfern. Dazu hatte ihm die Priesterin vor Jahren schon geraten. Dann würde er Erfolg haben, einen Beruf finden oder jemanden treffen, der ihn vielleicht weg aus Kuba und nach Europa bringen würde. Ich wollte ihm die Fahrt in sein Dorf bezahlen und für ihn die Opferziege kaufen. All das hatte ich Rosario in meiner E-Mail kurz geschildert.

Wir kannten uns aus Madrid. Als ich dort Spanisch studierte und eine Mitbewohnerin suchte, stand eines Tages Rosario vor meiner Tür. Südspanierin. Aus Andalusien.

Jetzt kam sie mich in Kuba besuchen und brachte noch eine Freundin mit.

Ronal rief mich zurück ins Schlafzimmer. Am Fuße des Bettes stand ein kleiner weißer Klapptisch aus Plastik. Darüber war ein Seil gespannt. Daran hingen auf Bügeln der weiße Anzug, eine Jeans und ein weißes Hemd. Das waren die Kleider, die Ronal besaß.
Er lachte.
»Siehst du die Zahnpasta auf dem Tisch?«
»Ja.«
»Die hat mir eine Italienerin geschenkt.«
»Ah.«
»Siehst du das Deo?«
»Ja.«
»Das hat mir eine Amerikanerin geschenkt.«
»Ah.«
»Und siehst du die Creme?«
»Ja.«
»Die hat mir eine Holländerin geschenkt.«
»Ah.«
»Und du, was schenkst du mir?«
»Eine Ziege.«

»Bist du vollkommen wahnsinnig geworden?«, fragte Pablo und drückte seine dicken Lippen aufeinander. Ihn zu küssen, war wie auf Lippen spazieren zu gehen. Aber wir küssten uns ja nicht mehr.
»Was willst du von mir?«, antwortete ich, »du bist verheiratet. Lass mich in Ruhe.«
»Du kannst doch nicht mit einem jinetero, einem Touristenjäger, den du mitten in der Nacht …«

»Es war nicht nachts, es war abends …«

»… den du egal wann auf der Straße aufgegabelt hast …«

»Es war nicht auf der Straße, es war auf der Plaza Simón Bolívar vor der Simón-Bolívar-Statue, dem *liberador*! Dem Befreier! Und ich habe ihn nicht aufgegabelt. Das Schicksal hat ihn mir geschickt!«

»Sie spinnt.« Er wandte sich an Rosario, die neben mir saß.

»Wie lange brauchst du, um jemandem zu vertrauen?«, konterte ich. »Wie viele Jahre? Wie viele Tage? Wie viele Monate? Hast du dafür auch eine Regel? Ich kenne dich seit vier Jahren und wusste nichts von deinen Hochzeitsplänen.«

»Und ich wusste nichts von deinen Reiseplänen! Nur weil ich geheiratet habe, wirfst du dich so einem Bengel an den Hals und glaubst seine Lügengeschichten!« Er wurde laut.

»Das ist völliger Wahnsinn, mit einem Straßenjungen ans andere Ende der Insel zu fahren, um eine Ziege zu opfern! Die machen da nur eine Show für euch!«

Rosario grinste: »Wir wollen ein bisschen was von Kuba sehen, es wird eine lustige Reise.«

»Coño! Und wer fährt euch?«, schimpfte Pablo.

»Edy«, sagte Rosario.

»Hast du den auch von der Straße?« Pablo biss wütend in eine Zigarre, als wäre der Qualmbolzen schuld an dem ganzen Desaster.

Tatsächlich hatte ich auch Edy auf der Straße getroffen, nachdem ich das Zimmer für Rosario und ihre Freundin Ibbie reserviert hatte und ein Auto suchte, um die beiden vom Flughafen abzuholen.

Centro Havanna. Mirta. Bei Mirta hatte ich vor vier Jahren gewohnt, hätte auch diesmal gerne bei ihr gewohnt, aber das Zimmer war belegt. Nun war der Untermieter frühzeitig ausgezogen, weil er den Hund von Mirta nicht ertragen konnte. Der strubbelige Bellhals. Mirtas kranker Mutter ging es unverändert schlecht. Es hatte sich eigentlich nichts verändert, das Zimmer mit dem herrlichen Blick auf die Uferpromenade, der schmale Gang und Mirtas Marilyn-Monroe-Locken. Alles war gleich geblieben.

Ich war also wieder dort, wo ich mich auskannte. Ich ging sofort in die Cafeteria um die Ecke. Der Kellner war nicht mehr der gleiche, aber auch sehr freundlich und stellte mir seinen Stammgast vor: Edy.

Edys haben mir immer Glück gebracht. Der Türke im Spätkauf in Berlin hieß auch Edy, er war genauso dick und klein und hatte auch so dichte Augenbrauen und so ein lautes, warmes Lachen. Es gibt noch ein paar andere Edys, denen ich begegnet bin, und es sind immer gute Freunde geworden. Edy. Wegen des Namens also vertraute ich mich ihm an.

Ronals Dorf lag in der Nähe von Holguín, etwa achthundert Kilometer von Havanna entfernt. Wir hätten nach Holguín fliegen und von dort mit einem Sammeltaxi oder Bus irgendwie das Dorf erreichen können. Ein Flug kostete pro Person 150 Dollar. Wir hätten auch Bus oder Zug fahren können. Aber die beiden Mädchen wollten sich Kuba ansehen und auch zum Strand.

Edy hatte einen roten Fiat Uno, den er vermietete. Aber nicht ohne ihn.

»Ich geb mein Auto nicht her«, sagte er stur, und seine Sturheit gefiel mir. Für dreißig Dollar am Tag plus Benzin konnten wir ihn und sein Auto haben.

»Wir können in Trinidad und Cienfuegos anhalten, an den Strand fahren, und vielleicht schaffen wir es, einen Tag in Santiago zu verbringen.«

Abgemacht. Handschlag. Als Freundschaftszeichen fuhr er Ronal und mich umsonst zum Flughafen.

Ich habe auf meinen vielen Reisen einen Instinkt entwickelt, der mir hilft, fremde Menschen binnen weniger Minuten einschätzen zu können. Edy konnte ich vertrauen. Auch wenn wir uns später auf der Reise einmal sehr gestritten haben, war er ein Mensch, auf den man sich verlassen konnte.

»Vielleicht ist er ein total verrückter Fahrer? Wie kannst du achthundert Kilometer hin und noch mal achthundert Kilometer zurück mit einem Mann fahren, den du auf der Straße kennengelernt hast? Zu einer Santería-Priesterin, die dir dieser Straßenbengel aufgeschwatzt hat!«

Pablo war außer sich vor Wut.

Ich war nun seit zehn Tagen immerzu mit Ronal zusammen. Er fragte mich jeden Morgen, ob ich ihn heiraten und mit nach Deutschland nehmen wolle. Das war sein Traum. Am Flughafen musste ich mit ihm zur Landebahn laufen. Er stand dort wie ein Kind und drückte sein Gesicht gegen die Gitterstäbe.

»Ich will auch in diesen Vogel einsteigen«, rief er, »ich will auch einmal durch die Luft fliegen!« Und noch heute, wenn ich in einem Flugzeug sitze und es wackelt und ich Angst habe, dass wir abstürzen, denke ich an Ronal und wie aufgeregt er auf die Landebahn sah, wie er sich freute, wenn die Flugzeuge in die Luft stiegen. Dann habe ich keine Angst mehr.

Ich konnte ihn nicht mit nach Deutschland nehmen. Aber ich konnte ihm die Ziege schenken und das Ritual ermöglichen. Die Santería-Priesterin hatte versprochen, dass ihm diese Opferzeremonie großes Glück bringen würde. Wenn er daran glaubte, dann würde es auch geschehen.

Die Santera hieß María.

Und jeder in Casablanca, in der Wellblechsiedlung, wo Ronal lebte, sprach von ihr. Der eine Nachbar hatte sie am schönsten beschrieben. Ich liebte diesen Nachbarn. Er war etwa fünfzig Jahre alt und früher Boxer gewesen. Ein stämmiger Mann, mächtig und hochgewachsen. Er las viel, er las alle Bücher, die er nur irgendwie bekommen konnte.

In jener ersten Nacht, als mich Ronal durch den strömenden Regen zu seinem Palast geführt hatte, suchten wir den Nachbarn auf, weil wir Rum von ihm kaufen wollten. Er trank viel Rum.

Er öffnete die wackelige Tür zu seiner Wellblechhütte und sah auf meine Schuhe. Ich trug weiße Turnschuhe, die vom Schlamm völlig verdreckt waren.

»Ich komm gleich rüber«, sagte er. Und er kam, brachte Rum und ein Paar Sandalen. »Darf ich deine Schuhe mitnehmen und saubermachen?«, fragte er höflich.

Er nahm meine Schuhe, und am nächsten Morgen standen sie vor Ronals Tür, schneeweiß.

Ich schenkte ihm als Dankeschön ein Schwein, denn er liebte Schweinesuppe und galt als guter Koch. Natürlich war ich eingeladen zu dem Schweineschmaus, und beim Essen erzählte er von seiner Begegnung mit María, der Santería-Priesterin.

Sie war zu einer Santería-Konferenz nach Havanna gekommen. Sie wollte Ronal ein paar Dinge von seiner Mutter vorbeibringen und suchte ihn in Casablanca. Aber Ronal trieb sich in der Altstadt herum und jagte die Touristinnen. Sie saß vor seiner Hütte und wartete. Der Nachbar beobachtete sie aus seinem Fenster.

Sie wiegte sich im frischen Wind, und es war ihm, als wiege sich die ganze Siedlung mit ihr. Sie schaute zum Himmel hinauf, zum großen Ungerührten, und die Wolken traten beiseite und machten der Sonne Platz. Und die Sonne schien auf sie nieder, und ihre Haut leuchtete wie eine nasse Kaffeebohne. Ein Augenblick voll erschreckender Schönheit. Dann sprang ihr Koffer wie von selbst auf, und eine große Schlange, eine Boa, befreite sich daraus und legte sich ihr in den Schoß. Und Ronals Hunde badeten friedlich vor ihren Füßen in einer Pfütze und leckten ihr die Zehen.

Diese Szene sprach sich natürlich in der Siedlung herum. Die fremde Priesterin mit der Schlange im Schoß und der Sonne im Gesicht. Ronal sagte, sie kenne die Sprache der Tiere. Und seine Hunde flüsterten ihr zu, dass sich Ronal von Drogen fernhalten solle. Er musste ihr versprechen, die Finger davon zu lassen. Kurz nachdem sie gegangen war, klopfte der Rasta Jonny bei ihm an die Tür. Er hatte einen Beutel Gras aus Jamaika bekommen, und Ronal sollte ihm helfen, das Gras in Havanna zu verticken. Ronal lehnte ab. Und seine Hunde leckten ihm die Zehen und waren zufrieden.

Rosario und Pablo lachten mich aus.

»Das haben ihr also die Hunde erzählt? Dass er die Finger von Drogen lassen soll? Die Frau, die eine Boa im Koffer mit sich rumträgt? Ich habe auf Kuba noch nie eine Boa gesehen! Es gibt hier keine gefährlichen Schlangen. Darauf fällst du rein? Er nützt dich aus! Und jetzt nützt er auch noch deine Freundinnen aus! Lässt sich einladen von euch auf eine Reise durch Kuba und zu seinen Eltern! Ich bin mal gespannt, welche Krankheiten seine Eltern haben, für die sie dringend Geld brauchen.«

Ich stand auf. Es war Zeit zu gehen.

»Du brauchst eben immer einen, der dich zu deinen

Geschichten führt«, rief Pablo beleidigt. Dann wandte er sich an Rosario und sagte: »Pass auf sie auf!«

Ich erklärte Rosario, dass Pablo jemand war, der an allem zweifelte, an seiner Religion, an unserer Liebe, an seiner Ehe und an seiner Haltung zur Politik. Er bewunderte Castro und wollte gleichzeitig raus aus Kuba.

Rosario verteidigte ihn. Er sei eben ein Dichter, und Dichter müssen immer zweifeln. Die Tatsache, dass er gar nicht mehr schrieb, sondern nur noch Hiphop-Beats produzierte, weil er »den Glauben an das Wort verloren hatte«, faszinierte sie erst recht.

Nun wurde auch sie zur Zweiflerin und zweifelte an meinen Entscheidungen, meinen Ansichten, meiner chaotisch leichtfertigen Art. Und ihr Misstrauen gegen mich machte mich misstrauisch gegen sie.

Schlimme Gedanken zogen auf wie dunkle Wolken.

Die Nacht vor der großen Reise verbrachte ich bei Ronal. Tagsüber hatte hier ein großes Drama mit den Hunden stattgefunden. Während wir Pablo besuchten und Ronal in der Altstadt bei seinen Rastas weilte, hatte einer von Ronals Hunden seine Cousine in den Nacken gebissen, so dass man sie ins Krankenhaus bringen musste.

Ronal schlug die Hündin mit einem Stock und kettete sie fest. Es herrschte eine ungute Stimmung, und ich war sehr erleichtert, als der gute Nachbar die Hütte betrat. Wir setzten uns auf das blaue Sofa. Er hatte ein Buch mitgebracht. Kubanische Märchen. Er las mir daraus die Geschichte vor, wie die Sterne entstanden:

»In der ersten Nacht war der Mond fein wie ein Haar. Dann war er wie die Klinge einer durchscheinenden Sichel, wurde zur Scheibe einer von Saft strotzenden Zuckermelone, wurde zu einem Mühlrad, das sich schließlich löste und in den Schlund der Nacht stürzte, wo der Ewig Verborgene, den niemand je von Angesicht gesehen hat, auf dem Grund des Bodenlosen mit einem Stein die alten Monde zerstampft, um Sterne daraus zu machen, bis schließlich eine neue Mondsichel am Himmel erscheint.«

Wir brachen am frühen Morgen auf. Ich saß auf der Rückbank am Fenster und schaute aufs Meer. Plötzlich überkam mich eine große Traurigkeit. Ich vermisste meine kleine Schwester. Ronal griff nach meiner Hand. Und obwohl wir beide auf ein Erlebnis zusteuerten, das unsere Leben verändern sollte, wusste ich in diesem Moment, dass ich eine Reise antrat, die ich ohne ihn zu Ende bringen musste.

Gegen sechs Uhr abends kamen wir in der »Perle des Südens«, in Cienfuegos, an und fanden den Sonnenuntergang an der Uferpromenade wie einen Geliebten genau zur rechten Zeit. Der Süden. Süßer Süden. Ich sah in die rote Sonne und sang einen argentinischen Tango:

Vuelvo al Sur
Como se vuelve siempre al amor
Vuelvo a vos
Con mi deseo, con mi temor

Ich kehre in den Süden zurück
Wie man immer zur Liebe zurückkehrt
Ich kehre zu dir zurück
Mit meinem Wunsch, mit meiner Angst

Llevo el Sur
Como un destino del corazón
Soy del Sur
Como los aires del bandoneón

Ich trage den Süden
Wie ein Schicksal in meinem Herzen
Ich bin der Süden
Wie das Atmen des Bandoneons

Sueño el Sur
Inmensa luna, cielo al reves
Busco el Sur
El tiempo abierto y su después

Ich träume den Süden
Den riesigen Mond, den anderen Himmel
Ich suche den Süden
Die offene Zeit und ihr Danach

Ich wollte am Strand bleiben und warten, bis der Sonnenball hinterm Horizont verschwunden war, aber die anderen wollten weiter und etwas essen. Wir fanden irgendein Hotel. Edy puderte sich auf meinem Bett die Füße ein, woraus fast ein Zank entstanden wäre. Und Ronal schüttete den Rest der Puderdose, die Ibbie gehörte, in seine Schuhe, was Ibbie nicht gerade erfreute. Seine Schuhe hatten Löcher, und er hinterließ überall weiße Spuren.

Am nächsten Tag tat Ronal etwas, womit er Rosario und Ibbie überzeugte, dass er kein schlechter Mensch war.

Eine Nachbarin aus Casablanca hatte Ronal die Adresse ihrer Mutter in Cienfuegos gegeben. Sie schrieb ihr seit fünf Jahren regelmäßig Briefe und bekam nie eine Antwort. Sie wusste nicht einmal, ob die Mutter überhaupt noch lebte.

Wir verbrachten einen halben Tag mit der Suche nach dieser Frau in einem Armenviertel hinter einer Zuckerrohrplantage.

Die Frau hatte einen Schnurrbart, blond gefärbte Haare und ihre gelben Socken hoch über ihre haarigen Beine gezogen. Ronal lachte und klopfte ihr auf die Wampe.

»Aber dir geht es ja gut! Du siehst gar nicht so schlecht aus, wie deine Tochter befürchtet hat. Fidel füttert dich!«

»Ich kann reichlich Zucker essen«, lachte sie zurück,

und daran, dass sie Schwierigkeiten hatte, das Wort »abundante« – »reichlich« – auszusprechen, merkte ich, dass sie vollkommen betrunken war.

»Ich schreibe meiner Tochter nicht«, stammelte sie, »weil ich ihre Adresse verloren hab. Was soll ich machen?«

»Sie will, dass du nach Havanna kommst.« Ronal überreichte ihr den Brief der Tochter.

»Ich kann nicht weg, ich kann mein Haus nicht alleine lassen. Warum kommt sie nicht zu mir? Ich kann alleine nicht reisen, warum schickt sie mir niemanden?«

Palmen, Sonne, zwei schwarze Mädchen vor dem Haus. Stille. Bäume. Ronal schenkte der Frau seine Bibel. Als wir wegfuhren, winkte sie mit der Bibel in der Hand.

Benny Moré kam aus Cienfuegos. Benny Moré. Der kubanische Sänger, der dürre Schwarze, an dem die Anzüge immer viel zu groß aussahen, mit seiner Tenorstimme aus Honig. Weltberühmt. Vierziger, fünfziger Jahre. Das Postkarten-Paar in Havanna tanzte Son zu Benny Moré. Ich liebte diese alte kubanische Musik. Die Boleros. Den Son. Den Mambo.

Edy hatte eine einzige Kassette, die wir immer wieder hörten. 1600 Kilometer die eine Kassette. Salsa. Aber schlechter Salsa. Ich wurde fast verrückt. Edy liebte die Kassette so sehr, wie ich Benny Moré liebte, und deshalb warf ich sie nicht aus dem fahrenden Auto.

In Cienfuegos schenkte ich Ronal ein Paar neue Schuhe. Wir mussten lange vor dem Laden anstehen. Weit und breit war es der einzige Schuhladen, und wegen einer neuen Lieferung standen die Leute Schlange bis auf die andere Straßenseite. Als wir endlich drin waren und Ronal ein Paar Halbschuhe aus Leder gefunden hatte, die ihm gefielen, durfte er diese nicht anprobieren. Vorschriften! Eine andere Regel in diesem Laden: Es dürfen keine zwei Personen auf einem Stuhl sitzen. Mit anderen Worten: Man durfte nicht auf dem Schoß seines Freundes sitzen.

Die Verkäuferin war eine kleine Bürokratin, die ihre Regeln liebte wie alte Damen ihre kläffenden Hunde. Ich ließ mich von ihrer Art provozieren und wich nicht von Ronals Schoß. Die Frau wurde laut, und alle starrten mich an. In jeder anderen Stadt wäre ich sofort gegangen. Aber Ronal brauchte dringend neue Schuhe. Also stritt ich mich mit dieser Bürokratin herum, bis er endlich ein Paar Halbschuhe aus Leder an den Füßen hatte und keine weißen Puderspuren mehr hinterließ.

Nachts, auf dem Weg nach Trinidad. Ronal saß hinten, auf seiner rechten Schulter lag Rosarios Kopf. Sie schlief. Auf der linken der Kopf von Ibbie, die ebenfalls schlief. Er kraulte beiden die Haare.
Wir fuhren langsamer, um kurz anzuhalten.
Ronal: Willst du gleich nach hinten?

Ich: Nee, wieso, sieht doch ganz gemütlich aus, wie du da sitzt.

Ronal: Ist auch sehr gemütlich.

Edy: Keine Eifersuchtsszenen! Die beiden gehören mir.

Ich: Na ja, ich weiß nicht, wie eifersüchtig du wärst, wenn ich Jonny den Kopf kraulen würde.

Ronal: Das wäre mir ganz egal.

Ich – zu Rosario, die sich hinten langsam reckte, aufwachte und erschrocken guckte: Wenn ich in Madrid bin, gehe ich zu deinem Freund und bitte ihn um eine Massage.

Stille. Stille.

Ronal: Jetzt bist du wirklich zu weit gegangen, jetzt hast du die Stimmung total zerstört.

Rosario fing an zu weinen.

Ronal: Edy, mach bitte die Musik wieder an.

Ich wusste zu diesem Zeitpunkt nicht, dass Rosario nach Kuba gekommen war, weil die Beziehung zu ihrem Freund in der Krise war. Ich wusste auch nicht, dass sie die stille Ibbie mitgenommen hatte, weil die einen Monat vorher versucht hatte, sich umzubringen. Die lustige Abenteuerreise durch Kuba gestaltete sich mehr und mehr zu einer Wanderung durch ein Minenfeld von unausgesprochenen Problemen, die durch den kleinsten Fehltritt explodieren konnten.

Trinidad. Endlich ein Tag am Strand. Das Meer nahm die Sorgen mit. Aber dann kam die Polizei. Edy hatte seinen Führerschein in Havanna vergessen. Er musste auf der Reise viele Strafen zahlen. Außerdem gingen ihm zwei Reifen kaputt. Und so wurde auch seine gute Laune immer dünner.

Es stank so sehr nach Benzin in diesem Auto, dass uns Mädchen schlecht wurde. Irgendwo sah ich am Straßenrand einen alten Mann, der Mandarinenketten verkaufte, etwa zwanzig Mandarinen an einer Schnur. Ich kaufte für uns jeweils eine Kette, die wir uns um Hals und Kinn wickelten. Wir schälten die oberen Mandarinen und sogen den Geruch ein.

Da der Fiat getönte Fensterscheiben hatte, musste Edy nachts sein Fenster offen lassen, um in den Seitenspiegel sehen zu können. Der Wind pustete uns ins Gesicht, und mit den Mandarinenketten und den Schals, die wir um unsere Köpfe gewickelt hatten, sahen wir aus wie eine Bande, die gerade einen Marktstand ausgeraubt hatte.

Der Wind. Der Benzingestank. Immer diese eine Musikkassette. Ronal flirtete heftigst mit den Mädchen. Sie alle sprachen ein schnelles Spanisch und erzählten Witze, die ich nicht verstand. Und genau in der Mitte der Insel, also vierhundert Kilometer von Havanna entfernt und vierhundert Kilometer vor Holguín, hielt ich das alles nicht mehr aus.

Wir tankten. Es war ein Uhr nachts. Wir waren gerade an einem Flughafen vorbeigefahren, Ciego de Avila.

»Ich kann nicht mehr«, flüsterte ich Rosario verzweifelt ins Ohr, »ich kann nicht mehr in diesem Auto sitzen, mit diesem Gestank, mit dem Wind, mit dieser schrecklichen Musik, diesen vielen Streitereien. Rosario. Vielleicht sind das alles Zeichen, dass wir nicht in dieses Dorf sollen. Lass uns zum Flughafen fahren und einen Flug zurück nach Havanna nehmen!«

Rosario wurde rot vor Wut.

»Pablo hatte recht. Du bist vollkommen wahnsinnig.«

Schlechte Gedanken rasten mir durch den Kopf. Ochosi, der Jäger, ist der, der läutet. Ein großer Heiliger ist Ochosi. Ochosi verscheucht die schlechten Gedanken. Er ist der Herr des Berges. Er ist der Berg selbst. Er ist Beil, er ist Pfeil, er ist Messer.

Aber ich rief nicht nach Ochosi. Ich zog mich immer mehr in meine Gedanken zurück und wurde immer stiller.

Wir fuhren bis Santiago de Cuba. Ein kleiner Umweg und der letzte Stopp vor dem Ziel. Berühmtes Santiago de Cuba. Wie anders die Menschen hier aussahen. Mandelförmige Augen. Fast ein bisschen asiatisch. Ronal traf wieder irgendwelche Rastas, denen er Essen schenkte. Wir hörten wunderschöne Musik. Ein Orchester. Ich tanzte einen Son.

Ein schwarzer Wind ging durch die Nacht. Edy sah nichts. Er fuhr nach Gefühl, aber hochkonzentriert. Der kleine Fiat holperte über Steine, Wurzeln, Gräben und suchte zwischen Schlaglöchern die Straße. Die letzten Meter.

El Purio. Das Dorf lag im Dickicht. Im Wald. Seit vielen Jahren war Ronal nicht mehr zu Hause gewesen, seit sie ihn als jungen Boxer nach Havanna geholt hatten. Er hatte seine Mutter nicht angerufen. Er hatte niemandem gesagt, dass er kam.

»Jetzt rechts. Jetzt links. Jetzt links. Geradeaus.« Ronal kannte jeden Winkel.

Es war zwei Uhr nachts. Die Menschen im Dorf schliefen. Nur im letzten Haus am Dorfrand brannte Licht, und dort stand Ronals Mutter vor der Einfahrt und wartete. Klein. Rundlich. In etwas zu großen dunkelgrünen Shorts, einem T-Shirt. Vom Schlaf zerwühltes Haar.

Ihr Mann erzählte mir später, dass sie um halb zwei aufgestanden war, und als er fragte, wohin sie mitten in der Nacht wolle, hatte sie in größter Ruhe geantwortet: »Ich werde meinen Sohn begrüßen, der jetzt nach Hause kommt.«

Der Instinkt der Mutter.

Ronal war unruhig, schwitzte. Gleichzeitig war ihm kalt, er zitterte fast. Die Mutter umarmte ihn. Aber sie weinte nicht. Niemand weinte.

Sie trugen unsere Taschen ins Haus. Seine Schwester kam, im Nachthemd. Und der Vater, Ronals Ziehvater, half Edy das Auto zu parken. Die Tante kam vom

Nachbarhaus. Überall gingen plötzlich die Lichter an, und Ronals Familie und Freunde strömten von allen Seiten in Schlafanzügen, Nachthemden und Bademänteln herbei. Ronal zerrte mich aufgeregt ins Haus.

»Siehst du, Marie! Das ist ein richtiges Haus! So muss man wohnen!« Er zerrte mich zum Kühlschrank, der wie bei vielen kubanischen Familien im Wohnzimmer stand, und riss das Gefrierfach auf: »Guck mal! Marie! Das ist ein voller Kühlschrank, hier ist es nicht so wie bei mir in Havanna, hier gibt's Essen! Hier gibt's keine Sorgen.«

Das Gefrierfach war bis obenhin mit gefrorenem Fleisch gefüllt.

Und er zerrte mich in die Küche, »hier ist eine Waschmaschine«, und er zerrte mich in die Zimmer und drückte mich auf die Betten, »fühlst du diese Matratzen? Das sind richtige Matratzen, auf denen man gut schläft! Wie findest du die Matratzen?«. Das fragte er immer wieder und wiederholte, dass ich hier so gut schlafen würde wie nirgendwo sonst auf der Welt.

Und er flüsterte mir ins Ohr: »Hier darfst du nichts gegen Fidel sagen! Fidel hat ihnen die Matratzen geschenkt und die Waschmaschine und die Musikanlage und den neuen Kühlschrank mit dem großen Gefrierfach. Hier liebt man Fidel. Hier darfst du nichts gegen Fidel sagen!«

Die Tante brühte Kaffee. Die Schwester schälte Obst. Die Mutter lief mit frischem Bettzeug durchs Haus. Jeder wusste sofort, was zu tun war, wenn Gäste kamen. Das Wohnzimmer war bald überbevölkert von aus dem Schlaf gerissenen Verwandten, die Gläser brachten, Wasserkaraffen, Saft, Rum und Zigaretten.

Da war er nun, ihr Ronal aus Havanna. Mit drei weißen Mädchen. Und einem roten Fiat und einem dicken, lustigen Fahrer, den alle sofort ins Herz schlossen und wie einen der ihren behandelten.

Die Mutter drängte mich ins Bad. Ich sollte mich duschen. Ich wollte mich doch bestimmt duschen. Seine Schwester hatte das Wasser bereits auf dem Herd warm gemacht und in einem Eimer in die Dusche gestellt. Ich wusch mich und lauschte den Stimmen, die im Wohnzimmer auf und ab gingen.

María, die Santera, war gerade gekommen, und Ronal erzählte, dass in der Nacht darauf das Ritual mit der Ziege stattfinden musste, weil wir am nächsten Tag wegfahren würden. Es wurde gelacht. Über mich. Ich hatte im Auto Ronal gefragt, ob man die Ziege denn wirklich tötete. Ich liebte Ziegen so sehr. Sie lachten, weil ich Angst hatte, eine Ziege zu töten.

Ronal rief meinen Namen. »Beeil dich! Komm zu uns!«

Das Bad war gekachelt, es gab auch ein kleines Waschbecken und einen Spiegel. Wie der Rest des Hauses, war auch das Bad sehr sauber und liebevoll eingerichtet. Auf der Ablage vor dem Spiegel stand eine Tonfigur, eine dicke schwarze Tänzerin mit Zigarre im Mund. Ich wusch mich so schnell ich konnte. Ich tauchte die Haare in den Eimer, seifte sie ein und ließ dann so langsam wie möglich das warme Wasser über den Körper fließen.

Als ich aus dem Bad trat, wartete der Eimer mit Wasser für Ibbie schon an der Tür. Auch Rosario duschte sich und Ronal und Edy, und es war vier Uhr morgens, als die Verwandten gegangen und alle endlich eingeschlafen waren. Auf den guten Matratzen von Fidel.

Ich wachte um sieben Uhr morgens auf. Ich ging in den Garten, der hinterm Haus lag. Man sah dort den tropischen Wald und Hügel.

Der Vater kam, und wir sprachen über das bevorstehende Ritual. Er praktizierte keine Santería. Wenn sein Auto nicht ging, lag das nicht daran, dass die Götter auf ihn böse waren, dann war der Motor kaputt!

»Ich glaube an die Arbeit meiner Hände.«

Und María? Die Santera?

Gestern im Wohnzimmer hatte ich sie zum ersten Mal gesehen. Schön. Etwa Ende vierzig. Sehr jung für eine Priesterin mit solchem Ruf. Sie trug eine lange Jacke über ihrem Nachthemd und sah gar nicht aus, wie man sich eine Hexerin in einem Dorf vorstellt. Eher war sie eine ganz normale, eine dicke Frau, herrlich rund und weich. Nur war sie besonders dunkel.

Und doch glaubte der Vater an Marías Kräfte. Er zeigte auf eine Palme im Garten. Es ist nicht leicht, eine Palme hochzuklettern. María hatte es getan. Sie war besessen vom *negro congo,* von einem sehr starken Geist, und plötzlich sprang sie die Palme hoch, und ihr schwerer Körper war leicht wie der eines Äffchens. Sie hüpfte bis in die Krone, griff sich eine Kokosnuss und glitt mit der Kokosnuss unterm Arm den Stamm hinunter. Dann öffnete sie die Nuss mit ihren bloßen Händen, kippte sich die Milch übers Gesicht und rannte fort in die Berge und ward sieben Tage und sieben Nächte nicht mehr gesehen.

»Und dennoch mache ich keine Santería«, schloss der Vater seine Geschichte, »aber ich verstehe, warum meine Frau es tut. Komm, wir holen die Eier fürs Frühstück.«

Hinter uns klapperten Teller und Töpfe. Ronals Mutter rief uns hinein. Zum Frühstück gab es Omelette mit Tomaten, Papayasaft und Yoghurt ... Yoghurt vom Land, vom Dorf, vom Nachbarn, Yoghurt, der bitter ist und den man mit viel Zucker isst.

Rosario und Ibbie waren noch erschöpft von der Reise. Ibbie hätte am liebsten den ganzen Tag geschlafen, aber Rosario ging mit ihr in den Garten.

Ronal und Edy stiegen ins Auto und fuhren los, um die Ziege zu kaufen.

»Da darfst du nicht mit«, sagte Ronal stolz, »ich weiß, sonst nehm ich dich überallhin mit, aber das ist etwas für die Männer. Geh mit meiner Schwester zu María und sprich mit ihr.« Und der kleine Fiat rollte hupend die staubige Straße hinunter.

Rosario, Ibbie und ich folgten der Schwester auf einen Hügel, wo mitten im Wald eine Hütte mit einem Dach aus Palmblättern stand.

Daneben war ein Grill, um den ein paar Kinder spielten. Eine junge Frau drehte das Fleisch. Yoamis, die Tochter der Santera. Sie war nicht religiös und wartete draußen, bis ihre Mutter mit der Arbeit fertig war. Die Hütte war verschlossen. Drinnen fand ein Ritual statt, bei dem man nicht stören durfte.

Wir unterhielten uns mit der schönen Yoamis. Ihre kleine Tochter würde den Fußstapfen der Großmutter folgen, sagte Yoamis, sie liebte die Zeremonien, die Gesänge, die Tänze, und sie sprach im Schlaf mit den Geistern.

Plötzlich trat ein Mann aus der Hütte und rief: »El santo dice que entren. Der Heilige sagt, ihr sollt reinkommen.«

Es saßen etwa fünfzehn Leute in der Hütte, auf Hockern und der Erde, vor einem großen Altar, einer mit weißen Laken bedeckten Treppe, auf deren Stufen die vielen Puppen der verschiedenen Santos standen. Direkt davor war auf den Boden ein sonderbarer Kreis mit Kreide gezeichnet, mit eigenartigen Mustern, die ich nicht entziffern konnte. Vor dem Altar lagen verschiedene Opfergaben, kleine Stöckchen, Schalen mit

Reis, Rum, Honig, Kaffee, Mais, Basilikum und die heilenden Blätter des Regenbaumes und der Siguaraya und natürlich *rompe zaragüey*, das magische Kraut. Ein junger Mann reinigte sich mit jeder einzelnen Opfergabe. Er nahm jedes Stöckchen, jede Schale, jedes Blatt und führte sie um die Füße, um die Knie, um die Hüften, an die Brust, hielt sie über den Kopf, setzte sie wieder ab, um mit den gleichen Bewegungen mit der nächsten Gabe fortzufahren.

María saß auf einem Stuhl zwischen den Leuten. Sie forderte Rosario, Ibbie und mich auf, uns neben den Altar zu stellen. Wir warteten, bis der junge Mann sich zu Ende gereinigt hatte. Ich dachte, die Santera würde nun mit einer Zeremonie beginnen, die wir aus der Ecke des Altars beobachten konnten. Stattdessen wandte sie sich an uns und begann mit uns zu sprechen, ohne vorher Muscheln zu werfen, wie ich es aus Havanna kannte, ohne Fragen zu stellen. Manche Dinge, die sie sagte, stimmten und andere wieder nicht.

Zu Rosario sagte sie: »Als du zwölf Jahre alt warst, ist dir etwas widerfahren, was dich sehr verwundet hat.«

Rosario war elf, als ihre Eltern sich fast getrennt hätten. Sie hat oft von den Affären des Vaters erzählt und von der weinenden Mutter.

»Du bist unzufrieden. Du denkst immer, du wirst ungerecht behandelt. Du opferst dich für andere auf, aber du brichst zusammen, weil du denkst, niemand sieht es.«

Und dann sprach die Santera über Rosarios Liebesgeschichte mit ihrem Freund in Madrid.

»Du bist neidisch auf ihn. Weil er sein Geld ehrlicher
verdient als du.«

Rosarios Freund war ein bekannter Schriftsteller. Rosario wollte auch immer schreiben, aber sie fürchtete,
sie könnte damit kein Geld verdienen, und machte
deshalb andere Jobs, die sie, wie sie meinte, am Schreiben hinderten.

Am Ende fing Rosario an zu weinen. Sie stand da, das
strenge spanische Gesicht schweigend und schön, und
die Tränen flossen ihr aus den Augen, als wollte sie
sich auflösen.

Die Santera gab Rosario *rompe-zaragüey*-Blätter, sie
sollte sie mit nach Spanien nehmen und dort mit ihnen baden. Rosario trug sie noch am Flughafen in
einer Tüte bei sich, aber ich weiß nicht, ob sie damit
gebadet hat. Sie hat jedoch, kurz nach dieser Reise,
einen Band mit Gedichten veröffentlicht und ein Sti-
pendium bekommen, mit dessen Hilfe sie vier Monate in Ruhe weiterschreiben konnte.

Dann kam Ibbie an die Reihe.

»Du hast Probleme mit dem Hören«, sagte die Santera, und es stimmte, weil Ibbie sehr empfindliche
Ohren hatte und keine laute Musik vertrug, was im
Auto öfter zum Streit mit Edy und Ronal geführt
hatte.

»Du brauchst einen cambio de vida, einen Lebenswandel«, fuhr sie fort, und ich dachte mir, ah, wer
braucht den nicht!

Das Cambio-de-vida-Ritual fand um drei Uhr morgens statt. Lange, nachdem wir die Ziege geopfert hatten. Maria wollte dafür kein Geld nehmen. Ibbie
musste nur die Dinge bezahlen, die Ronals Schwester
noch am frühen Abend besorgte: 21 weiße Rosen-
köpfe, Milch von zwölf Kokosnüssen, Rum, Honig,
Zimt, Eier, Parfüm und zwei kleine Kuchen.
Wir standen in einem Halbkreis um Ibbie herum. In
dieser gleichen Hütte. Ibbie hatte nur ein Strandtuch
umgebunden und nichts darunter. Von den Füßen
bis zum Kopf hatten wir sie mit einem Bindfaden um-
wickelt.
Während María den Faden wieder abwickelte, sang
sie: »Ich bitte Euch, Götter, nehmt das Schlechte von
diesem Mädchen, schenkt ihr Freude und ein besseres
Leben, verbrennt alles Schlechte, das sie umgibt.«
Ganz langsam wickelte sie den Faden ab, machte bei
der Hälfte eine kleine Pause und reichte Ibbie die zwei
Kuchen. Ibbie stand vor einem Feuer. Sie warf die
Kuchen hinein. María sang und wickelte den Faden
weiter ab, und als sie fertig war, kippte sie Ibbie die
Mischung aus Rum und Rosenköpfen und Milch
und Honig und Zimt und Eiern über den Kopf. Wir
mussten uns umdrehen, den Rücken zu Ibbie und
dem Feuer. Ibbie zog das Strandtuch aus und stand

nackt vor dem Feuer. Sie warf das Strandtuch in die Flammen. Es verbrannte. Dann zog sie sich ein Kleid über und war fertig. Das war der *cambio de vida*. Der Lebenswandel. Der diesem stillen Mädchen helfen sollte.

Das alles spielte sich später in der Nacht ab. Jetzt war es Tag, und Sonnenlicht kitzelte durch die Bambusstäbe der Hütte. Wir drei standen neben dem Altar. Rosario weinte. Ibbie weinte. Und ich hoffte, die Santera würde nicht mit mir über meine Probleme reden, weil ich so viele habe! Ängste und Zweifel. Und sie hörte meine Gedanken.

»Warum bist du so aufgeregt?«, fragte sie mich.

»Nun«, antwortete ich schüchtern, »stellen Sie sich vor, Sie stünden hier vor lauter fremden Menschen, und jemand spricht zu Ihnen von Ihren Problemen – wären Sie da nicht nervös?«

»Ich werde nicht von deinen Problemen sprechen, nicht von deinem Schicksal, nicht von deiner Vergangenheit und nicht von deiner Zukunft. Ich werde auch nicht über deinen *pantalón*, deinen Freund, sprechen.

Ich will dir sagen, wer dich beschützt: die Sonne und der Mond. In ihrem Licht findest du Kraft. Wo du gehst. Wo du stehst. Sie beschützen dich. Und ich will dir sagen, wer dir hilft, dein Glück zu finden. Dir hilft die Afrikanische Königin. Auch, wenn du dieses Rätsel lange nicht lösen wirst.«

Stille.

Stille.

Stille.

Da war ich ja noch mal davongekommen. Aber sie war mit mir noch nicht fertig.

»Jetzt«, sprach sie weiter, »jetzt sollst du dich reinigen. Ich werde dich von deiner Vergangenheit reinigen, du trägst eine große Last in deinem Herzen, und diese Last wollen wir dir nehmen. Komm.«

Ich trat vor den Altar und hob, wie der junge Mann es zuvor getan hatte, jeden Gegenstand auf und führte ihn um meinen Körper herum. Die Stöckchen, Schalen mit Mais, mit afrikanischer Erde, Wasser, Rum, Kaffee, Zigarren, Parfüm, Kraut, wieder ein Stock, Reis, Honig, Blätter, eine Tüte mit Salz. Ich führte jeden Gegenstand einmal um die Füße, um die Knie, um die Hüften und schließlich an die Stirn und griff den nächsten.

Ich reinigte mich. Die Santera erhob sich von ihrem Stuhl. Jemand hatte leise und langsam begonnen, die Trommel zu schlagen, die Stille im Raum war deutlich hörbar. Niemand regte sich, nur die Trommel und die Santera, die in unverständlicher Sprache murmelte. Und nun drang ein Geisterwesen in sie ein. Die Afrikanische Königin. In der Ecke stand der Hahn, pechschwarz und stolz. Ich sah aus dem Augenwinkel, während ich noch immer Schalen und Stöckchen um meinen Körper führte, wie die Santera diesen Hahn griff. Der schrie wie ein Kind. Sie hielt ihn hoch und biss ihm in den Nacken, biss ihm den Kopf ab, lachte dabei laut und setzte dann eine leere Glasflasche an. Das Blut schoss in die Flasche hinein.

Ich fuhr mechanisch mit der Reinigung fort. Es blieben mir noch eine Schale Rum, ein Palmenzweig und die Tüte Salz. Die Santera begann zu singen. Sie trat hinter mich und hielt den noch immer zappelnden kopflosen Hahn, aus dem das Blut tropfte, über meinen Rücken. Jedes Mal, wenn ich mich bückte, um den nächsten Gegenstand vom Boden aufzuheben, ließ sie den Hahn über meinem Rücken seinen Todestanz aufführen.

Ich machte krampfhaft weiter, nahm den Rum, führte ihn um die Füße, die Knie, die Hüften, an die Stirn, bückte mich nach dem Palmenzweig und spürte die Krallen des Hahns auf dem Rücken, spürte das flatternde Zappeln, hörte die Trommel zu seinen letzten Sekunden schlagen.

Als ich die Tüte mit dem Salz an die Stirn führte, legte die Santera den inzwischen reglosen Hahnenkörper auf den Boden in die Mitte des mit Kreide gezeichneten Kreises. Ich drehte mich zu ihr. Sie nahm mich an die Hand. Die Trommel wurde lauter und schneller. Wir tanzten beide um den toten Hahn.

Dann löste sich die Santera von mir. Alle standen auf. Die Trommel wurde noch schneller. Der junge Mann hob den Hahn auf und legte ihn in eine Ecke. Die Santera zog ihre Kleider aus und stand nackt in der Mitte der Hütte. Sie sang. Ihre Stimme war zart und rein wie die eines Chorknaben. Sie war nicht mehr die schwarze Kubanerin. Sie war nicht mehr María. Sie war die Afrikanische Königin.

In Reimen sang sie: »Steht auf, steht auf«, und alle erhoben sich von ihren Plätzen, »bringt mir Blumen, bringt mir Blumen«, und man brachte ihr Blumen und schmückte ihr das Haupt, »bringt mir Honig, bringt mir Honig«, und Ronals Mutter brachte Honig, und alle begannen, den nackten, singenden schwarzen Leib mit Honig einzureiben. Die Blüten fielen ihr aus dem Haar und blieben im Honig an den Brüsten kleben. Der Trommler trommelte. Die Menge tanzte um die Königin herum, ihr Körper voll Honig, Blüten und streichenden Händen, darüber und dazu ihre Stimme, die zarte, klare, unschuldige Kinderstimme.

Mitten in dieser Orgie, in der sich alle wie in Trance schwangen, sah ich an mir herab. Ich trug das weiße Pablo-Kleid, und ich bemerkte, wie dreckig es geworden war, voller Flecke vom Blut des Hahns und von der Baumrinde der nassen Stöckchen, dem Kaffee, dem Honig, dem Staub des Bodens, auf dem wir tanzten. Die Leute warfen mit Gräsern, Kräutern und Blumen um sich, und ich betrachtete die Flecken auf meinem weißen Kleid. Es war nur ein kurzer und verstohlener Blick, ein »Oh nein, das ist mein liebstes Kleid« zuckte durch meinen Kopf, und mitten in der Orgie, mitten im Tanz des Rituals, fing die Mutter von Ronal diesen Blick und diesen Gedanken auf, nickte mir zu, lächelte und machte mit den Händen eine Geste, dass sie mein Kleid waschen würde. Und sie hob den Daumen, als sage sie, alles wird gut, das kriegen wir schon wieder weiß!

Verständnis. Vielleicht kann man nur das verstehen, was man in sich trägt.

Die Trommel wurde leiser. Wir traten zurück. Die Königin verabschiedete sich.

»Bringt mir ein Tuch«, sang die Santera. Man brachte ihr ein Laken, das sie sich um ihren nackten, klebrigen Körper legte, und wie eine griechische Göttin schritt sie aufrecht und erhaben hinter den Altar, in die hinterste Ecke der Hütte und winkte.

»Fragt, wenn ihr Fragen habt, denn ich mache mich auf den Weg«, sang sie, »sagt, was ihr sagen wollt, denn ich stehe auf dem Steg, zurück in mein Land muss ich gehen und singe euch Auf Wiedersehen.«

Wir winkten ihr. Der Trommler schlug ein letztes Mal, und die Töne zerrannen in der Luft wie der Schaum der Welle im Sand.

Wir setzten uns. Die Santera wurde zu einem Stuhl geführt und verharrte dort in tiefem Schweigen. Die Luft zitterte noch.

Die Santera blieb nicht lange ruhig. Plötzlich erfasste sie ein heftiges Schütteln, es war, als tanzte jeder Nerv in ihr. Ein zweiter Geist bemächtigte sich ihrer: La San Francisca, la mujer de los siete bollos, the woman of the seven pussies, die Frau der sieben Muschis, die Frau, die Männer isst!

Sie war, das hatte mir Ronal erzählt, die Schutzgöttin seiner Schwester. Diese saß nun neben mir, und ihr ewig ernstes Gesicht hellte sich auf, als die Santera zu sprechen begann. Die kinderzarte Stimme hatte sie herausgeschüttelt, jetzt war der Klang tief, verraucht, verrucht, vulgär wie der einer alten Hure.

»Ha! Was trage ich hier? Ein Bettlaken? Ist es schon so früh? Ha! Bring mir ein Kleid, bringt mir, was mir gebührt!«

Ronals Mutter verließ die Hütte. Es war still, merkwürdig still. Endlich kehrte Ronals Mutter mit einem Kleid zurück und zog es der Santera an.

»Mach es enger! Die Brust soll herausquellen! Mach es enger! Die Taille sollst du erwürgen!«

Ronals Mutter steckte mit einer Sicherheitsnadel die Taille ab, und schnitt mit einer alten Schere den Ausschnitt tiefer. Eine andere Frau brachte ein goldenes Tuch, das man der San Francisca um den Kopf wickelte. Sie wurde geschminkt. Lippenstift. Lidschatten. Dabei lachte sie und rief den Männern zu, sie sollten schauen, mit welchen Mitteln man sie verführte, wie sich eine Frau anziehen musste, damit die Männer sie ausziehen wollten. Die Männer! Die großen Kartenspieler dieser Welt! Die ihre Asse nicht finden, weil sie viel zu tief zwischen den Schenkeln der Huren stecken.

All das rief sie in den Raum und lachte dabei. Der Trommler hatte wieder sein Trommeln aufgenommen. Ein Mann bot mir eine Zigarette an. Man bewegte sich, streckte sich. Ich nahm zwei Züge und spürte plötzlich, dass mein Blutzucker sank. Mir wurde schwindelig und schlecht. Wasser, ich brauchte dringend Wasser! Ich erhob mich und trank aus irgendeinem alten Topf ein bisschen Wasser, tupfte es mir an die Schläfen. Aber es half nichts. Immer schneller schwanden meine Kräfte. Ich musste mich übergeben. Ich musste mich gleich übergeben.

»Ich muss raus an die frische Luft«, drängte ich Ronals Schwester, »mir ist furchtbar übel.«

»Warte, warte«, flüsterte sie, »wir können noch nicht gehen.« Aber ich konnte nicht mehr warten. Ich raffte meine letzten Kräfte zusammen, griff mechanisch nach meinem Notizbuch, das neben dem Altar lag, und schleppte mich zur Tür. »Abreme! Abreme!«, forderte ich. Der Mann, der davor stand, öffnete. Ich trat hinaus. Licht. Sonne. Vogelgezwitscher. Ein. Zwei Schritte. Ich verlor das Bewusstsein.

Die Tochter der Santera, Yoamis, die draußen mit ihrem Kind spielte, beschrieb es später so: »Plötzlich geht die Tür auf, du taumelst heraus wie betrunken und brichst unter dem Siguaraya-Baum zusammen.«

Ich fiel direkt aufs Gesicht. Überall lagen Steine, Scherben, Wurzeln, aber wie von unsichtbarer Hand geschützt, hatte ich keinen einzigen Kratzer abbekommen. Nur mein Nacken schmerzte. Schleudertrauma.

Als ich erwachte, sah ich die kleinen weißen Blüten des Siguaraya-Baumes. Benny Moré sang in meinem Kopf. *Esa mata tiene poder. Esa mata es siguaraya.*
Sie rannten herbei. Sie hoben mich auf. Sie brachten mir Zuckerwasser. Ich trank, und sie führten mich wieder zurück in die Hütte. Ich sah nun, dass die Hütte zwei Türen hatte. Diejenige, durch die ich gestolpert war, und eine andere an der Seite. Beide Türen standen weit offen, und das Sonnenlicht durchflutete den dunklen, mystischen Raum. San Francisca wollte mich sprechen. Sie hatte die Beine überschlagen und aß von einem Teller gegrilltes Fleisch.
»Setzt sie neben mich«, befahl sie, »zu meinen Füßen!«, und betrachtete mich mit einem herablassenden, fast arroganten Blick.
Die Menge hatte sich etwas zerstreut. Ein paar Leute standen noch im Raum, andere, wie Rosario und Ibbie, waren draußen.
»Iss.« Und San Francisca schob mir mit ihren dicken Fingern ein Stück Fleisch in den Mund.
»Steh nicht auf, wenn du krank bist. Ha! Steh nicht auf, wenn du krank bist.« Und zu den anderen rief sie:
»Fragt, wenn ihr noch Fragen habt!«

Ein Mann kam. Ich erhob mich und ging hinaus. Die Frau der sieben Muschis sprach mit dem Mann und mit Ronals Schwester. Dann hörte ich ein Schreien. Ich trat zur Tür und sah wieder, wie sich der Leib der Santera schüttelte, wie das Geisterwesen entwich. Nun war sie wieder María, Mutter von Yoamis, Großmutter der Kleinen.

Wir standen alle um den Grill. Alle außer María. Rosario versuchte, Ibbie zum Lachen zu bringen. Ibbie schwieg und blieb ernst. Die Kleine kam, nahm mich an die Hand und brachte mich zu ihrer Großmutter, die im Schatten eines Regenbaums saß. Sie war erschöpft. Trotzdem sprach sie mit mir. Ein *espíritu,* ein Geisterwesen, sei in meinen Körper eingedrungen, erklärte sie, und ich müsse lernen, was in mich hineinströmt, aufzunehmen und darauf zu vertrauen, dass daraus eine Kraft wächst. Oftmals verstecke sich in der Schwäche eine Kraft. Das Schlimmste, was ich tun könne, wenn ich mich schwach fühle, sei aufzustehen. Wenn man schwach ist, muss man warten, bis die Schwäche vergeht. Man muss sie durch einen hindurchgehen lassen. Wenn sie fort ist, bleibt da eine große Kraft. Wenn ich sitzen geblieben wäre, wäre ich nicht ohnmächtig geworden und nicht gestürzt.

»Ich hatte Angst, dass ich mich übergebe. Ich wollte mich nicht vor dem Altar übergeben«, antwortete ich ihr.

»Aber du hast dich nicht übergeben. Es war nur ein

Gefühl. Eine Schwäche. Und vor der eigenen Schwäche rennt man nicht weg. Sonst fällt man um.«

»Hol mir was zu essen«, bat María ihre Enkeltochter, und nachdem sie gegessen hatte, wurde sie lebhaft und lustig und war vollkommen María, die Frau, die eine Tochter hat von einem Mann, den sie verlassen hatte, weil er sie ständig betrog. Und sie erzählte mir, wie schwer es ist, die Santera zu sein, zu der die Menschen aus den Dörfern kommen, um sich von ihr behandeln zu lassen, um bei ihr Hilfe zu suchen, sich heilen zu lassen. Ihr Vater ist Haitianer, und was sie da macht, ist fast schon ein bisschen Voodoo.

»In dieser Welt der Hexer hat man es als Frau nicht leicht«, sagte sie am Ende.

Ich fragte sie nach der Schlange, von der man mir in Havanna erzählt hatte. Sie lachte auf. Sie mochte keine Schlangen. Sie war Hexerin, Priesterin, wie man es auch nennen wollte, aber sie mochte keine Schlangen. Hatte sie noch nie gemocht! Sie hatte solche Angst vor Schlangen!

Aber der Geist, der *negro congo* heißt, arbeitete immer mit Schlangen. Und einmal, da hatte sie ihn gerufen, um einem Mann zu helfen, dem das Haus abgebrannt und die Frau fortgerannt war. Da tauchte plötzlich in ihrer Hütte diese Schlange auf. Und als der *negro congo* aus ihrem Körper heraus war, lag die Schlange immer noch da und wollte nicht verschwinden. María versuchte, die Schlange umzubringen. Sie hauste in einem Loch, und María kippte Benzin hinein und zündete es an. Aber die Schlange überlebte. Dann kippte María Wasser in das Loch und versuchte, die Schlange zu ertränken. Aber die Schlange überlebte. María gab der Schlange nichts zu essen. Aber die Schlange verschwand in die Berge oder in den Wald, holte sich ihr Essen und kam zurück.

María fluchte und fluchte auf die Schlange. Und wurde plötzlich sehr krank. Sie kam ins Krankenhaus. Kein Arzt wusste, wie man ihr helfen konnte. María rief den *negro congo* und bat ihn, die Schlange wieder fortzunehmen. Aber er wollte nicht. Immer kränker wurde sie, todkrank. Bis sie endlich die Schlange akzeptierte, bis sie sagte, gut, sie würde sie behalten. Da wurde María gesund.

Die Schlange wich bis heute nicht von ihrer Seite.

»Und manchmal«, sagte María, »manchmal wache ich auf, liege neben einem Mann, und auf der anderen Seite liegt die Schlange und küsst mir das Ohr.«

In Ronals Haus war die Vorbereitung für das Fest in vollem Gange. Rosario und Ibbie blieben draußen. Sie wollten nicht mit ansehen, wie man eine Ziege im Wohnzimmer abschlachtete.

Edy und Ronal hatten ein kleines schwarzes Zicklein gekauft mit einem weißen Hals. Es sah aus, als trage die Ziege eine weiße Krawatte zum Festtag. Ronal hielt sie an den Hörnern, er stand über ihr, hatte sie zwischen den Beinen. Das Tier wand sich. Es wusste, dass es gleich sterben würde, und kämpfte ums Überleben mit aller Kraft. Aber Ronal, befeuert von Eifer, Glaube, Rum und Trommelschlägen, gewann den Kampf.

Ein dürrer Mann, in den der Geist des San Lázaro hineingestiegen war, wie man in einen großen Anzug hineinsteigt ... ja, vor einer halben Stunde hatte ich mich mit ihm im Garten unterhalten, seine Schwester lebte in Frankfurt, er konnte auch etwas Deutsch ... er war eine halbe Stunde später nicht mehr er selbst, ohne special effects, ohne Maske, ohne Tricks. Plötzlich war er San Lázaro, lief wie ein Leprakranker, hatte einen Sack über die Schultern geworfen, der mit geröstetem Mais gefüllt war. Er machte die Runde im Raum. Die Leute drängten zu ihm hin und reichten ihm ihr Almosen. Dem Bettler. Dem Kranken. Er stampfte mit dem Fuß auf den Boden. Seine Augen rollten nach hinten. Er zog an einer Zigarre, blies den Rauch Ronal direkt ins Gesicht, riss ihm die Kleider vom Leib und leckte seinen Körper. Dann nahm er ein Messer in die Hand. Trommeln. Gesang. Geschrei. Die Ziege schrie. Im Flur stand plötzlich ein Huhn neben mir. Zackige Bewegungen mit seinem Kopf. Wieder Geschrei vom Wohnzimmer. Das Huhn tappte zurück in den dunklen Garten. Und dann zack.

San Lázaro schnitt der Ziege mit seinem Messer den Hals durch. Das Blut schoss heraus, und auf dem Boden war eine große Blutlache. Er trank das Blut. Lazero trank das Blut der Ziege. Sie sagten mir, es trinkt nicht der Mann, es trinkt die Gottheit.

Die Ziege wurde im Garten gehäutet und das Fleisch von den Knochen gelöst. Ronals Mutter präparierte einen Ziegeneintopf, der zwei Stunden kochen musste, draußen auf offenem Feuer. Den servierte sie mit Reis. Und alle aßen davon.

San Lázaro. Aus der ganzen Nachbarschaft kamen die Hunde. Eine große Schar von Hunden umringte den dürren Mann, sie liefen ihm hinterher, leckten ihm die Füße, und wenn er sie fortschickte, legten sie sich nur wenige Meter entfernt ins Gras und warteten.

Ich saß mit San Lázaro und Ronal im Garten auf der dunklen Wiese. Auf Ronals Bitte hatte San Lázaro erlaubt, dass ich dabei war, *la falda,* Ronals Rock.

Der Mann nuschelte und sprach in rätselhaften Sätzen. Ronal fragte nach, musste erraten, was ihm San Lázaro sagen wollte.

»In deiner Umgebung. Viel Neid. Viel Neid.«

Ronal: »In meiner Siedlung? In Havanna? Meinst du? Sind viele Menschen neidisch auf mich?«

San Lázaro nickte. Ronal müsse fortan jeden Donnerstag Mais in die Ecken seines Zimmers streuen und das Land verlassen, um König zu werden.

»Meinst du, aus Kuba weg?«, fragte Ronal.

»Nein. Dein Land ist nicht das Land, wo du lebst. Es ist das Land, *das* du lebst.«

»Mein Leben? Mein Leben soll ich wechseln?«

San Lázaro antwortete darauf nicht mehr.

Der Mann schüttelte sich und sackte in sich zusammen.

Ich konnte meinen Hals nicht drehen. Ich war so müde, so erschöpft vom Rum, vom Rauchen der starken kubanischen Zigaretten, von der schwülen Hitze. Rosario und Ibbie standen vor dem Haus, Edy heiterte sie auf, kümmerte sich rührend um sie. Ich konnte nicht mit ihnen reden, mich nicht zu ihnen flüchten, das Fremdsein mit ihnen nicht teilen. Sie sahen mich an. Wohin hatte ich sie gebracht?

Am nächsten Morgen fuhren wir wieder ab. Ronals Mutter stand in den gleichen zu großen dunkelgrünen Shorts und mit vom Schlaf zerwühltem Haar an der Tür und winkte. Sie hatte mein Kleid tatsächlich weiß gewaschen, weiß, weiß, so weiß, wie es noch nie gewesen war.

Ronal roch noch immer nach dem Ziegenblut. Nachts war er betrunken eingeschlafen, ohne sich zu waschen, und ich lag neben ihm, neben seinen Armen und neben den wunderschönen Händen, wegen denen ich am ersten Abend mit ihm mitgegangen war, und an den wunderschönen Händen, den langen zarten Fingern klebte noch immer Ziegenblut. Es war mir unangenehm, und gleichzeitig schien es mir natürlich und betörend, ich weiß nicht, was ich fühlte. Ich konnte meinen Hals nicht bewegen und nicht einschlafen, das Wachsein klebte in mir wie das Blut an Ronals Händen.

Im Auto schlief ich ein. Die Stimmung war nicht gerade heiter. Ibbies Haare waren nach ihrem *cambio de vida* voll und lockig. Rosario hielt die großen Blätter, die ihr die Santera geschenkt hatte, auf dem Schoß wie ein ungewolltes Kind. Ronal hatte einen Kater. Edy war müde und konzentrierte sich mühsam aufs Fahren.

Salsa. Wieder diese gleiche Kassette.

Alle hatten ihr Opfer gebracht. Ich hatte meinen Nacken für die nächsten Monate geopfert. Rosario hatte sich vor einer Gruppe fremder Menschen sagen lassen, dass sie unzufrieden und neidisch auf den Mann war, den sie liebte, Ibbie hatte ihr Strandtuch verbrannt, Ronal hatte eine Ziege getötet. Und Edy musste nun den Göttern seinen liebsten Gegenstand schenken. Die Fernbedienung seines Autoradios. Die war ihm irgendwann aus der Tasche gefallen und verloren gegangen.

In Havanna fuhr jeder zu sich. Die Mädchen zu Mirta und ich zu Caridad, der ängstlichen Dichterin. Am Morgen erwischte sie Ronal in meinem Bett. Er musste sofort verschwinden. Caridads Gesicht war so verzweifelt, ich fürchtete, sie könnte einen Nervenzusammenbruch erleiden.

Es gab eine Krisensitzung. Meine Freundin Yusa kam. Die drei Frauen saßen im Kreis um mich herum und klagten mich an.

»Was ist nur los mit dir? Was gibst du dich mit solchen Leuten ab? Der will doch nur raus aus Kuba.«
»Und Pablo? Der hat doch auch nur geheiratet, um rauszukommen. Aber weil er kein Rasta ist, sondern Mitglied des staatlichen Schriftsteller-Verbandes, würdet ihr ihn nicht einfach so aus der Wohnung schmeißen wie Ronal!«
Yusa hatte auch Pablo nie gemocht. Sie stand auf und wollte gehen. Caridad hatte Angst, dass ein Nachbar sie anzeigen würde, weil sie hier ein Zimmer vermietete ohne Lizenz, hatte Angst, ihre Wohnung zu verlieren. Es gab keinen anderen Weg mehr. Ich musste sofort ausziehen.

Meinen Koffer stellte ich bei Yusa unter.

Bevor Rosario abflog, sagte sie mir, ich sollte vorsichtig sein mit Ronal, der nutze mich nur aus. Er hatte ihr einige Male angeboten, mit ihm zu schlafen, und hatte Ibbie in Trinidad am Strand küssen wollen. Ich sollte nicht glauben, dass er mich liebte.
Ich war so durcheinander, und mir schmerzte der Nacken. Ich hatte kein eigenes Zimmer mehr. Ich ging zu Pablo und suchte Zuflucht bei meiner alten Liebe.
Er hatte in der ganzen Stadt Nachrichten für mich hinterlassen. Bei Caridad. Bei Mirta. Bei Yusa. Er wollte mich unbedingt sehen und erfahren, wie es mir auf meiner Reise ergangen war.

Ich legte mich in sein Bett und schlief sofort ein, während er seine Beats machte. Als er sich schlafen legte, stand ich auf, warf mich aufs Sofa und schaute ein Video.

Auch mein alter Freund konnte mir nicht mehr helfen.

Am nächsten Morgen war ich mit Ronal verabredet. Um elf Uhr auf unserer Bank vor der Simón-Bolívar-Statue. Es war Viertel vor. Ich musste los. Pablo und ich hatten gerade ein schweigsames Frühstück beendet, da stand Peteco in der Tür. Ein Mathematiker. Ai! Peteco!

Peteco war der pünktlichste Mensch. Er kämpfte gegen eine ganze Stadt voller Unpünktlichkeit und Unzuverlässigkeit, gegen einen Schwarm von Autos mit kaputten Motoren. Wie? Er fuhr Fahrrad. Und auf dem Gepäckträger brachte er mich auf die Minute pünktlich zu Simón Bolívar.

Peteco, Ronal und ich gingen Domino spielen. Und danach zu einem Konzert, wo auch Yusa war. Ronal musste kurz weg. Musste Jonny was helfen. Kein Telefon, wie erreichen wir uns?

Ich: Wir treffen uns am Christo, ok?

Er: Wann?

Ich: Bei Sonnenuntergang.

Peteco war plötzlich verschwunden. Yusa war hinten im Barraum beschäftigt. Ein Schriftsteller erzählte mir von einer neuen spanischen Übersetzung von

Goethes Faust. Endlich tauchte Peteco auf. Wir gingen zu einer Ausstellung in der Casa del Ron. Wir trafen andere Freunde. Die Zeit verging. Jeder Schritt, jedes Gespräch, alles schien mir sinnlos.

Ich lief zum Kai. Ich verlief mich. Ich fragte einen Polizisten nach einem Rasta, ja, er habe einen gesehen. Ich nahm ein Schiff, das mich nach Casablanca brachte, wo die große Christo-Statue war. Ich kam dort an, viel zu spät, es war schon dunkel. Ronal war nicht da. Die ganze Nacht suchten wir uns. Wenn ich in Casablanca war, sagten mir seine Verwandten, er sei in Havanna und suche mich. Wenn ich am Parque Central bei den Rastas fragte, sagte man mir, er sei gerade zurück nach Casablanca gefahren, um dort auf mich zu warten. Kein Telefon. Ich konnte nirgendwo mehr hin. Nicht zu Caridad. Nicht zu Mirta. Denn auch sie hatte Ronal kennengelernt, und da sie glaubte, alle Rastas seien drogenabhängig, wollte sie nun nichts mehr mit mir zu tun haben. Yusa war unterwegs. Pablo auch. Peteco hatte auch kein Telefon. Ronal war nicht zu finden. Und diese eiserne Kralle im Nacken!

Ich fuhr wieder nach Casablanca und klopfte an die Tür des Nachbarn, der mir damals meine matschigen Schuhe saubergemacht hatte und der mir immer die kubanischen Märchen vorlas. Bei ihm konnte ich sitzen und Ruhe finden. Wir tranken Rum, bis ich völlig betrunken auf seinem Sofa einschlief.

Mitten in der Nacht weckte mich Ronal und nahm mich mit in seine Hütte.

Aber auch mit ihm stimmte es nicht mehr.

Ich: Ronal, ich kann nicht mit dir sein. Wir müssen es beenden.

Ronal: Warum?

Ich: Ich weiß nicht, es geht einfach nicht, ich bin nicht bereit für eine Liebesgeschichte. Ich habe gerade die Sache mit Pablo beendet, ich kann mich nicht gleich in die nächste Beziehung stürzen.

Ronal: Lass uns doch ein bisschen Zeit, warum willst du etwas beenden, was schön ist?

Ich: Es ist nicht richtig.

Ronal: Lass mich bestimmen, was richtig für mich ist.

Ich: Warum liebst du mich?

Ronal: Was ist das für eine Frage? Weil ich dich eben liebe. Dafür gibt es doch keine Liste mit Gründen. Wenn man liebt, liebt man.

Und er küsste mich, und ich ließ mich küssen und ließ ihn gewinnen, und wir blieben zusammen, bis ich wieder von neuem mit diesen Zweifeln begann. Ich taumelte durch Havanna mit meinem schmerzenden Nacken. Mal allein. Dann wieder mit Ronal. Ich konnte den Hals nicht drehen. Und die Erinnerungen an diese letzten Tage meiner Reise hängen heute wie Fetzen von einem alten, zerrissenen Kleid auf einer Leine in meinem Gedächtnis.

Die alte Dame öffnete die Tür. Sie trug einen Schal aus Seide um ihre Schultern. Ihre Haut war hell und durchsichtig wie Pauspapier. Jetzt, wo ich ihr gegenüberstand, zögerte ich, mein Anliegen vorzubringen.

»Wollen Sie nicht eintreten?«, fragte sie freundlich und auch ein wenig neugierig. »Sie können dort Ihre Schuhe abstellen.«

Ich folgte ihr durch einen Flur in das Zimmer mit der Liege. Es war, als schwebe sie, als habe ihr Körper kein Gewicht.

»Ich habe ein Schleudertrauma und kann meinen Nacken nicht bewegen«, sagte ich endlich.

Schleudertrauma. Der Orthopäde hatte mir Massagen mit Fangopackung verschrieben. Aber es hatte nicht geholfen. Es halfen auch keine Schmerztabletten, kein Yoga, keine Übungen. Es war, als sitze mir eine eiserne Kralle im Nacken.

So hatte ich die berühmte alte Frau aufgesucht, Ilse Middendorf. Sie hatte eine Atemlehre entwickelt, die sie den »Erfahrbaren Atem« nannte. Ihr Institut lag am Viktoria-Luise-Platz in Schöneberg, im Westen von Berlin.

95 Jahre war sie alt, und sie arbeitete nur noch selten. Sie war fein, höflich und vorsichtig mit Menschen.

Ich legte mich auf die Liege, und sie legte ihre Hand auf meinen Bauch.

Ich atmete ein und aus.

»Strengen Sie sich nicht an, lassen Sie den Atem einfach kommen.«

Den Atem kommen lassen?

»Ja, tun Sie nichts. Beobachten Sie, was der Atem mit Ihnen macht.«

*Schleuder*trauma.

Ilse Middendorf begann mit der Behandlung. Sie drückte leicht auf meine Lenden, zog zaghaft und dennoch überzeugt an meinen Armen, Beinen, meinen Füßen, ging einmal um meinen ganzen Körper herum, und ab und zu, da schien sie zufrieden.

»Sie sind sehr durchlässig«, sagte sie. »Das ist gut.«

Durchlässig.

»Wenn Sie den Atem kommen lassen«, wiederholte Ilse Middendorf, »ihn nicht führen, ihn nicht einsetzen, wenn Sie einfach warten, bis er von alleine kommt und ihn dabei beobachten, dann betreten Sie eine Art Neuland.«

Sie hielt ihre Hand über meine Stirn. Ich spürte meinen Atem stärker werden, ohne dass ich etwas tat, ohne dass ich ihn holte. Diese Kraft war sehr sonderbar. Sie war gar nicht laut. Sie kam von sehr tief in mir. Sie war klar. Sie war deutlich.

»Der Wille ist das, was die Menschen meistens führt«, fuhr sie fort. »Wenn sie den Willen weglassen und ihren Atem zulassen, lassen sie die Natur zu. Sie bauen auf der Natur auf. Und diese natürliche Kraft weckt unsere Intuition, die durch zu viel Denken verstummt.

Die Intuition kommt dann, wenn wir sie zulassen, wenn wir ins Warten gehen, ins Abwarten, dass in uns etwas aufsteigt.«

Warten. Nicht wollen. Beobachten. Nicht fordern. Sich in sich selbst zurücklehnen und ein Zuschauer sein im eigenen Leib.

Ich besuchte sie wieder. Die feenhafte Frau. Sie zeigte mir ein paar Übungen, die ich jeden Morgen machen sollte, bald ging es mir wieder besser. Die Kralle im Nacken verschwand.

Blut-Bad

Uns konnten keine lichtspendenden
Leuchter hindern, ins Dunkel zu blicken,
und wenn man ins Dunkel blickt, ist immer
etwas drin.

W. B. Yeats

Jener merkwürdige Tag, an dem ich das Blut in meinem Badezimmer fand, hatte damit begonnen, dass mich ein Hase durch das Fenster beobachtete. Es regnete in Strömen, und ein heftiger Wind zog über die weiten, grünen Wiesen, die das Haus umgaben. Der Hase saß auf dem nassen Rasen und schaute zu mir hinauf, während ich mich gerade ankleidete. Er spitzte die langen Ohren und bewegte sich nicht vom Fleck. Was will der Hase da im Regen? Fragte ich mich und lief hinaus. Erst hopste er direkt auf mich zu, dann überlegte er sich's plötzlich anders und sprang eilig davon in den verwilderten Garten, der hinterm Haus zwischen zwei hohen Steinmauern lag. Ich kroch auf allen vieren über die matschige Erde durch das Gebüsch und suchte den Hasen. Er war verschwunden, einfach verschwunden.

Ich ging zurück ins Haus, brühte mir einen Kaffee auf und wärmte meine Hände an der heißen Tasse. In dem grauen Herrenhaus aus dem 17. Jahrhundert, in dem ich wohnte, gab es keine Heizung, nur Kamine, die ich mit Torf anfeuern musste. Die Abzüge waren wohl verstopft, denn es wurde nie wirklich warm. Hochsommer in Irland, und ich schlief mit Wollsocken.

Trotz des prasselnden Regens beschloss ich, zu dem kleinen Strand am Atlantik zu joggen, wie ich es jeden Morgen tat. Der Himmel war düster und das Meer stürmisch. Ich traute mich kaum hinein. Aber schließlich tauchte ich in die Wellen und ließ mich von ihnen zurück an den Strand spülen. Der starke Sog. Die eisige Kälte. Der treibende Wind. Irland hat eine Kraft, die einen zum Krieger stählt.

Meine Cousine Tara hatte mich gefragt, ob ich den Sommer in Irland verbringen würde, um dort Kaufinteressenten für ihr Haus an den Klippen zu empfangen. Denn sie musste ausgerechnet in dieser Zeit nach Neuseeland verreisen. So war ich nach Irland gefahren, in die verwunschene Gegend an der Nordwestküste, die man County Sligo nennt.

Tara hatte oft von dem Haus erzählt. Eines Nachts war ihr dort ein Geist begegnet, ein Mann mit pechschwarzem, gelocktem Haar. Er stellte sich an ihr Bett und rief »Buh-Buh-Buh« und lachte sie dann aus. Sie hörte ihn immer wieder, am Tag wie in der Nacht, durch die Flure des Hauses umherstreifen.

Das Haus war ein paar Kilometer von der Hauptstraße entfernt, die sich entlang der Küste durch kleine Dörfer zog. In der Nähe des Hauses aber gab es kein Dorf. Nur weit verstreute Bauernhöfe und einen einzigen winzigen Laden, wo man das Nötigste einkaufen konnte.

Ein schmaler Sandweg führte direkt auf das Tor des Anwesens zu, das umgeben von Weideland an den felsigen Klippen stand, wie am Ende der Welt. Allein. Wie ein großer, grauer Stein.

Eine hohe Mauer schützte das Anwesen. Ein bewachsener Innenhof trennte das Wohnhaus von den Stallungen. Diese standen jetzt leer, früher hatte man dort Schweine und Hühner gehalten, es gab auch einen kleinen Platz, wo ein Gemüsegarten angelegt worden war, und einen Trakt für das Dienstpersonal.

Das Herrenhaus war in georgianischem Stil erbaut, aus Steinen, die man aus den Klippen gebrochen hatte. Die Fassade war schmucklos und fast abweisend. Vier Schornsteine ragten aus dem bemoosten Schindeldach in die Höhe.

Es gab zwei Stockwerke. Im oberen standen mir sechs Schlafzimmer zur Verfügung, ein langer Flur und ein blaugestrichenes Badezimmer. Unten befanden sich eine große Küche, ein Speisesaal, ein Spielsaal mit Sofas und kleinen Tischchen, ein Lesesaal, diverse Abstellräume und ein zweites, sehr viel kleineres Bad.

Taras Mutter hatte die Räume mit antikem Mobiliar eingerichtet, mit Vorhängen aus Taft, mit Kronleuchtern und Sofabezügen, die mit Samtblumen bestickt waren. Man hatte das Gefühl, hier sei die Zeit in einem fernen Jahrhundert stehengeblieben.

Es gab Tage, an denen ich mit keinem Menschen sprach. Ich saß im Lesesaal und las Theaterstücke und Gedichte, lernte sie auswendig und trat dann vor die Kühe, die immer zur der niedrigen Steinmauer kamen, die die Wiese von der des benachbarten Bauern trennte, und rezitierte Shakespeare und Yeats.

Ich hatte keine Angst. Nicht im Haus. Nur draußen in der Dunkelheit, da schlotterten mir die Knie. Aber im Haus fühlte ich mich geborgen und beschützt von den Steinmauern, die es umgaben, und den Jahrhunderten, die es überdauert hatte.

Taras Vater hatte seiner Frau dieses Haus zur Hochzeit geschenkt. Sie war in Irland geboren und nach Amerika ausgewandert. Am Hochzeitsmorgen fand sie unter ihrem Kopfkissen einen alten Schlüssel und zwischen seinen rostigen Zacken weiße Apfelbaumblüten. Die Hochzeitsreise führte nach Irland … im Innenhof empfing sie ein blühender Apfelbaum.

Als Taras Mutter starb, verging auch dieser Apfelbaum, und Tara musste ihn fällen lassen. Sie hatte an jener Stelle ein kleines Blumenbeet angelegt, vor das ich manchmal trat und Taras Mutter gedachte. Die Liebe zwischen ihr und ihrem Mann war dramatisch und herzzerreißend gewesen. Sie vergötterte ihn. Er vergötterte sie. Sie fühlte sich in ihrer Liebe frei. Er aber fürchtete, seine Freiheit zu verlieren, und flüchtete sich in den Schoß fremder Weiber. Ja, er liebte sie so sehr, dass er sie ständig betrog. Sie gebar ihm eine Tochter. Und als Tara alt genug war, verließ die Mutter New York und zog sich nach Irland zurück. Sie verehrte die Künstler, besonders die Dramatiker und Dichter. Sie lud viele Berühmtheiten ein, veranstaltete Feste. Es wurden Theaterstücke aufgeführt ... man tanzte auf den Tischen ... lautes Gelächter und Musik hallten bis zum Morgengrauen über die Weiden ... all das war jetzt verstummt.

Taras Mutter war seit zehn Jahren tot, und seitdem kümmerte sich die Tochter um das Anwesen. Sie wohnte inzwischen in Dublin. Sie hatte nicht viel Geld, und das, was sie monatlich für den Erhalt des Hauses aufbringen musste, brauchte ihre Ersparnisse auf. Deshalb wollte sie verkaufen. Seit Jahren schon. Aber der Verkauf wollte und wollte nicht gelingen. Die Käufer reisten an und willigten ein – überwältigt von der imposanten Landschaft und der Großzügigkeit des Hauses –, aber kurz vor Unterzeichnung der Verträge sprangen sie ab.

Und grade als Tara ein solides Angebot aus England erhielt, musste sie kurzfristig nach Neuseeland auf Geschäftsreise. Nun sollte ich also die Kaufinteressenten überzeugen. Sie sollten irgendwann Ende Juli kommen. Es gab kein festes Datum.

Ich verbrachte die meiste Zeit am Haus oder an den Klippen am Meer. Ich spazierte durch den verwilderten Garten, oder ich lag auf der Wiese und sah in den Himmel, wo die Wolken ihr Schauspiel der wandelbaren Gestalten aufführten. Ich las, ich schrieb, und nachts wartete ich gespannt auf die Ankunft des lachenden Geistes mit den pechschwarzen Locken. Aber er erschien nicht. Das Haus blieb still, nur der Wind pfiff manchmal fröhlich durch die Flure.

So verging die Zeit, und mit jedem Tag liebte ich das Anwesen mehr und mehr und wünschte, die Engländer würden niemals kommen, und Tara würde das Haus niemals verkaufen.

Aber heute. Im strömenden Regen. Da war es so weit. Zurück von meinem morgendlichen Sprung in den Atlantik, meinem Abhärtungsritual gegen die Kälte, fand ich die Nachricht: *Liebe Marie, heute werden sie kommen. Gegen Vormittag. Bitte achte darauf, dass das Haus sauber und gepflegt aussieht. Viele Grüße aus Neuseeland, Deine Tara.*

Hilfe! Die Engländer kommen! Ich nannte sie die TotenKöpfe. Denn sie kamen vom Institut für Tod und Gesellschaft der Universität Bath. Diese gruseligen Herrschaften wollten in meinem Haus und auf den weiten, lebhaft grünen Wiesen eine Sommerresidenz gründen, wo Akademiker ihre Forschungen über den Tod betreiben konnten – darüber, wie man die Toten begräbt, den Tod feiert und trauert, wie man den Tod darstellt, interpretiert, symbolisiert, über den Tod in der Steinzeit, den Tod im Mittelalter, den Tod in der Renaissance, über den Tod von gestern und den Tod von heute, den Tod in allen Gesellschaften und Kulturen dieser Welt.

Die Iren sprachen das Wort Tod nur sehr ungern aus. So erklärte es mir jedenfalls Mr O'Martain, ein Arzt, der mich im Pub zu einem Guinness eingeladen hatte.

»Wenn ein Patient stirbt, sage ich seiner Familie nicht, er ist tot. Ich sage, er scheint nicht mehr zu atmen, oder er sieht nicht mehr so gut aus.« Dabei trank er sein Guinness aus und sah enttäuscht auf mein Glas, das noch halbvoll war.

»Wir Iren haben Angst vor dem Tod, Angst vor Hunden und Angst vor der Dunkelheit.«

»Dann bin ich ja hier genau richtig«, sagte ich und stürzte mein Bier hinunter.

Widerwillig hielt ich nun mein Versprechen und bereitete alles für den Besuch vor. Ich mischte einen Kuchenteig, steckte ihn in den Ofen, raste durch die Flure, polierte die Spiegel, wischte die Kommoden, und am späten Mittag glänzte das Haus wie eine frisierte, geschminkte, herausgeputzte Dame, die eine Opernloge betritt.

Nur ich war vollkommen verdreckt, hatte Sand, Regen und Matsch in den Haaren. Das Duschen war hier keine Kleinigkeit, es gab kein warmes Wasser. Also brachte ich welches in vier großen Töpfen zum Kochen, schleppte sie dann, einen nach dem anderen, die knarrende Holztreppe hinauf und stellte sie im Flur ab.

Ich trug den ersten Topf ins Badezimmer und goss das Wasser in die Wanne. Plötzlich sah ich einen roten

Punkt, der langsam im Wasser zerrann. Und dann bemerkte ich in der Badewanne die roten Spritzer. Der Topf glitt mir aus den Händen und krachte auf den Boden.

Mich überkam eine nahezu lähmende Angst. Ich richtete mich langsam auf, sah nach allen Seiten. Auf dem Boden waren überall Blutstropfen. Ich wagte kaum zu atmen. Es war so still. Ich sah an meinen sandigen Beinen hinab auf meine nackten Füße. Ich stand in einer Blutlache. Mir pochte das Herz, und ich wollte fortrennen, aber ich konnte mich nicht bewegen.

Das Läuten der alten Eisenglocke am Tor riss mich aus meiner Lähmung. Die Engländer! Mein Gott! Die Engländer sind da! Ohne weiter nachzudenken, nahm ich einen Waschlappen und wischte das Blut weg. Es hörte nicht auf zu läuten. Und mit jedem Glockenschlag schrubbte ich schneller und schneller und hatte in wenigen Minuten alles Blut entfernt. Das Bad hatte ein Fenster, und dieses Fenster führte auf den Innenhof, an dem das Tor lag. Ich weiß nicht mehr, ob ich das Fenster öffnete, als ich das Bad betrat, oder ob es schon vorher offen war. Ich kann mich nicht mehr an dieses so wichtige Detail erinnern. Noch heute liege ich manchmal nachts wach, rolle die Szene vor meinem inneren Auge auf und versuche herauszufinden, ob das Fenster offen war oder nicht. Aber die Erinnerung will mir die Antwort nicht verraten.

Was ich weiß, ist, dass ich mich aus dem Fenster

lehnte und am Tor nicht die gefürchteten TotenKöpfe sah, sondern einen kugelrunden Postboten mit einem roten Backenbart, der ein Paket in der Hand hielt. Ich rannte die Treppe hinunter und sperrte ihm das Tor auf.

Seit zehn Jahren hatte er keine Post mehr hergebracht. Ob ich denn hier wohnen würde? Nein. Ich passte nur auf das Haus auf. Ich versuchte neugierig, den Absender des Pakets auszumachen, aber seine dicken Finger verdeckten die Schrift. Er drehte den Kopf nach allen Seiten, als suche er etwas. Endlich fragte er, wo denn mein Auto sei. Ich hatte keinen Führerschein, erklärte ich.

»Ja, aber, wie sind Sie denn vom Flughafen hierher gekommen?«

»Mit dem Bus bis nach Templeboy, und dann hat mich ein Bauer auf seinem Traktor mitgenommen.«

»Haben Sie denn keine Angst hier, so ganz allein?«
Ich schüttelte den Kopf.

»Hat Ihnen denn Tara nicht die Nachbarn vorgestellt?«

»Nein, sie ist leider in Neuseeland.«

Um seinen roten Bart surrten ein paar Fliegen. Der Mann hieß Patrick, aber alle nannten ihn Paddy. Er wollte gern ein wenig mit mir plaudern. Ich bot ihm eine Tasse Kaffee an. Er folgte mir in die Küche und erzählte, dass er Taras Mutter gut gekannt habe, sogar auf ihrer Beerdigung gewesen sei. Ich versuchte so cool wie möglich zu bleiben, aber als ich ihm den Kaffee eingoss, zitterten meine Hände so sehr, dass er mich fragte, ob denn alles in Ordnung sei. Da beichtete ich ihm das Unglück im Badezimmer.

Er stand sofort auf und untersuchte das Bad, stellte mir alle möglichen Fragen, suchte dann Zimmer für Zimmer mit mir das Haus ab. Nichts und niemand zu finden. Keine Spur. Alles war stumm und verlassen.

Wir setzten uns wieder an den Küchentisch. Ich bot ihm einen Whiskey an. Wir tranken. Er schwieg. Dann sah er mich an, aus seinem runden Gesicht mit der kleinen, koboldhaften Stupsnase, und fragte:

»Hat Ihnen Tara von den Geistern in diesem Haus erzählt?«

»Ja, von einem hat sie mir erzählt. Aber meinen Sie, ein Geist hat dieses Blutbad verursacht?«

Da läutete am Tor erneut die Glocke. Die Engländer. Ich bat Paddy, diese kurz abzulenken, ich würde mich schnell umziehen. Während ich im Bad stand und meine dreckigen Haare unter einer Mütze versteckte, Lippenstift und Wimperntusche auftrug, hörte ich Paddy unten mit den Engländern über das schlechte Wetter sprechen.

»Ausgerechnet heute, wo wir diese lange Fahrt hatten, gibt es so einen Regen.«

»Nun, seien Sie froh, dass Sie nicht laufen mussten.«

Man lachte. Dann fragten sie Paddy, woher er komme.

Er war nur ein paar Kilometer von hier geboren. Ah. Dann kannte er ja viele Geschichten aus der Gegend. Sicherlich. Sicherlich.

Eine quietschende weibliche Stimme fragte: »Und wissen Sie auch, wer dieses Haus gebaut hat? Wir konnten das aus den Dokumenten nicht genau ersehen.«

»Die Jones. Aber danach lebte hier ein Landsmann von Ihnen«, sagte Paddy lachend. »Ein Engländer, der berüchtigt dafür war, irische Katholiken einzuladen, denen sein Diener, kaum hatten sie ihre Mäntel abgelegt, mit einer Axt die Köpfe abschlug. Der Koch musste ihr Fleisch dann braten und ihm zum Abendbrot servieren.«

»Uuu, really?«, piepte die Frauenstimme, »was für eine einladende Vorstellung.«

»Oh«, fuhr Paddy euphorisch fort, »man nannte ihn auch den Katzenjäger. Wenn er in seiner Kutsche durch die Dörfer fuhr und eine Katze in einem Fenster sitzen sah, nahm er sein Gewehr und schoss sie tot.«

Panisch eilte ich die Treppe hinunter und rettete die Engländer vor Paddys Gruselgeschichten. Der verabschiedete sich, versprach am nächsten Tag nach mir zu sehen, stieg in sein Auto und fuhr fort.

Die TotenKöpfe waren zu viert. Zwei Frauen und zwei Männer. Ich zeigte ihnen das Anwesen, holte die Fotobücher mit den Bildern der berühmten Dichter und Dramatiker, die hier zu Gast gewesen waren, lobte die

Ruhe und Konzentration, die ein Schreibender hier finden konnte. Dann führte ich sie zu den Klippen. Der Regen hatte aufgehört. Die späte Mittagssonne war mild und zauberhaft. Und über den Wiesen wölbte sich ein Regenbogen.

Ich erinnerte mich an Hamburg, wo ich geboren war, und an die germanischen Sagen, die mir mein Vater auf unseren Spaziergängen an der Elbe erzählte:

Als die Götter Asgard erbauten, legten sie eine Brücke von ihrem Heim nach Midgard hinunter und nannten sie Bifröst. Die Menschenkinder nennen sie Regenbogen. Über diese Brücken reiten, fahren und wandeln die Asen hinab zu den Menschen, und die im Kampf gefallenen Helden Midgards sprengen auf schnaubenden Walkürenrossen darüber hin, gen Walhalla, der vornehmsten Burg in Asgard, darin die Götter ihre großen Gelage feiern und den heiligen Met trinken.

Ein heftiger Windstoß kam wie aus dem Nichts und blies uns fast um. Wir flüchteten ins Haus. Der Schokoladenkuchen, den ich im Ofen vergessen hatte, war wie von magischer Hand gerettet. Ich servierte Tee dazu und erzählte von meiner Großmutter, die sich die besten Kuchenrezepte der Welt ausdachte.

Kurz bevor sie abfuhren, wollte die Quietschstimme noch mal die Betten in den Schlafzimmern sehen. Vielleicht wäre es doch nicht schlecht, dachte ich, während ich die Dame in den zweiten Stock führte, wenn diese Akademiker das Haus kauften. Sie schätz-

ten die Vergangenheit und würden das Haus so erhalten wie die Todesrituale, die sie in aller Welt sam-
melten und in ihren Texten vor dem Vergessen ret-
teten.

Aber nun geschah etwas Sonderbares. Drei der sechs
Schlafzimmer lagen im vorderen Teil des Hauses mit
Blick auf die Wiesen, auf den Berg Knocknarea und
auf die Klippen am Meer. Die anderen drei schauten,
wie auch das Bad, nach hinten auf den Innenhof.
Diese gingen alle von einem langen Flur ab, wo eine
Glasvitrine stand, in der sechs antike japanische Puppen lagen. Taras Vater war ein großer Japanfan gewesen. Als seine Frau sich von ihm trennte, schenkte er
ihr zum Abschied die Puppen. Tara hatte mich ausdrücklich gebeten, diese nicht aus der Vitrine heraus-
zunehmen.

»Werden die auch mit verkauft?« Fragte die Engländerin.

»Ich denke nicht.«

»Das ist aber schade.«

»Es sind Familienerbstücke.«

»Kann ich mir die Puppen einmal ansehen?«

»Die Vitrine ist verschlossen. Ich habe keinen Schlüssel«, log ich.

»Ach, ich würde so gerne sehen aus welchem Material
die Köpfe sind.«

»Sieht aus wie Porzellan.«

»Nein, es scheint ein fein bearbeitetes Holz zu
sein.«

»Gut möglich. Ich weiß wenig über japanischen Puppen.«

»Sie sehen aus, als wären sie für die Kinder des Kaisers gemacht worden. Die Handarbeit der Kleidung ist faszinierend. Könnten Sie nicht einmal die Glastür öffnen?«

»Nein. Ich sagte bereits, ich habe keinen Schlüssel.«

Die Frau drückte ihren Finger gegen das Glas, als könne sie so die Puppen berühren. Endlich kam einer ihrer Kollegen und erinnerte sie, dass sie gehen mussten.

»Ach, darf ich noch mal Ihre Toilette benutzen?«, bat die Dame.

Ich blieb im oberen Stock und wartete auf sie. Schließlich trat sie aus dem Badezimmer und ging noch einmal in den Flur zu der Vitrine. Sie beugte sich über das Glas, wich plötzlich zurück und schrie auf.

»Sehen Sie, sehen Sie nur!«

»Was denn?«

»Die Köpfe!«

»Was ist mit den Köpfen?«

»Die Köpfe! Die waren vorhin nach links gedreht. Jetzt starren sie nach rechts.«

»Ich bin mir sicher, die Köpfe haben nach oben geschaut. Sie sind sicher nur verrutscht.«

»Nein, ich weiß genau, die Köpfe schauten nach links, nicht nach oben. Warum haben Sie die Vitrine geöffnet und die Köpfe verdreht?«, fragte die Dame in einem fast vorwurfsvollen Ton. Sie war ganz aufgeregt. Vollkommen besessen von diesen Puppen.

»Ich habe die Vitrine nicht geöffnet.«

»Und außerdem«, fuhr sie anklagend fort, »ist im Badezimmer eine Blutlache unter dem Klopapierhalter.«

Ich schluckte. Die musste ich wohl übersehen haben. Merkwürdig, hatte ich doch mit Paddy zusammen das Bad so genau untersucht. War vielleicht in unserer Abwesenheit wieder Blut aufgetaucht?

Ich stammelte: »Ich habe meine Tage, wissen Sie, und ganz schreckliche Blutungen ...«

Sie warf mir einen verächtlichen Blick zu und ging hinaus zu den anderen.

Ein paar Tage später kam die Absage. Tara war mir deshalb nicht böse. Sie war es gewohnt. Dann hörte ich kaum noch von ihr, sie war irgendwo in den Regenwäldern von Neuseeland unterwegs.

Was war hier vorgefallen? Die Puppenköpfe hatten, wenn ich mich recht erinnerte, tatsächlich nach links geschaut. Aber ich hatte die Vitrine nicht berührt. Niemand hatte die Vitrine berührt. Und wie war das Blut ins Badezimmer gekommen?

Nachdem die Engländer abgefahren waren, hatte ich noch Stunden in der Küche gesessen und fast die ganze Whiskeyflasche leergetrunken. Ich war so betrunken, dass ich über dem Tisch einschlief.

Als ich Stunden später aufwachte, fiel mein Blick auf das Paket, das Paddy auf dem Küchentisch gelassen hatte. Der Name des Absenders war Aengus Cantwell, eine Adresse in Ballysadare, einem Dorf, das nicht weit von hier entfernt lag. Der Dichter William Butler Yeats hatte dort einst gelebt. Er hatte viele Gedichte über diese Gegend geschrieben. Die Bücher standen in den Regalen des Lesesaals.

Ich nahm mir vor, diesen Aengus aufzusuchen. Ich hatte ein Gefühl, dass er mir vielleicht helfen könne, eine Antwort auf meine Fragen zu finden.

Am folgenden Morgen joggte ich vom Meer die Sandstraße entlang, als ein kleiner Jack Russell auf den Weg schoss und mich anbellte. Ich schrie laut auf. Sogleich eilte der Hundebesitzer herbei und rief den Köter zurück.

»Vor dem brauchst du keine Angst zu haben«, sagte der Mann. Er trug eine Fischerkutte und Gummistiefel. »Der bellt nur. Leider Gottes tut der nicht mal den Mäusen im Speisekeller was.«

Der Fischer hieß Gerry. Wir kamen ins Gespräch. Als er erfuhr, dass ich ganz allein in dem Haus an den Klippen wohnte, bewunderte er meinen Mut.

»Warum finden Sie das mutig?«

»Weil es dort spukt. Ich habe schon Leute gesehen, die mitten in der Nacht aus dem Haus gerannt kamen und von fliegenden Matratzen erzählten.«

»Fliegende Matratzen?«

»Ja, ein Ehepaar aus Amerika, das dort seine Sommerferien verbrachte. Mitten in der Nacht riss sie ein fürchterlicher Schrei aus dem Bett, und sie rannten hinaus. Als sie wieder ins Schlafzimmer zurückkehrten, hatten sich die Matratzen aus den Betten herausgelöst und schwebten unter der Zimmerdecke. Die beiden riefen mich und meine Söhne um Hilfe. Wir begleiteten sie zurück ins Haus und fanden die Matratzen unten in der Küche.«

»Vielleicht gab es einen Ehestreit, und die Frau hatte ihren Mann verdonnert, in der Küche zu schlafen?«

»Oh, aber es sind doch in diesem Haus genug andere Schlafzimmer, in die sie ihn hätte verdonnern können.«

»Vielleicht haben die beiden mit Ihnen einen bösen Scherz getrieben?«

»Nein, nein, die waren kreideweiß und zitterten am ganzen Körper. Geh mal zu dem Steinmetz Peter Dymand, der auf der anderen Seite des Feldes wohnt, der kann dir noch mehr Geschichten erzählen.«

Ich bedankte mich bei dem Mann, lud ihn und seine Familie ein, später vorbeizukommen und ein Bier mit mir zu trinken, und lief zurück zum Haus. Am Vortag hatte ich ja nicht gebadet, seit etlichen Tagen hatte ich nicht mehr gebadet, mich nur im Meer gewaschen. Ich atmete tief ein und aus und setzte erneut Wasser auf, um die Wanne zu füllen.

Die Blutlache unter dem Klopapierhalter hatte ich nachts weggewischt. Es waren keine Blutspuren mehr zu sehen. Auch sonst nichts Besonderes. Oder doch? In der Ecke vor dem Klo lag ein Stapel Zeitschriften, die ich nie angerührt hatte. Jetzt bemerkte ich, dass sie ganz und gar zerfleddert, zerfetzt, aufgerissen waren. Ich nahm den Stapel, wickelte einen Müllsack herum und legte ihn in die Vitrine mit den japanischen Puppen. Das war mein Beweismaterial. Das würde ich Tara zeigen können und eventuell der Polizei. Sollte ich die Polizei benachrichtigen? Aber das würde Tara nur noch mehr Probleme aufhalsen.

In der Küche kochte das Wasser, ich trug abermals die Töpfe hinauf, kippte sie in die Wanne und nahm endlich ein warmes Bad.

Hatte tatsächlich ein Geist dieses Blutbad verursacht? Warum würde ein Geist so etwas tun? War das hier wirklich ein Geisterhaus? Vielleicht würde ich ja endlich einen Geist zu sehen bekommen!

Die Wärme tat mir gut. Ich liebte die Erfrischung, die ich im kalten Atlantik erlebte, aber eine warme Wanne, ach, da konnte ich mich entspannen und den Schock des gestrigen Tages langsam verdampfen lassen. Danach briet ich mir ein Spiegelei mit Speck, kleidete mich an und marschierte über die Wiese zum Nachbarn Peter Dymand.

Das Licht in Irland. Es wechselte ständig. Die Sonne war wie ein großer Scheinwerfer, der durch die ziehenden Wolken hindurch seinen Hauptdarsteller in der Landschaft suchte. Nun schwenkte sie ihr Licht auf den Steinhügel, der auf der flachen Bergkuppe des Knocknarea errichtet war. Unter diesen Steinen, so sagte die Legende, war die Königin Maeve von Connacht begraben. Im Stehen. In voller Rüstung. Den Blick nach Norden zu ihren Feinden in Ulster zugewandt.

Shakespeare nennt sie Frau Mab und lässt Mercutio von ihr erzählen: »Sie ist der Feenwelt Entbinderin. Sie kommt, nicht größer als der Edelstein am Zeigefinger eines Edelmanns. Und fährt mit 'nem Gespann von Sonnenstäubchen den Schlafenden quer auf der Nase hin.«

Eine Wolke zog vor die Sonne, und wie auf einer Theaterbühne fiel der Vorhang herab, und als er sich wieder hob, da sah man ein einstöckiges, weiß angestrichenes Haus. Hier wohnte Peter Dymand. Er stieg gerade von seinem Traktor, als ich sein Grundstück erreichte. Er war etwa siebzig Jahre alt, sein Haar war silbergrau und von der Arbeit auf dem Feld zerzaust. Er hatte ein Gebiss, das ihm beim sprechen fast aus dem Mund fiel, das er aber immer noch rechtzeitig mit der Oberlippe fangen konnte. Er lud mich ins Haus ein.

Seine Frau hieß Rosi. Sie hatte gerade eine Kohlsuppe gekocht und reichte mir eine Schale. Ich bedankte mich und lobte ihr Essen. Ich fragte die beiden, ob es in dem Haus, wo ich wohnte, tatsächlich spukte.

»Manche Leute sagen, sie hätten ein Geräusch dort gehört kurz nach Mitternacht. Das Geräusch läuft die Treppen rauf und runter. Viele Nachbarn betreten das Grundstück nicht in der Dunkelheit. Ich bin nachts dort gewesen. Ich musste meine Kühe holen. Auf euren Wiesen ist das Gras lang und saftig. Um zwei Uhr nachts war ich dort, und ich sah niemanden, der schlechter war als ich.«

Peter zog das verrutschte Gebiss mit seiner Oberlippe hoch.

Er war in dieser Gegend geboren wie auch sein Vater. Und der Großvater. Und der Urgroßvater. Und alle hatten sie Peter geheißen und waren Steinmetze gewesen. Er zeigte mir das Familienalbum. Die Männer sahen einander verblüffend ähnlich, nur ihre Kleidung war der jeweiligen Zeit entsprechend anders. Es schien, als hätte der erste Peter Dymand nie aufgehört zu atmen, als lebte er noch heute in seinem Urgroßenkel fort.

Hatte er denn vielleicht als Steinmetz mal einen Geist auf dem Friedhof gesehen?

Einmal hatte ihn ein Friedhofswärter aus Versehen eingeschlossen, während er noch einen Grabstein ausbesserte, und er musste die ganze Nacht dort verweilen.

»Aber ich war ja in guter Gesellschaft. Sie haben kein Wort zu mir gesagt.«

Er lachte, und sein Gebiss verrutschte wieder. Rosi brachte Kaffee. Auch sie lachte. Rosi lachte immer, wenn Peter lachte. Und dann musste auch ich lachen.

Nein. Peter glaubte nicht an Geister. Rosi auch nicht. Er glaubte, dass nur diejenigen Geister sahen, denen man vorher von einem Geist erzählt hatte, glaubte, dass es eine Sache der Phantasie war.

Ich erfuhr, dass das Haus von einer Familie Jones gebaut wurde. Die Jones waren Protestanten englischer Abstammung. Die Engländer hatten 1691 in Irland das *Penal Law* eingeführt, ein Gesetz, das den Katholiken untersagte, Land zu besitzen. Sie verschärften auch die Handelsverbote für die Iren und machten aus der Grünen Insel das größte Armenhaus Europas. Alle Jones kämpften in vielen Schlachten an der Seite der Engländer, bis auf einen – Jeremiah Jones. Seine Brüder waren alle gefallen. Er war der letzte Überlebende. Und er weigerte sich, gegen die Iren in den Krieg zu ziehen. Einer schimpfte ihn einen Schwächling, und es kam zu einem Duell. Jeremiah war der bessere Schütze. Die Sonne schien seinem Gegenüber direkt ins Gesicht. Er hätte mit Leichtigkeit gewinnen können. Aber noch bevor der Schiedsrichter bis zehn zählen konnte, warf Jeremiah seine Pistole zu Boden und lief einfach davon. Von da an mieden ihn die Leute. Er liebte eine irische Magd und lebte mit ihr in dem Haus an den Klippen. Als sie starb, wurde er verrückt. »Er ging aus dem Kopf fort.« Eines Tages erstickte jemand Jeremiah Jones im Schlaf mit einem Kissen. So machte man es damals mit den Verrückten. Aber sein Geist soll noch lange durch das Haus gezogen sein.

Der nächste Besitzer war jener grausame Engländer, der Katzenjäger, der Katholiken zum Essen einlud, um sie dann selbst aufzufressen. Der holte einen Priester, der durch Exorzismus dem Haus den Geist von

Jeremiah Jones austreiben sollte. Der Priester verbannte den Geist in eine Scheune und befahl, die Tür für immer verriegelt zu lassen. Der Engländer blieb kinderlos, und nach seinem Tod kaufte ein reicher Ire namens O'Connor das Haus.

O'Connor war ein Katholik, dem es nur mit einer Ausnahmegenehmigung gelang, das Land zu besitzen. Es kam die Zeit der großen Hungersnot. Mitte des 19. Jahrhunderts starben über eine Million Iren, als die Kartoffelfelder der Insel plötzlich verfaulten. »Die Sterbenden trugen die Toten«, heißt es in einem Bericht. Dem Ausmaß der Katastrophe konnte sich der britische Premier Robert Peel nicht verschließen, und er erklärte öffentlich: »Wie viel Diarrhö, blutigen Ausfluss, Dysenterie muss ein Volk ertragen, bis man beschließt, ihm mit Nahrung zu helfen.« Diese Worte kosteten ihn sein Amt. Im Jahr 1845 musste er seinen Hut nehmen. Der Schatzmeister seiner Majestät bekam seinen Posten und bezeichnete die Hungersnot in Irland als eine Strafe Gottes für ein rebellisches, undankbares Volk und verweigerte jegliche Hilfe.

O'Connor wanderte mit seiner Familie nach Amerika aus. Eine Million Iren schifften sich damals auf den überfüllten »Kartoffelsärgen« nach Amerika ein. Das Haus blieb über viele Jahre leer, bis es von Mrs Freyen bezogen wurde. Und diese ließ die Scheune öffnen, weil sie Platz für ihre schicken Gartenmöbel brauchte.

Der Großvater von Peter Dymand kannte Mrs Freyen.

Und sie bat ihn um Hilfe, als ihr eines Nachts der Geist von Jeremiah Jones im Spiegel über dem Waschbecken im Badezimmer erschien. Ein Mann mit pechschwarzen Locken, der sie lauthals und frech auslachte. Man holte wieder einen Priester. Und diesmal bannte der Priester den Geist in eine Flasche und ließ diese unter der Badewanne einmauern.

Nach Mrs Freyen kam ein Herr Flynn. Auch dieser klagte über den Spuk und verkaufte das Haus für wenig Geld an Taras Vater.

Peter begleitete mich über die Wiesen zurück. Ich fragte ihn, ob die Geistergeschichten daran schuld waren, dass immer wieder die Kaufinteressenten davonliefen. Er schüttelte sein silbergraues Haar. »Der alte Bauer macht das. Der alte Bauer auf der anderen Seite des Feldes. Er will das Grundstück haben, weil es an seine Wiesen grenzt und er dann mehr Platz hätte für seine Kühe. Er hat die Nachbarn bestochen, damit sie allen Interessenten das Haus ausreden. Aber Tara will es ihm nicht geben, weil er gemein ist, weil er seine Arbeiter nicht gut bezahlt, weil er sein eigenes Haus verkommen lässt, und weil sie fürchtet, dass er das alte Gebäude einfach abreißt. Warst du mal bei ihm? Geh ihn besuchen. Sag ihm, du willst das Haus kaufen, und höre, was er dir erzählt. Gestern kam ich zufällig mit dem Traktor vorbei, als vier Engländer vor seiner Einfahrt standen und mit seinem Sohn sprachen. Sie hatten einen platten Reifen und brauchten Hilfe beim Radwechsel. Ich stieg aus und legte Hand an. Da hörte ich, wie sie ihm sagten, sie hätten Interesse, das Haus zu kaufen. Der Sohn sagte ihnen, alle Leitungen seien kaputt, die Kamine funktionierten nicht mehr, man müsse das Haus komplett restaurieren. Und die Wände seien von Schimmel befallen, den Tara einfach mit bunter Farbe übermalt hätte. Ich mische mich da nicht ein. Einmal hab ich was gesagt, da hatte ich am nächsten Tag eine tote Kuh auf meiner Wiese.«

Er klopfte mir auf die Schulter.

»Hab keine Angst hier. Du findest immer jemanden, der dir sagt, er hat einen Geist gesehen. Aber den Geist selbst siehst du nie.« Dann verabschiedete er sich, und sein Haarschopf wurde immer kleiner und kleiner, bis er in den Wiesen verschwand wie eine dahinziehende graue Wolke am Himmel.

Vor meinem Tor wartete Paddy, der Postbote. Er hatte sein Versprechen gehalten und war gekommen, um sich nach meinem Befinden zu erkundigen. Wieder schwirrten ein paar Fliegen um seinen roten Bart, und ich fragte mich, ob sie dort vielleicht Essensreste fanden.

Ich erzählte ihm von dem Stapel zerfledderter Zeitschriften, die ich noch entdeckt hatte. Er schaute sich noch mal das Bad an, wollte genau wissen, wo die Blutlachen und wo die Spritzer gewesen waren. Und fragte mich immer wieder nach dem Fenster, ob es geschlossen oder offen gestanden hatte, bevor ich das

Bad betreten hatte. Ich wusste es einfach nicht mehr. Paddy grübelte und grübelte, und die Fliegen tanzten um seinen Bart.

Dann beschloss er, mit mir die alte Haushälterin aufzusuchen. Sie lebte noch. Sie war hundertdrei Jahre alt und hatte erst bei Mrs Freyen und dann bei den Flynns auf die Kinder aufgepasst. Wir stiegen in sein Auto und fuhren los. Dann hielt er ganz plötzlich vor einem großen Tor.

»Hier wohnt der alte Bauer«, sagte er, »der weiß mehr über seine Kühe als über seine Kinder. Ich will von ihm ein bisschen Milch und ein paar Eier kaufen.« Paddy freute sich, dass er damit etwas Illegales tat. Seit Irland in der EU war, durften die Bauern ohne Lizenz keine Eier mehr verkaufen. Paddy hasste die EU für ihre unzähligen Regeln und Verordnungen.

Wir klopften an eine Tür. Eine Hand stieß sie von innen auf. Der alte Bauer saß direkt hinter der Tür auf einem Stuhl. Er hatte nur noch ein Bein und stank fürchterlich. Ich nannte ihn fortan nur noch Stinkebein. Das war der Bauer, von dem Peter Dymand gesprochen hatte. Stinkebein bat uns nicht hinein. Er sprach mit uns, während er auf dem Stuhl saß und wir vor der offenen Tür standen. Er war der jüngste von drei Brüdern. Sein ältester Bruder hatte geheiratet und war nach Amerika gegangen. Der zweitälteste war Priester geworden, und so war ihm, dem Jüngsten, die Aufgabe zugefallen, für die Eltern zu sorgen und sich um das Land zu kümmern. Er hatte auch nach Amerika gewollt. Vielleicht war er deshalb so grimmig, so böse und geizig geworden und kaufte Land um Land in der Gegend auf, um sich hier sein eigenes Reich zu schaffen.

»Du hast also das Blutbad veranstaltet«, sagte er mit kratziger Stimme. »Die Engländer hast du ja ganz schön verschreckt.«

Er hatte also von dem Blut im Bad gehört und es bestimmt den Engländern weitererzählt, als sie mit ihrem platten Reifen vor seinem Tor gehalten hatten.

»Vielleicht habe ich es auch nur geträumt«, sagte ich zu ihm. »Vielleicht war es mein eigenes Blut. Sie wissen ja, Frauen sind in diesem Zustand oft nicht wirklich zurechnungsfähig.«

Er schnaufte. Er atmete nur noch schwer.

»Hast du den Geist im Kinderzimmer gesehen?«

Nein, ich hatte nichts gesehen. Nachts, um Viertel nach drei, in dem Zimmer, wo die Kinderwiege stand, da würde ein kalter Wind durch den Raum rasen und die Wiege zum Schaukeln bringen. Das war der Geist eines ungetauften toten Kindes der O'Connors, die nach Amerika ausgewandert waren. Das Kind hatte man in dem verwilderten Garten begraben. Angeblich zog es nachts durchs Haus und suchte seine Eltern.

Paddy hatte auch davon gehört. Ich wartete von nun an jede Nacht von drei bis vier Uhr morgens in dem Zimmer, den Blick wachsam auf die Wiege gerichtet, auf den Kindergeist. Aber nichts. Ich sah nichts. Ich hörte nichts. Ich spürte keinen Wind. Es war kaum zu glauben, alle erzählten von den Geistern in diesem Haus, aber mir wollte sich keiner zeigen.

Auch die Haushälterin hatte etwas gesehen. Bevor wir ihr Häuschen betraten, erzählte Paddy, dass sie in der ganzen Gegend berühmt war für die heimlichen Feste, die sie früher für die Stalljungen und Mägde der Gegend veranstaltete. Zu diesen Festen kam auch ihr Liebhaber, der in Dublin während der Revolution gegen die Engländer ums Leben kam. 1921, als sich der Süden von Irland nach siebenhundert Jahren von der englischen Besatzung befreit hatte.

Die alte Dame sprach mit einem so dicken irischen Akzent, dass ich sie kaum verstand. Sie war streng gläubig, einst war sie nach Lourdes gepilgert und hatte da für eine krebskranke Freundin gebetet, die tatsächlich gesund wurde. Und ein anderes Mal half ihr Gott auch in dem Haus an den Klippen. Sie hatte eine Flasche für eines der Kinder gemacht, die Milch war noch zu heiß, also ging sie ins Bad, um die Flasche unter kaltes Wasser zu halten. Die Tür fiel zu. Sie bekam sie nicht mehr auf. Sie war eingeschlossen.

»Ich bin sehr gläubig«, sprach sie, »und ich sagte laut zu Gott: Gib mir Mut. Und er gab mir Mut. Und ich drückte gegen die Tür, und mit einem Mal ging sie auf.«

An diesem Abend stand ich lange auf der Wiese bei der niedrigen Mauer, zu der die Kühe kamen. Warum sah ich keinen Geist?, fragte ich sie. Ich wollte so gerne einen Geist sehen, einen richtigen Geist, eine Gestalt, die sich mir näherte, die kein Mensch war, die aber wie ein Mensch zu mir sprach.

Das Blut, ich hatte das Blut gesehen. Dafür musste es irgendeine Erklärung geben. Oder hatte es der Geist von Jeremiah Jones hingezaubert, weil er das Haus nicht den Engländern überlassen wollte?

Das Haus im Zwielicht. Ich marschierte durch das hohe Gras zu den Klippen und setzte mich nieder. Langsam verlor der Tag seine Farben. Die Sonne verschwand, und das Abendrot flatterte am Himmel. Dann wurde es sehr schnell dunkel. Und der Duft der Dämmerung verlor sich in den Wolken über dem Grab der Königin Maeve, die auch nachts ihren Feind im Stehen erwartete.

Paddy hieß mit Nachnamen Duffy. Paddy Duffy. Er kam am nächsten Tag wieder. Er war besorgt, weil ich so viel allein war. Wir fuhren in seinem Auto durch die Gegend. Jeder Stein in der Landschaft hatte hier eine Geschichte. Über den großen Stein, der in der Mitte gespalten war, erzählte Paddy:

»Der Riese Fionn Mac Cumail und seine Bande zogen durch die Ox-Berge. Da lagen viele Felsbrocken herum. Die Riesen wollten sehen, wer die Felsbrocken am weitesten werfen könnte. Beim ersten Wurf landete der Brocken dort, wo der Easky-Fluss ins Meer mündet. Dann war Fionn an der Reihe. Er nahm den schwersten Brocken, so schwer, dass die anderen ihn gar nicht erst aufheben konnten. Aber ach! Sein Wurf blieb kürzer als der seines Vorgängers. Fionn wurde wütend, rannte zum Felsbrocken und schlug ihn mit seinem Schwert einmal in der Mitte durch. Es heißt, man kann nur zweimal durch den Schlitz gehen, beim dritten Mal schließt sich der Spalt, und man bleibt stecken.«

Ich kletterte auch durch den Spalt und wollte gerade zum dritten Mal ansetzen, da zog mich Paddy weg. Er wollte nicht, dass ich die Legende herausforderte.

Da war noch die Geschichte von dem Butterstein. Ein verfluchter Butterstein mitten in der Landschaft. Da stand einst die Frau des Riesen Fionn auf einer Bergspitze, auch sie war eine Riesin. Von einem anderen Berg aus rief ihre Schwester. Sie brauchte Butter zum Backen. Fionns Frau holte ein Stück und warf es über das Tal hinüber. Aber ein Stück Riesen-Butter ist groß wie ein Lastwagen, und in der Eile vergaß sie, den Zauberspruch aufzusagen, der die Butter federleicht werden und zu ihrer Schwester hinüberfliegen lassen würde. So krachte die Butter ins Tal hinunter, und aus Wut verwandelte die Riesin die Butter in einen Stein und verfluchte ihn. Jeder, der versuchen sollte, diesen Stein von der Stelle zu bewegen, sollte sofort zu Butter werden und mit der ersten aufkommenden Sonne zerschmelzen.

Ich begegnete einem Mann, und es war mir, als kannte ich ihn schon ewig. Aber nein. Ich will, bevor ich von ihm erzähle, noch kurz einen anderen erwähnen. Dieser hieß Killigan und wohnte in einem ehemaligen

Workhouse. Diese Häuser waren Mitte des 19. Jahrhunderts per Gesetz in Irland eingeführt worden, zur Zeit der großen Hungersnot. Dort erhielten die Armen für schlechtbezahlte Arbeit Unterkunft und Essen. Killigan hatte im vorderen Teil des hallenartigen Gebäudes eine Ecke eingerichtet, wo man sich die ursprüngliche Ausstattung eines Workhouse angucken konnte. Ein kleines Museum. Mit Suppentöpfen, Strohmatratzen und alten Bildern. Die Workhouses wurden absichtlich so schäbig wie möglich gehalten, so dass nur diejenigen dort hinkamen, die jede Hoffnung verloren hatten. Man musste seine persönlichen Kleider abgeben, durfte beim Essen nicht reden, und die Klolöcher befanden sich mitten in den Schlafquartieren. Frauen und Männer wurden voneinander getrennt und durften keinen Kontakt mehr haben. Für Killigan waren diese Workhouses ein Symbol der irischen Armut, die die englische Besatzung geschaffen hatte. Er wollte an die grausame Vergangenheit erinnern, und gleichzeitig wollte er etwas dagegen tun. Überall hingen menschengroße Puppen, Masken, bunte Kostüme. Killigan war ein Straßenkünstler, er zog mit seinen Kostümen durch die Kleinstädte und Dörfer. Er konnte auf Stelzen laufen, wie ich niemals einen Mann auf Stelzen laufen gesehen habe. Er rannte auf Stelzen über die Torffelder und Moore, ohne stecken zu bleiben.

Die Figuren, die er bastelte, nahm er aus Märchen. Er glaubte nicht an Riesen, nicht an Feen, nicht an Hexen und schon gar nicht an Geister. Es nervte ihn gradezu, wenn man ihn danach fragte. Er wollte Kinder mit seinen glitzernden Kostümen bezaubern. Jonathan Swift, so sagte er mir, saß an einem See, und durch eine optische Täuschung erschienen ihm die Bäume auf der anderen Seite des Sees winzig. Und so erfand er die Insel der Liliputaner in »Gullivers Reisen«. Es gab kein Liliput. Ich glaube, diese Entdeckung hatte seinen Kindheitstraum zerstört. Er wollte nicht an etwas anderes glauben, als an das, was er anfassen, bauen, basteln und zusammennähen konnte.

Paddy und ich standen in seinem Workhouse und betrachteten die Kostüme. Da kam er und brachte jedem von uns eine frische Erdbeere aus seinem Garten. »Es ist doch etwas besonders Schönes, eine Erdbeere zu essen, nicht wahr?«

Killigan schickte mich zu Michael Quirk. Er sah mich an und sagte plötzlich: »Du musst zu Michael Quirk, den wirst du mögen.«

So fuhr ich also nach Sligo, in die Kleinstadt am Meer. Sligo – Sligeach – Ort der Muscheln. Und dort fand ich Michael Quirk in einer ehemaligen Fleischerei, wo er Holzfiguren meißelte.

Als ich eintrat, überkam mich eine sonderbare Stimmung. Es war mir, als kannte ich diesen Mann seit Ewigkeiten. Als wäre ich ihm in einem früheren Leben schon einmal begegnet. Die Bekanntschaft war flüchtig. Aber das Gefühl war stark. Wie ein Wind, der in mir aufkam und mir etwas zuflüsterte. Ich sagte nichts. Ich stellte mich vor seine Theke und tat, was alle taten, die in seinen Laden kamen, ich hörte seinen Geschichten zu.

Er meißelte Figuren aus den keltischen Sagen, die Königin Maeve, den Gott Lugh, den Riesen Fionn, den Helden Cú Chulainn. Er klopfte mit einem Hammer auf seine Meißel, und die Holzsplitter schwirrten in der Luft.

»Je öfter ich eine Geschichte erzähle, desto mehr glaube ich an sie.« Er sah einen nicht an beim Sprechen, er klopfte und klopfte mit dem Hammer auf die Meißel und sprach dabei, fast ohne zu atmen. Zwischendurch fragte er die eintretenden Kunden, was ihre Lieblingstiere waren, und die schnitzte er dann in ein Stück Holz, das er ihnen schenkte.

Für mich meißelte er ein geschwungenes Dreieck. Ein Symbol für *misneach*. Das war ein irisches Wort, für das er keine Übersetzung fand. Mut? Nein, eher weibliche Kraft. Die Macht der Männer war einfach. Wer hatte das größte Schwert. Aber die Macht der Frauen war eine verzwickte Sache. Sie hatten *misneach*. Dann sprach er von einem dreiköpfigen Vogel und der Schlacht von Moira und sprang von Geschichte zu Geschichte, und ich kam kaum mit, wollte ihn aber nicht unterbrechen.

Er sprach auch von Oisín, einem Krieger der Fianna, der sich in eine Fee verliebte und dreihundert Jahre im Feenland lebte. Dreihundert Jahre im Land der ewigen Jugend. Er war der Sohn des Riesen Fionn und einer Feenkönigin, die ein Druide in eine Hirschkuh verwandelt hatte. Als Oisín seiner geliebten Fee Niamh folgte und aus Irland verschwand, da hörte sein Hund nicht auf zu jaulen. Er jaulte und jaulte und jaulte und machte den Vater Fionn ganz verrückt mit seinem Gejaule. Er hätte dem Hund fast den Kopf abgeschlagen, aber stattdessen nahm er sein Schwert und schnitzte damit einen Grabstein für Oisín.

Nach dreihundert Jahren rief Oisín das Heimweh zurück nach Irland. Seine Feenfrau Niamh sagte, er dürfe, wenn er nach Hause reite, auf keinen Fall von seinem Pferd absteigen und die Erde berühren, sonst könne er niemals mehr zu ihr zurück und die vergangenen Jahre würden auf ihn niederfallen. Er ritt nach Irland, und alles war anders. Seine Freunde verschwunden. Keine Jäger mehr. Keine Krieger. Überall Priester, die Latein sprachen und mit kleinen Glöckchen bimmelten. Und Oisín kam zu einem Stein, den niemand bewegen konnte. Er lehnte sich vom Pferd, um den Leuten zu helfen, den Stein zur Seite zu rücken, und berührte dabei die Erde. Da sah er, dass der Stein sein eigener Grabstein war. Er rutschte vom Pferd. Das Pferd trabte davon, und er alterte um dreihundert Jahre. Bevor er starb traf er den heiligen Patrick. Der sah den steinalten Mann und sagte: »Du, der du bist gebückt und ohne Haar und blind mit schwerem Herzen und wandernder Seele, hast drei Jahrhunderte gekannt, hast Dichter singen gehört, von teuflischer Liebelei betört.« Und Oisín erzählte dem heiligen Patrick, dem im Zölibat lebenden Mann, alles über seine schöne Feenfrau, erzählte ihm von ihren weichen Schenkeln und von ihren jugendlichen Brüsten ...

Die Feen. Wo konnte ich Feen finden? Frage ich Michael Quirk. Er kannte ja jede Legende von jedem See, von jeder Höhle, von jedem Stein, von jedem Berg. Und er nannte mir viele Orte, die Eingänge in die *andere Welt* sein können, in die *Sidh*, aber er warnte mich, nicht enttäuscht zu sein, wenn ich dort keine Feen finden würde. Denn er könnte mir Hunderte Orte nennen, aber der beste war der, den ich selber fand. Denn die *Sidh* war genauso ein Zustand des Geistes wie sie ein Ort in der Landschaft war.

Ich suchte all diese Plätze auf, ein jeder zauberhafter als der nächste. Der Glen am Fuße des Berges Knocknarea, eine Felsschlucht, in die man durch ein kleines, zwischen den Büschen und Bäumen am Straßenrand verstecktes, kaum auffindbares Tor kam. Eine Schlucht, die vollkommen zugewachsen war. Nur Moos und Geäst und Baumwurzeln. Ich lief unter den meterhohen Bäumen und sah den Himmel nicht mehr. Der schmale Weg war bald nur noch ein Strich in der nassen Erde zwischen Gräsern und Gestrüpp. Ich lief immer weiter. Ich rannte durch Brennnesseln hindurch, die mir bis über den Kopf reichten, und mein Körper brannte vor Schmerz. Ich fand eine Kette von bunten Büroklammern, die von einem Ast baumelte, und las später in einem Buch, dass dies ein Zeichen von Feen sei. Aber eine Fee, so wie sie Yeats beschrieben hatte, mit Apfelblüten im Haar, fand ich nicht.

Michael Quirk hatte mich gewarnt: Klettere nicht in die Höhlen, die in der Nähe von einem See liegen. Irland, sagte er mir, war voller Wasser. Der Berg Ben Bulben wie ein Schwamm, ganz und gar mit Wasser vollgesogen. Und vor allem in die Höhlen um den *See des Auges*, Loch na Súl, dürfe ich nicht hinein. Das Wasser dieses Sees hätte sich letztes Jahr plötzlich zurückgezogen und sei in den umliegenden Höhlen angestiegen. Dieser See war beim Kampf zwischen Balor, König der Formorianer, der seefahrenden Riesen, und seinem Enkelsohn, dem Gott Lugh, entstanden. Balor hatte ein großes Auge in der Mitte seiner Stirn und ein zweites genau gegenüber am Hinterkopf. Und diese Augen waren, wie Michael Quirk sagte, Massenvernichtungswaffen. Sie konnten mit einem Blick ganz Dörfer niederbrennen. Der tapfere Lugh schlug seinen bösen Großvater nieder, und als dieser mit dem Gesicht nach vorn auf die Erde prallte, brannte das Auge ein großes Loch in die Landschaft, das sich bald mit Wasser füllte. Der See des Auges, der keinen Boden hat. »Denn alle guten Seen sind bodenlos«, sagte Michael Quirk und klopfte und klopfte mit dem Hammer, und die Holzspäne schwirrten durch die Luft.

Ich hatte das Blut, das ich in meinem Badezimmer gefunden hatte, fast vergessen, und war auf der Suche nach den Feen vollkommen eingetaucht in die Landschaft, als mich an einem Morgen das Läuten der Glocke wieder wachrief.

Es war Paddy Duffy. Er trug abermals ein Paket in der Hand. Um seinen Bart surrten die Fliegen. Ich sah auf den Absender. Es war wieder von jenem Aengus Cantwell aus Ballysadare geschickt worden.

»Kennst du diesen Mann?« Fragte ich Paddy.

»Wer kennt ihn nicht? Er ist ein berühmter Yeats-Gelehrter. Früher war er Priester, aber er trat aus der Kirche aus, weil er sich unsterblich in eine Frau verliebte. Tragische Geschichte. Er heiratete sie. Aber sie trennte sich von ihm. Tragisch. Tragisch. Wegen einer Lüge, die ihr zu Ohren gekommen war. Er zog sich in ein kleines Haus zurück, jagte, hatte eine Eule und sprach viele Jahre kein Wort mit niemandem. Er war ein enger Freund von Taras Mutter. Auch Michael Quirk kennt ihn gut.«

Aengus wohnte inzwischen in einem Reihenhaus. Eine weiße Katze saß mit erhobenem Schwanz in seinem Fenster. Er war 89 Jahre alt und wusste, dass er bald sterben würde. Deshalb schickte er Pakete mit seinen Lieblingsbüchern an Tara, weil er wollte, dass sie in jenem Haus, wo die Dichter und Dramatiker ein und aus gegangen waren, eine neue Heimat fanden. Er zankte sich gerade mit seiner Haushälterin Nori, als ich bei ihm anklopfte, und freute sich daher besonders über meinen überraschenden Besuch.

»Du bist ja wie eine Fee aus der Sidh erschienen«,

sagte er und stieg mit mir in sein Auto. Wir fuhren durch die Landschaft, und er zeigte mir die Orte, die Yeats in seinen Gedichten beschrieben hatte, die er alle auswendig konnte.

Aengus konnte auch die ganze Göttliche Komödie von Dante aufsagen – auf Italienisch. Er sprach Spanisch, Französisch, Portugiesisch, las Deutsch, Russisch, Altgriechisch und Latein. Als junger Priester hatte er im Vatikan studiert und war dann auf den Philippinen, in Südkorea, Brasilien und auf Feuerland Missionar gewesen. Diese Arbeit hatte er zutiefst gehasst. Er liebte die Bibel, er liebte Gott, aber andere Völker von seinem Glauben zu überzeugen, war ihm zuwider. Überall beklagten die Priester sein unorthodoxes Benehmen, die Kirche schickte ihn in immer neue Länder, bis sie ihn nach Irland zurückholte und ihm Hausarrest erteilte. Dann verliebte er sich und trat aus der Kirche aus. Und als seine Frau ihn verließ, wurde er Jäger. Denn dieser heldenhafte Mann ließ sich von nichts und niemandem niederschmettern.

Er war fast zwei Meter groß und hatte sehr lange Arme mit kräftigen Händen. Jetzt trug er immer einen Anzug, trank, rauchte dicke Zigarren, sah den Frauen in der Stadt nach und flirtete gern. Als wir gemeinsam Michael Quirk besuchten und ich mich entschuldigte, um auf die Toilette zu gehen, sagte er zu dem Holzschnitzer: »Das macht sie menschlich, verstehst du, weil sie göttlich ist.«

Für Aengus war ich das Mädchen mit den Apfelblüten im Haar aus dem Yeats-Gedicht »Lied des wandernden Aengus«, und wenn ich abreiste, würde er durch das hohe Gras wandern, nach mir suchen und die silbernen Äpfel des Mondes und die goldenen Äpfel der Sonne pflücken, um dann friedlich zu sterben.

Ich lachte immer verlegen, wenn er so von seinem Tod sprach. Er war doch noch stark, er wanderte doch mit mir durch die Landschaft und wurde nicht müde. Aber tatsächlich starb er kurz nach meiner Abfahrt. Man fand ihn bei Sonnenuntergang tot auf einer Bank an einem See, die gepflückten Grashalme in der Hand.

Aengus liebte es, über die andere Welt zu philosophieren, über die Sidh, die Feenwelt, über die Geister, über *das Andere*.

Er erklärte mir, dass die Iren weniger an der Schönheit ihrer Natur interessiert waren als vielmehr an ihrem Mysterium. Warum sonst hatte man das Grab der Königin Maeve nie geöffnet? Es lag dort oben auf dem Felsen, unter aufgehäuften Kalksteinen, seit zwölftausend Jahren. Von Sagen umwoben.

Aus der Antwort der Natur kamen in Irland die Geschichten.

Resonancia – wie man auf Spanisch sagt.

Aus dem Widerhall der Natur.

»Wir haben ein Gespür für eine Anwesenheit, die in der Natur liegt. Das Mysterium ist eine Anwesenheit, eine schwingende Anwesenheit, eine animierende Anwesenheit, eine Anwesenheit, die etwas erzählt.

Was wir auch denken, es muss doch noch etwas Anderes geben. Eine andere Gegenwart, die wir nicht kennen. Ich kann genießen. Ich kann die Landschaft schmecken. Ich kann von ihr besessen sein.«

Und er wandte seinen Blick auf die Ox-Berge und sagte, sie waren doch wie die Knöchel seiner alten, zur Faust geschlossenen Hand. Unter denen sich ein Geheimnis verbarg. Denn überall ist etwas drin. Es gibt kein Nichts.

»Sprache kann kommunizieren, ohne dass man sie versteht.« Und wenn er sich unverstanden fühlte, wurde er traurig. Wörter waren ihm heilig. Die keltischen Krieger waren auch Dichter gewesen. Wenn man zum Krieger ausgebildet wurde, musste man auch das Handwerk des Sprechens und des Dichtens erlernen und sich mit Worten schlagen können. Auch die Zauberkraft der Druiden lag in ihren Worten.

»Ich habe Wörter geliebt«, sagte er und zitierte Aubrey Beardsley: »Wörter, die meine Seele auf Flügeln tragen. Wörter, die die Fenster sind zu den unendlichen Dingen.«

Als ich Aengus von dem Blut erzählte, bat er mich, das Badezimmer sehen zu dürfen, und wir fuhren zum Haus. Auf der Fahrt erinnerte er sich an die Feste, die Taras Mutter dort gefeiert hatte. Wir erreichten das Anwesen, das nun in wortloser Einsamkeit unter dem Himmel ruhte, und er schien fast ein wenig verwirrt von der Stille. Er blieb im Hof stehen und betrachtete das Fenster des Badezimmers. Wenn man eine Leiter an die Hauswand lehne, könne man sehr leicht einsteigen. Aber ich wies ihn darauf hin, dass nichts gestohlen worden war. Es hatte Bargeld in meinem Schlafzimmer auf der Kommode gelegen, auch der Computer, alles unangetastet. Ein blutender Mensch hätte auch Spuren an den Handtüchern hinterlassen oder im Waschbecken. Aber Blut war nur in der Wanne, an den Wannenrändern und auf dem Boden gewesen.

Ich erzählte ihm von dem Stapel zerfledderter Zeitschriften. Er sah auf das bemooste Schindeldach. Es reichte bis knapp über die obere Fensterkante. Dann bat er mich, ihn alleine die Scheunen besichtigen zu lassen. Ich ging in die Küche, setzte Teewasser auf und holte dann die Zeitschriften aus der Glasvitrine. Die japanischen Puppen schauten noch immer nach rechts.

Nach einer halben Stunde kam Aengus endlich ins Haus und ließ sich von mir ins blaue Bad führen. Er trat zum Fenster, sah vom Fenstersims zum Boden, zur Wanne. Er ging abermals nach unten in den Innenhof und betrachtete das Fenster lange von außen. Das Badezimmer war das letzte Zimmer auf der zum Tor gerichteten Seite des Hauses. Aengus bemerkte den Schornstein, der direkt darüber vom Dach in den Himmel ragte.

Wir liefen zum Atlantik und blickten in die dröhnende Weite, aus der seit so vielen Jahrhunderten das

Gelächter der Freude und das Gelächter der Qualen widerhallte. Aengus rauchte seine Zigarre und kratzte mit dem Schuh an den flachen Kalksteinen.

»Es war ein Tier«, sagte er endlich. »Ich weiß nur nicht, welches. Ich dachte erst an einen Steinmarder. Wenn der sich eine Taube holt, dann kann er in einen Blutrausch kommen und richtig rumsauen. Er hätte die Taube unterm Dach fassen, durchs Fenster ins Bad schleifen und dort in der Wanne abschlachten und auffressen können. Aber dann wäre der Boden auch verdreckt gewesen.«

»Es war aber nicht dreckig. Und ich habe auch keine Taubenfedern gefunden.«

Aengus schoss die kleinen Steine, die sein Fuß aufspürte, ins Meer. Er wirkte plötzlich wie ein kleiner Junge. Der fast neunzig Jahre alte große Mann. Die Wolken am Himmel traten beiseite, und die Sonne goss ihr Licht direkt auf ihn herab. Der Rauch seiner Zigarre umhüllte seinen Kopf.

»Ich möchte meinen letzten Atemzug tun, während ich aufs Meer oder auf einen See schaue«, sagte er plötzlich, »und mir die Sonne den Nacken wärmt.«

Und es war, als hörten die Götter diese Worte. Denn der Wunsch wurde ihm erfüllt. Dann drehte er sich wieder zu mir und lachte.

»Ich habe viele Jahre mit einer Eule gelebt und gesehen, wie die Greifvögel ihre Beute verspeisen. Ich sah, wie der Adler ein Lamm riss, und meine Eule fraß am liebsten junge Hasen. Sie schnappte sie mit ihren

Klauen von den Wiesen und flog dann mit ihnen zu einem geschützten Ort. Wenn es regnete, trug sie ihre Beute in meine Scheune hinein und ließ nicht ein einziges Haar übrig. Eine Maus hat nicht genug Blut für eine große Lache. Aber ein Hase. Ein toter Hase. Vielleicht hat eine Eule einen Hasen gejagt und in deinem Badezimmer verspeist.«

Ich erschrak. Der Hase. Jener Hase am Morgen. Der lustige Hase auf der Wiese. Tränen schossen aus meinen Augen. Aengus war so sehr in die Vorstellung vertieft, dass er es nicht bemerkte.

»Aber wenn das Fenster geschlossen war, dann weiß ich keine Antwort. Mit dem Hasen in den Klauen, kann kein Raubvogel das Fenster hochgeschoben haben. Selbst meine Eule nicht, die so geschickt war.«

»Aber warum ist sie mit dem Hasen nicht in die Scheune?« Fragte ich.

»Die Scheunentür war fest verriegelt. Ich musste mein ganzes Gewicht gegen sie stemmen, um sie aufzustoßen. Nun, das ist die einzige Erklärung, die ich finden kann. Ein Greifvogel, der einen Hasen gerissen hat. Ansonsten war es Jeremiah Jones.« Er lachte wieder. »Obgleich sich beides nicht ausschließt.«

»Und was, wenn jemand im Auftrag von Stinkebein durch das Fenster eingestiegen ist und das Blut im Bad verschüttet hat, um die Engländer vom Kaufen abzuschrecken?«

Ich wollte mir nicht vorstellen, dass tatsächlich der

kleine Hase in meinem Badezimmer aufgefressen worden war. Aengus blies den Rauch seiner Zigarre über das Meer, wandte sich um und trat mit großen gezielten Schritten den Rückweg zum Haus an.

»Auch das ist eine Möglichkeit. Ich habe schon von Leuten gehört, die haben ein Haus gebaut, und als sie mit den Möbeln kamen, waren in dem Haus alle Fenster eingeschlagen, die Türen rausgerissen und Löcher in den Zimmerwänden. Sie reparierten die Schäden. Am nächsten Morgen fanden sie dieselben Schäden wieder vor. Man beschuldigte die Feen. Das Haus war auf einem Feen-Ring errichtet worden. Einem Ort, wo die Feen sich nachts zum Tanzen und Feiern treffen. Am Ende stellte sich heraus, dass ein böser Nachbar randaliert hatte.«

Aengus hielt Stinkebein aber nicht für so gewitzt. Die einzige Erklärung waren die Eule und der Hase. Aber ich wusste ja nicht, ob das Fenster schon offen gewesen war, bevor ich das Zimmer betreten hatte, und so blieb auch dies nur eine Vermutung. Des Rätsels Lösung kannte wahrscheinlich nur die Königin Maeve in ihrem Steingrab, das auf ewig ungeöffnet blieb.

An meinem letzten Abend lud ich alle meine Freunde zum Essen ein. Michael Quirk kam mit seiner Frau. Aengus hatte mir dessen tragisches Schicksal verraten. Sein Sohn, den er Oisín nannte, hatte sich vor ein paar Jahren das Leben genommen. Und vielleicht deshalb sprach Michael Quirk so viel und so schnell und so ununterbrochen. Vielleicht floh er vor diesem Schmerz in die Geschichten.

Meine Nachbarn erschienen. Peter Dymand und Rosi, die mir das Kohlsuppenrezept mitbrachte, und Gerry, der Fischer mit dem Jack Russell, und natürlich der Postbote Paddy Duffy. Killigan war leider in Nordirland auf einem Dorffest, wo er als Kaiser aus »Des Kaisers neue Kleider« auf Stelzen lief.

Ich briet Lammkoteletts, röstete Kartoffeln, und es gab Pilze mit frischer Petersilie, die aus dem Garten der Frau kam, die beim Fleischer hinter mir in der Schlange gestanden hatte. Als sie hörte, wie ich den Fleischer fragte, wo ich frische Petersilie kaufen könne, da lud sie mich gleich zu sich in ihren Garten ein. Jetzt kam sie noch zum Nachtisch vorbei. Und brachte ihren Mann mit. Zufälligerweise war das der Arzt Mr O'Martain, der mir in dem Pub erzählt hatte, dass die Iren das Wort Tod meiden.

Aengus trug Yeats-Gedichte vor, und wir feierten bis spät in die Nacht hinein.

Am nächsten Morgen holte mich Aengus ab. Er wollte mich zum Flughafen fahren. Wir standen noch einen Augenblick in der Küche, wärmten unsere Hände an den Kaffeetassen und sahen uns schweigend an. Er wusste, dass ich ihn nie wiedersehen würde. Ich konnte mir nicht vorstellen, dass er sehr bald seinen letzten Atemzug tun sollte, mit Blick auf den See.

Die beiden Pakete, die er an Tara geschickt hatte, lagen noch auf dem Tisch. Er öffnete sie. Das eine enthielt Erstausgaben von W. B. Yeats, das andere einen Stapel vergilbter Bücher mit irischen Sagen, die sein Großvater in den umliegenden Dörfern gesammelt und veröffentlicht hatte. Aengus schenkte mir diese Bücher.

Ich sperrte das Haus ab und vergrub den Schlüssel, wie Tara es mir aufgetragen hatte, in dem Beet, das sie für ihre Mutter angelegt hatte, dort, wo einst ein Apfelbaum blühte. Der Abschiedsschmerz brannte in meinem Herz. Irland. Mein Haus. Die Klippen. Die Kühe an der Steinmauer. Der Sandweg.

Aengus fuhr ganz langsam. Drei Stunden bis nach Dublin. Er hatte Freunde dort, die er besuchen würde.

Ich sah aus dem Fenster, wo die Landschaft vorbeizog. Ich wollte jeden Stein mit meinen Augen festhalten. Jeden Berg. Jedes Feld. Jede Wolke. Aber vor Müdigkeit fielen mir die Augen zu. Ich kämpfte mit aller Kraft gegen den niederdrückenden Schlaf. Aber er war stärker. Oder sie? Ich sehe zwei Feen, die auf meinen Augenlidern sitzen. Aha, denke ich. Deshalb kann ich sie nicht öffnen, weil die Feen draufhocken. Was machen die auf meinen Augenlidern? Sie machen sich mit meinen Wimpern die Fußnägel sauber.

Aengus hielt plötzlich an, und ich schreckte auf. Vor mir lag eine Raststätte. Ein altes Häuschen mit Rüschengardinen am Fenster und einer blauen Gießkanne auf dem Sims. Wir traten ein und bestellten beide Kaffee mit Whiskey. Über dem Tresen hing das Foto der Besitzerin. Sie hatte riesige Hände. Männerhände. Ihr Vater war ein Totengräber gewesen, so erzählte der Wirt, und sie war vor einem Jahr verschieden. Jungfrau. Nie geheiratet. Er sagte natürlich nicht, dass sie gestorben war. Er sagte: »She was returned unopened.« Sie wurde ungeöffnet zurückgeschickt.

So fuhr ich aus Irland ab und ließ *die andere Welt* hinter mir.

Aengus sagte noch beim Abschied:

»Der hehren Phantasie gebrach's an Kraft hier,
Doch schon schwang um mein Wünschen und mein
    Wollen,
Wie sich gleichförmig dreht ein Rad, die Liebe,
Die da die Sonne rollt und andern Sterne.«

Never too late ...

Ich glaubte, es wäre ein Abenteuer,
aber in Wirklichkeit war es das Leben.
Joseph Conrad

Ich musste nach Afrika. Unbedingt. Die Santería-
Priesterin auf Kuba hatte mir gesagt, die Afrikanische
Königin werde mir Glück bringen. Aber wo war die
Afrikanische Königin? Unzählige Gottheiten werden
in Afrika die »Afrikanische Königin« genannt. Es gibt
bestimmt in fast jedem afrikanischen Dorf etwas, das
diesen Namen trägt, sei es ein Gott, ein Geist, eine
Frau, eine Pflanze oder ein Tier. Wo sollte ich da zuerst suchen?

Es lag auf der Hand, nach Benin zu reisen, in das ehe-
malige Königreich Dahomey, aus dem Babalu Ayé
stammt, oder in Nigeria dem Yoruba-Volk und dem
Ursprung der Santería-Religion nachzugehen. Aber
ich wollte nicht der Logik folgen, ich hoffte auf ein
Zeichen, auf eine Stimme, die mich rief.

Ich traf einen Mann aus Mali auf der Tourismus-
Messe in Berlin.

»Ich kenne einen Hexer in den Dogon-Dörfern«, flüsterte er, »der kann dir Geister zeigen, aber die Frage ist, ob du sie sehen willst. Denn, wenn du einmal einen Geist auf dich aufmerksam machst, und er Gefallen an dir findet, kann es sein, dass du ihn nie wieder loswirst.«

Der Mann war grau und hager. Seinem Lächeln war nicht zu trauen. Ich starrte ihn an wie ein Kind. Er faszinierte mich, weil er mir Angst machte. Ich dachte, vielleicht ist das die Stimme, die mich ruft, und ich finde die Afrikanische Königin in Mali.

Ich hatte schon fast den Entschluss gefasst, nach Mali zu reisen, da stand ich eines Morgens vor meinem Bücherregal und entdeckte ein altes Buch: »African religions and philosophy« von John S. Mbiti. Ich hatte es auf einem Flohmarkt in Havanna gekauft wegen des Bildes auf dem Umschlag. Ein Mann, der eine Trommel schlägt. Das Buch war in meinem Koffer gelandet und dann stillschweigend im Bücherregal verschwunden. Dem Plastikeinband nach musste es ein Bibliotheksexemplar sein. Am unteren Rand sah ich den Stempel: British Council Library Kumasi.

Kumasi ist die zweitgrößte Stadt in Ghana.

Ich schlug es auf, und es fiel mir eine Postkarte entgegen, vergilbt wie die Seiten des Buches, das 1979 erschienen war. Die Postkarte war aus Ghana. Sie war handgemalt und stellte einen Lastwagen dar, der auf einer Sandstraße durch ein afrikanisches Dorf fährt. Voll beladen. Auf dem Dach lauter Strohkörbe mit Hühnern und Hähnen und so viele Passagiere, dass sie aus den Fenstern quollen wie dicke Brüste aus einem viel zu kleinen BH. Auf dem Lastwagen stand in großen Buchstaben: Never too late. Ghana.

Goldküste – Ghana – erstes unabhängiges Land in Afrika dank dem Pan-Afrikanisten Kwame Nkrumah, dem großen Denker, der dann wie alle Mächtigen tragisch an seiner Macht zerbrach. Und dennoch. Eine der bedeutendsten Revolutionen des 20. Jahrhunderts.

Ich erfuhr, dass Anthony, mein Freund oder Bruder, wie ich ihn nannte, gerade als Referendar an der deutschen Botschaft in Accra arbeitete. Ich schrieb ihm. Er schrieb sofort zurück: Du kannst bei mir wohnen.

In der Nacht vor meiner Abreise rief mich mein Vater aus Wien an. Ich war am Packen und ging nicht gleich ans Telefon. Er rief erneut an. Wieder nahm ich nicht ab. Wieder rief er an. Er war ganz aufgeregt. In einem Restaurant in Wien hatte er am Abend einen Mann kennengelernt, der in Ghana einen Kindergarten gegründet hatte, in einem Dorf, wo später ein schrecklicher Bürgerkrieg ausgebrochen war. Durch den Krieg war die Verbindung nach Wien unterbrochen worden. Der Mann wusste nicht, ob sein Kindergarten noch da war, wusste nicht, ob oder wohin er nun das Geld schicken sollte, er konnte niemanden erreichen und machte sich Sorgen.

»Ich habe ihm versprochen, dass du in das Dorf fährst«, sagte mein Vater, »und nach dem Kindergarten siehst.«

Rette den Kindergarten. Mit diesen Worten im Ohr bestieg ich am nächsten Morgen das Flugzeug nach Ghana und landete zehn Stunden später in Accra, der Hauptstadt. Ich zog meinen Koffer aus den zusammenbrechenden Türmen der anrollenden Gepäckmassen, ging durch die Visa-Kontrolle und schob den Gepäckwagen, dem ein Rad fehlte, in die Ankunftshalle. Sie war vollkommen verlassen. Wo war Anthony? Er wollte mich doch abholen? Und wo waren die anderen Verwandten der vielen heimkehrenden Ghanaer, mit denen ich im Flugzeug gesessen hatte? Niemand weit und breit. Nur surrendes Neonlicht. Ich trottete enttäuscht mit dem schiefrollenden Wagen zum Ausgang.

Peng!

Die Tür ging auf, und draußen standen Tausende Menschen hinter einer Absperrung. Ich kam mir vor wie ein Rockstar, der eine Bühne betritt. Unzählige hellwache, neugierige Augen waren auf den Ausgang gerichtet. Hier wartete man auf Familienmitglieder wie Fans auf ihre Superstars.

Anthony stand in der ersten Reihe und leuchtete wie eine verlorene Schneeflocke unter den vielen schwarzen Gesichtern. Er erklärte mir, in Accra darf man nur mit einer Sondergenehmigung in den Flughafen hinein, sonst würde sich der Flughafen schnell in einen Jahrmarkt verwandeln. Jeder, der abfliegt, wird von mindestens zehn Leuten begleitet, und jeder, der ankommt, hat doppelt so viele, die ihn erwarten. Ankünfte und Abreisen werden hier zelebriert wie Hochzeiten und Beerdigungen.

Dieser Jubel, diese Euphorie, diese Freude und Neugier habe ich in keinem anderen Land so erlebt wie in Ghana. Meine ganze Trauer, Einsamkeit und die vielen Zweifel, die mit ihren kleinen Zähnen an meinem Herzen nagten, waren mit einem Mal verschwunden. Ich war wieder ein Kind, das alles zum ersten Mal sah und hörte und erlebte.

Anthony nahm mich an die Hand und führte mich durch das Menschengewühl, und kaum hatte ich mich umgeschaut, saß ich schon in der Hütte eines Fetischpriesters.

In der Nacht zuvor waren Anthony und ich noch auf ein Hiphop-Konzert gegangen, hatten dort Narrow kennengelernt, den Promoter von Pata, einem Star in der ghanaischen Reggae- und Dancehall-Szene. Narrow – klein, dünn und flink – und Pata – groß und schwerfällig – wollten nach dem Konzert noch was essen. Wir liefen durch Osu, das schwach beleuchtete Zentrum von Accra, zum Nachtmarkt. Unter aufgespannten Planen, an Plastiktischen, neben brodelnden Töpfen und schlafenden Kindern aßen wir »face the wall«, ein Brei aus Kassawa. Das Gericht sieht so

hässlich aus, dass man es »dreh dich zur Wand«
nennt.

Viele Leute kannten Pata und rappten, wenn er
vorbeilief, seine Texte. Narrow regelte alles für ihn.
Er bestellte ihm sogar das »face the wall«. Und er
wollte von nun an auch alles für mich regeln. Geister? Kein Problem. Am nächsten Tag fuhren wir zu
einer Hütte mit Strohdach außerhalb von Accra, wo
die Straßen nicht geteert, sondern aus rotem Sand
waren und in der Abendsonne verwunschen leuchteten. Wir fuhren zu einem Okomfo, einem Fetischpriester.

Narrow übersetzte: »Er kann ohne Hilfsmittel Feuer
anzünden, er kann Eier in kaltem Wasser kochen, und
er kann Schaum aus purem Wasser herstellen. Dabei
helfen ihm drei Zwerge, die in seinem Schrein leben.
Er muss sie regelmäßig baden. Dazu nimmt er Blätter, die vom Regen nass geworden sind. Er kann die
Zwerge immer rufen, außer Freitag und Sonntag, da
haben sie frei. Einmal hat er sie an einem Freitag gerufen. Ihr hättet mal sein Gesicht sehen sollen. Es war
total geschwollen und zerkratzt. Sie haben ihn ganz
schön heftig verprügelt.«

»Warum hat er sie an einem Freitag gerufen, wenn er
weiß, sie mögen das nicht?«

»Er hatte es einfach vergessen.«

Wir gingen zu seinem Schrein. Ein kleiner Raum.
Überall standen Töpfe, Krüge, Gefäße, einige davon
waren mit Tierblut gefüllt. Es roch nach totem Fleisch.

Hinter dem Altar war ein schwarzer Vorhang, und hinter diesem Vorhang lebten die Zwerge.

»Mal sehen, ob sie antworten«, sagte der Fetischpriester und rief sie.

Plötzlich erklang ein Lied. *I wish you a merry Christmas. I wish you a merry Christmas and a happy new year.* Aber das war sein Handyklingelton. Er ging kurz hinaus telefonieren. Er trug Shorts und ein Unterhemd. Wir hatten ihn bei Bauarbeiten an seiner Hütte unterbrochen. Seine Hände waren noch mit Lehm beschmiert. Vielleicht war er vierzig. Vielleicht älter. In Ghana sagte mir jeder, den ich nach dem Alter fragte, er sei 26. Für immer 26.

Als der Okomfo zurückkehrte, zeigte er uns sein offizielles Zertifikat, seine Fetischpriester-Urkunde des Ga-Distrikts von Accra. Und Narrow meinte, er sei ein gefürchteter Mann.

Anthony und ich blickten gespannt auf den schwarzen Vorhang. Nichts regte sich. Der Okomfo rief erneut nach seinen Zwergen. Keine Antwort. Er goss ein bisschen Schnaps auf den Boden und rief sie wieder. Noch immer keine Antwort.

»Ich muss mal nachsehen, wo sie sind.« Er kletterte hinter den Vorhang, und da hörten wir die Stimmen, die, wie Anthony bemerkte, genauso klangen wie Donald Duck in den alten Walt-Disney-Filmen.

Sie hießen uns willkommen und freuten sich über die zwei Schnapsflaschen, die wir mitgebracht hatten. Der Okomfo trat hinter dem Vorhang hervor und sagte, die Zwerge würden ihm helfen, ein Ei in kaltem Wasser hart zu kochen und eine Zeitung ohne Streichhölzer anzuzünden. Aber das Ganze passierte dann so: Eines seiner Kinder trug ein Ei in einer Schale mit kaltem Wasser in sein Haus und brachte es zehn Minuten später hartgekocht wieder zurück. Für die brennende Zeitung mussten wir alle mit der Zeitung sprechen, sie grüßen und bitten, auch wirklich zu brennen. Danach bestrich der Okomfo sie mit einer Paste, kippte ein Pulver darüber und rieb sie zwischen seinen Händen, bis sie brannte.

Anthony wollte unbedingt das Wunder mit dem Schaum sehen. Der Okomfo holte einen Eimer mit Wasser, spuckte drei große Speichelfladen in das Wasser, tauchte einen Schwamm, den ihm die Zwerge hinter dem Vorhang gereicht hatten, in den Eimer und wusch damit Anthonys Haare.

Später gingen wir mit Narrow noch ins Theater, ins große Staatstheater von Accra. Das Vorprogramm bestand aus einer Boyband, die sich den Applaus über einen Lautsprecher eigens einspielen ließ, und einem Mann, der durch sein rechtes Nasenloch Blockflöte spielte. Aber Anthony konnte die Show nicht genießen, weil ihm immerzu der Schaum mit der Spucke in den Nacken tropfte.

Anthony ging jeden Morgen sehr früh zur Arbeit in die Botschaft. Ich brauchte fast zwei Stunden, um mich zu duschen, Frühstück zu machen, aufzuräumen. Es war mir, als bewegte ich mich viel langsamer, als greife meine Hand langsamer den Teebecher, als liefen meine Füße langsamer, als habe jemand die Bildfolge meines Lebens auf *slightly slower* gestellt.

»In den westlichen oder technisierten Gesellschaften«, heißt es in dem schicksalhaften Buch, das mich nach Ghana gelockt hatte, »ist Zeit eine Ware, die man nutzt, kauft und verkauft«. Aber im traditionellen afrikanischen Leben wird die Zeit nicht in Zahlen gemessen, nicht in Tagen, in Stunden, in Minuten, sondern in Ereignissen, die stattgefunden haben, die stattfinden und die gleich stattfinden werden. Zeit ist ein Meer von Vergangenheiten, ein Fest der Gegenwart, aber keine Maßeinheit für die Zukunft. Als ich einen Busfahrer fragte, wann der Bus losfährt, sagte er ganz entspannt: »Der Bus fährt los, wenn der Bus voll ist.«

Oder: »Any moment from now.«

Geister und Götter rennen bestimmt nicht der Zeit hinterher. Sie spielen mit ihr.

»Ihr müsst euch einem strengen Plan von Time Management unterziehen! Nur so erlangt ihr Erfolg und finanzielle Stabilität.« Schrie der Pastor Mensa Otabil ins Mikrophon vor einer Gemeinde von 1500 Mitgliedern. Anthony und ich waren am Sonntag in einer Kirche gewesen. Anthony wollte eigentlich einen der berüchtigten Gottesdienste sehen, wo die Leute in Zungen sprechen und in zuckenden tranceartigen Bewegungen auf dem Boden zappeln. Aber wir landeten aus Versehen bei Pastor Mensa Otabil und seiner International Central Gospel Church. Fünftausend Mitglieder. Zwei Gottesdienste am Sonntag. Von sechs bis neun und zehn bis zwölf. Eine elektronische Tafel, die genau anzeigt, wie viele Minuten und Sekunden es noch bis zum nächsten Gottesdienst sind. Und einem Platzanweiser.

Die Kirche war ein riesiger Rohbau, in den die Fenster noch nicht eingesetzt waren. Durch die Öffnungen wehte eine herrliche Brise. Die Mitglieder der Gemeinde, in feinster Sonntagskleidung auf Plastikstühlen, sangen ein Lied nach dem anderen für Gott und für Jesus und den Heiligen Geist. Liebeslieder. *We love you, God. Only you. Only you. You are the greatest. The most beautiful. The best. Only you are worth living for.*

Dann begann Pastor Mensa Otabil mit einer PowerPoint-Präsentation und sprach von Zeiteinteilung, von Disziplin und von »stretching«. Denn Gott betreibt das Geschäft von »stretching«, von Expansion. Da fiel mir Tom Waits ein: God's away on business. Seine Gemeinde soll arbeiten, soll Sport machen, er selbst würde jeden Morgen joggen gehen. Sie alle sollen ihren Körper und ihren Geist stärken und wie einen Zeltpfahl in die ghanaische Erde rammen. Sie sollen ihr Land aufbauen wie ein Zelt und nicht den Visa hinterherhetzen, um nach Europa zu fliehen.

Die Geschichte mit den Europa-Visa war tägliches Gesprächsthema und bereitete dem armen Anthony viel Kopfzerbrechen. Wir saßen oftmals bis spät in die Nacht in seinem kleinen Garten unter einer Kokosnusspalme und sprachen über seine Arbeit in der Visa-Abteilung der deutschen Botschaft. Er war ja nur Referendar, Rechtsreferendar, und musste die bereits beschlossenen Ablehnungsbescheide rechtlich begründen. Es handelte sich in den meisten Fällen um Ghanaer, die Aufenthaltsgenehmigungen in Deutschland beantragten aufgrund von Ehen mit einem deutschen Lebenspartner. Die Botschaft prüft sehr genau, ob diese keine Scheinehen sind.

Lange Nächte unter der Palme. Viele Fragen. Viele Diskussionen. Was Anthony am meisten zu schaffen machte, war die Tatsache, dass er mit seiner Unterschrift plötzlich die Verantwortung für das Schicksal eines Menschen hatte.

Die große Schwierigkeit bestand darin, die Identität der Ghanaer festzustellen, die in der Visa-Abteilung vorsprachen. Für uns ist es selbstverständlich, dass wir eine Geburtsurkunde haben, einen Pass, ein Konto, eine Sozialversicherungsnummer, dass wir in sämtlichen Registern und Computern mit Ziffern und Buchstaben verankert sind. Dass wir uns einordnen in eine Gesellschaft, so wie wir auch die Zeit einordnen.

Hier in Ghana war diese Art von Bürokratie trotz der holländischen und englischen Kolonialzeit nicht perfektioniert wie bei uns. Als Narrow eingeschult wurde, fragte man ihn nicht nach seinem Alter. Er musste mit der rechten Hand über den Kopf greifen, und wenn er das linke Ohr erreichte, war er alt genug für die Schule.

Die Mehrzahl der Bevölkerung konnte sich nicht die Gebühren für Geburtsurkunden, Totenscheine oder Pässe leisten, und vor allem nicht die Fahrtkosten zu den wenigen Städten, wo die Behörden saßen. Diese versuchten mühsam, eine gewisse Ordnung zu schaffen. Aber sie hatten keinerlei Computer, nur Aktenschränke und Berge von Papier. Wer ein Visum für Deutschland beantragte, der musste anhand von Urkunden nachweisen, wer er war, wo er geboren, wer seine Eltern waren, wie sie hießen, wo sie wohnten oder gestorben waren.

Jetzt wurde der Antrag einer Frau abgelehnt, weil man ihren Pass für gefälscht hielt. Das Ausstellungsdatum stimmte nicht mit dem der Geburtsurkunde überein. Die Frau hatte nicht die finanziellen Mittel, diesen Fehler zu beheben. Anthony war verzweifelt. Denn er wollte gerne der Frau helfen, zu ihrem geliebten Mann nach Deutschland zu reisen.

Die Frösche in Anthonys Garten grunzten nachts so laut wie knatternde Lastwagen. Oft konnte ich nicht einschlafen, blieb die ganze Nacht im Garten sitzen, schaute zum Mond und fragte ihn, wo meine Afrikanische Königin wohnte.

Eine Legende erzählt: Einst war der Mond die höchste Göttin der Erde. Aus ihrem Schoß ward die Welt geboren. Der Mond gebar jeden Morgen eine neue Sonne. Aber eines Tages bemerkte man, dass die Sonne immer die gleiche war. Da brach eine Revolution aus. Die Sonne wurde ein Stern, ein großer Gott, und man betete sie an. Odomakoma, der die Erde erschaffen hatte und über alles wachte, war nun nicht mehr der Herrscher. Er wurde von Nyankopon verdrängt. Odomakoma erschuf den Tod, und der Tod tötete ihn.

Ich hatte alle meine morgendlichen häuslichen Aufgaben erledigt, hatte die Wäsche, die Anthony abends zum Trocknen auf die Leine im Garten gehängt hatte, hereingeholt und gefaltet, hatte mein Dusch- und Frühstücksritual vollbracht, hatte mich auch, ganz dem Rat von Pastor Mensa Otabil folgend, gut gedehnt und mit einem Besen die Treppe zu unserem Häuschen gekehrt. Zehn Uhr morgens, und mein Handy klingelte schon eifrig. Ich hatte sehr schnell viele Freunde hier.

Narrow wollte wissen, wo ich war. »Auf dem Weg ins Zentrum, nach Osu, ins Internetcafe.«

Dort gab es einen Hof mit kleinen Tischen, wo ich oft saß und meine neuen Freunde traf. Über einen Zaun hinweg konnte ich das Treiben der Händler auf der Straße beobachten. Mein Lieblingsstand war der Jeans-Baum. Ein Mann hing seine Jeans-Ware in einen

Baum. Hunderte Jeans, die wie dicke Früchte von den Zweigen baumelten.

Ich wollte meine Mails checken, mich nach meiner Familie erkundigen, endlich das Dorf mit dem Kindergarten ausfindig machen und später mit Narrow zu einem Sargmacher gehen, der ganz besondere Holzsärge herstellte. Wenn ein Taxifahrer gestorben war, baute er ihm einen Sarg, der genauso aussah wie sein Taxi. Einem Bauern machte er einen Sarg, der geformt war wie ein Huhn. Er konnte Schiffe bauen und Fische, Zwiebeln, Löwen, Kassawawurzeln, goldene Vögel und auch Turnschuhe und Mobiltelefone. Vielleicht wusste er auch etwas über Geister.

Kurz bevor ich das Internetcafé erreicht hatte, rief mich Blessing an, die Freundin von Theresa, einer deutschen Ethnologin, die ich aus Berlin kannte. Ich stieg ins Taxi und fuhr zu Blessing und Theresa. Wir setzten uns auf ihre Veranda, tranken eine Cola, und sie erzählten mir die Geschichte von Okomfo Mossi:

Theresa und Blessing waren auf dem Weg zu einem Laden gewesen, um Papier zu kaufen. Kurz hinter Nickys Fabrik auf der Teshie-Nungua-Road sahen sie ein großes Werbeschild: Okomfo Mossi. Darauf sah man einen Mann, der einen schwarzen Mantel trug und ein Gewehr in der Hand hielt. Neben der Figur stand eine Flasche Schnaps und ein Tongefäß. Theresa war neugierig, sie wollte gerne einen Okomfo fragen, wie er Leuten hilft, Visa zu bekommen. Viele Akomfo bieten an, Visa zu beschaffen. Sie waren nicht wirklich vorbereitet, und Blessing hatte auch etwas Angst, aber sie entschieden sich beide dennoch für einen Besuch.

Blessing fragte einen Mann, der neben dem Schild stand, nach dem Weg.

›Immer geradeaus, dann seht ihr noch ein Schild.‹

Sie fragte ihn auch, ob sie dem Okomfo nicht etwas mitbringen sollte.

›Nein. Wenn er etwas braucht, wird er es euch sagen, und ihr bringt es ihm später.‹

Als Letztes fragte sie, ob sie sich fürchten müsste, ob Okomfo Mossi unheimlich war.

›Nein. Der Okomfo ist ein junger Mann, er wird euch freundlich empfangen und euch nichts tun.‹

Neben einer Autowerkstatt fanden die beiden Frauen das zweite Schild. Darauf war ein Topf abgebildet, in dem viele Messer steckten, und ein Pfeil, der nach links zeigte. Sie erreichten ein Holzhaus. Ein großer Baum stand davor, darunter eine Bank. Kinder rannten umher. Wäsche hing auf einer Leine. Eine alte Frau stampfte gekochtes Kassawa, Yams und Kochbananen zu einem Brei, aus dem sie später Fufu machen würde. Zwei andere Frauen unterhielten sich, die eine trug ihr Baby auf dem Rücken. Blessing fragte die beiden nach Okomfo Mossi. Sie zeigten auf das Haus und auf eine Hütte im Hintergrund. Nun sahen Blessing und Theresa auch einen großen Tontopf, der hier im Freien stand, bis zum Rand mit Eiern gefüllt, das musste einer seiner Götter sein. Neben einem Stein lag ein großer Haufen leerer Gin- und Schnapsflaschen, vermutlich noch übrig von einer Zeremonie.

Die Frauen sagten ihnen, dass Okomfo Mossi gerade auf der Beerdigung seiner Tante war. Sie wollten ihn anrufen, aber sie mussten ihnen dafür Geld geben. Sie riefen ihn dann an und sagten ihm, eine Obroni, eine Weiße, wolle ihn sehen, und er versprach, gleich zu kommen.

Blessing und Theresa setzten sich mit den Frauen auf die Bank. Blessing fragte wieder, ob sie sich fürchten müsse. Nein. Okomfo Mossi sei sehr gut, er ginge auch zur Kirche. Nach einer Weile nickte die alte Frau, die das Fufu stampfte, und sie sahen den Okomfo langsam aus der Ferne näher kommen. Er trug ein rosabesticktes Gewand über einer kurzen Hose. Er grüßte freundlich. Seine Augen waren dunkel, und sein Mund war groß. Sie sollten noch etwas warten. Er verschwand in der Hütte, und als er wiederkam, trug er noch immer das rosa Oberteil, aber er hatte seine Shorts ausgezogen und ein Handtuch um die Hüften gewickelt. Er nahm Platz auf seiner Veranda, und Theresa und Blessing zogen ihre Schuhe aus und setzten sich ihm gegenüber.

Blessing sagte ihm, dass sie aus dem Norden von Ghana stammte, und er freute sich. Er hieß eigentlich Moses. Aber als die Geister zu ihm kamen, da hat er sich Mossi genannt. Die Mossi sind ein Volk aus dem heutigen Burkina Faso, die in den Norden des heutigen Ghanas emigriert sind und sich dort niedergelassen haben. Er ist in Tamale geboren. Seine Mutter ist eine Ga und sein Vater ein Mossi. Er fuhr mit seiner Mutter nach Accra, um hier Ferien zu machen. Eines Tages ging er ans Meer und wollte fischen. Er versuchte die Fische mit einem Speer zu fangen. Aber er fing keinen Fisch, sondern einen *aportor yewa*, ein kleines weißes Tongefäß, das man dazu benutzt, Gemüse mit Yams zu vermischen. Er verstand zunächst nicht die Bedeutung seines Fangs. Aber er behielt das Gefäß. Kurz darauf kamen Menschen aus der Umgebung zu ihm und baten ihn um spirituellen Rat. Er schickte sie fort, weil er dachte, sie hätten sich geirrt. Die Menschen kamen wieder, es kamen immer mehr, und ihm wurde bewusst, dass er Geister besaß, die ihm Kräfte verliehen.

Theresa wollte wissen, wie viele Geister er hatte. Er sagte, er hatte Mami Wata, die Göttin des Meeres aus der Gegend von Accra, und einen Zwerg aus seiner Mossi-Heimat. Er benutze noch andere Geister aus anderen Regionen. Manche sprachen mit ihm Twi, andere Ga, Hausa, Fanti, die vielen verschiedenen Akan-Sprachen, die in Ghana verbreitet sind. Mit einem der Geister musste er sogar Französisch reden. Der war aus Mali.

Er lud die beiden in sein Haus ein. Aber Blessing wollte nicht, und so ging Theresa allein hinein. Der erste Raum war durch schwarze und rote Vorhänge unterteilt. Dort stand ein Gefäß mit vielen Messern, wo sein *abosom* wohnte, sein Zwerg aus dem Norden. Aber Theresa wollte Mami Wata sehen. Er führte sie in einen anderen Raum, der mit weißen Vorhängen unterteilt war. Hier war es viel heller, und es gab auch ein Fenster. Er zeigte Theresa das Gefäß, das er aus dem Wasser gefischt hatte. Davor stand die Steinfigur einer Meerjungfrau. Viele Bücher hatte er, eine Bibel lag vor einem Stuhl. Eine Ausgabe des Alten und eine des Neuen Testaments. Zwei Büchlein mit vedischen Versen. An den Wänden hingen Bilder von Krishna und anderen Hindu-Gottheiten. Auf dem Boden lagen Schnapsflaschen und drei Colaflaschen. Zwei waren leer, eine war noch halb gefüllt. Die war für den Pastor einer Kirche. Er war zu ihm gekommen, um ebenfalls Geister zu bekommen. Der Pastor hatte die Cola halb austrinken müssen, der Rest wurde für die große Opferzeremonie aufbewahrt.

Als die beiden endlich wieder auf die Veranda kamen, fragte der Okomfo Theresa, ob alles in Ordnung zwischen ihr und ihrem Mann sei. Blessing musste alles übersetzen und versicherte ihm, Theresa sei glücklich verheiratet. Er sagte, er habe etwas gesehen, und fragte, ob Theresa ihm nicht etwas verheimliche. Sie lachte, und wieder versicherte Blessing, dass alles gut war. Er fragte weiter, warum ihr Mann dann nicht bei ihr war. Weil er in Deutschland auf Theresas Sohn aufpasste. Der Sohn gehöre Mami Wata, sagte der

Okomfo. Sie lebten zusammen wie Mann und Frau, und er wird niemals eine andere Frau heiraten können.

Theresa erschrak. Blessing fragte ihn, was sie tun konnten, um Mami Wata zu bitten, den Sohn freizulassen. Er schwieg. Diese Frage könne er nur beantworten, wenn Theresa sie ihm stelle.

Zum Glück hatte Theresa eine Flasche Parfüm in der Handtasche, die sie eigentlich verschenken wollte. Sie reichte dem Okomfo das Parfüm und gab ihm auch sechs Cedis. Der Okomfo sprang auf und freute sich. Er führte Theresa wieder in das helle Zimmer und sprühte nun ganz viel Parfüm auf das Gefäß, das er aus dem Wasser gefischt hatte, seine Mami Wata. Schließlich sagte er zu ihr: I love you. And you? Do you love me?

Theresa blieb ruhig: No, I am married.

Er machte ein Zeichen, deutete auf ihren Schoß. Er schien wie besessen. Er zuckte mit dem Gesicht, seine Stimme war ganz verändert.

Wieder draußen, erklärte er, dass Mami Wata sich über das Parfüm gefreut hatte und nun mit Theresa befreundet sein wollte. Er hörte gar nicht mehr auf zu reden. Mami Wata sei ein eifersüchtiger Geist und auch mit ihm verheiratet. Sie hätten zwei kleine Kinder, die am Fluss lebten und gerne Früchte aßen und Parfüm rochen. Aber wegen Mami Wata fand er keine richtige Frau. Deshalb wollte er sich nächste Woche von ihr scheiden lassen. Er sei ja schon 26, und er wollte unbedingt, bevor er starb, auch menschliche Kinder zeugen.

Er verabschiedete die beiden Frauen damit, dass er sein Gewehr holte und dreimal in die Luft schoss. Blessing erschrak fürchterlich und fragte ihn, warum er das getan hatte.

Er antwortete: Sonst würdet ihr sterben, bevor ihr nach Hause kommt.

Blessing war gar nicht glücklich, als Theresa und ich beschlossen, zusammen noch einmal zu Okomfo Mossi zu gehen. Sie wollte auf keinen Fall wieder übersetzen. Also baten wir Eugenia, uns zu begleiten. Sie war ein sehr religiöses, ernsthaftes Mädchen, das zuerst den Pastor um Erlaubnis fragte, bevor sie einen Okomfo überhaupt aufsuchte.

Theresa hatte keine Angst. Sie hatte einem Pastor die Geschichte von Mami Wata und ihrem Sohn erzählt. Nach der Begegnung mit Okomfo Mossi hatte sie das starke Bedürfnis gehabt, mit jemandem zu sprechen, der sich spirituell auskannte, fand es aber schwierig, unter den vielen christlichen Geistlichen, die es in Ghana gab, den richtigen auszuwählen. Sie wusste um deren Einstellung zu Fetischpriestern und Geistern. Das war alles Teufelszeug. Sie fürchtete, ein Priester würde ihr die Geister austreiben wollen oder ihre Motive anzweifeln, die sie zu einem Okomfo geführt hatten. Sie wusste ja selbst nicht genau, warum sie sich dafür interessierte. Theresa liebte Mami Wata, sie war fasziniert von ihr und wusste, dass die Gerüchte, von Mami Wata komme alles Üble, oft nur christliche Propaganda waren.

Aber dieser Pastor stand nicht auf Kriegsfuß mit den traditionellen Akomfo. Er war neugierig, wissbegierig, voller Achtung und Respekt für die Menschen. Er sagte Theresa, jeder habe seine Gründe, an etwas zu glauben, und es stehe ihm nicht zu, darüber zu urteilen. Deshalb erzählte sie ihm ihre Geschichte. Er glaubte, der Okomfo habe ihren Sohn erwähnt, um sicherzugehen, dass Theresa wiederkomme. Das sei eine Strategie, die auch falsche Pastoren anwandten, von denen es ja genauso viele gab wie falsche Akomfo. Man spricht über etwas, was dem Klienten wichtig ist, und erreicht damit, dass er wiederkommt.

Als wir Okomfo Mossi erneut besuchten, wurde Theresas Sohn nicht erwähnt. Mit der Parfümflasche hatte Theresa Mami Wata zufriedengestellt und ihren Sohn erlöst.

Blessing hatte mir gar nicht erzählt, wie schön Okomfo Mossi war, wie sinnlich seine Lippen, wie verführerisch sein durchbohrender Blick. Es wimmelte von Menschen auf seinem Hof. Viele Bauarbeiter, die eine überdachte Veranda bauten. Und die alte Frau stampfte Fufu.

Wir gingen in die beiden Räume. Im ersten, dem mit den roten und den schwarzen Vorhängen, war der Fußboden mit Blut besprenkelt. Im zweiten, dem helleren, dem Mami-Wata-Raum, standen drei weißgestrichene Stühle, auch auf ihnen Blutstropfen. Immer wieder klingelte das Telefon. Der Klingelton war aus der Peer-Gynt-Suite von Grieg. Theresa erkannte das sofort, sie wusste sogar, dass es das Ende war von »In der Halle des Bergkönigs«.

Der Okomfo zeigte uns seine Talismane, erklärte seine »sebe«, die in Leder auf sein rituelles Gewand gestickt waren. Dann schlug er ein Buch auf, das Theresa am liebsten sofort kopiert hätte, voll mit Diagrammen und Zeichnungen und einer klaren, wunderschönen Handschrift. Okomfo Mossi selbst war nie zur Schule gegangen, er hatte einen Mann gebeten, diese Dinge für ihn aufzuschreiben, und dieser Mann durfte, um das zu tun, eine Woche lang nicht mit seiner Frau schlafen. Die Zeichnungen erinnerten an Piktogramme, die man aus alten okkultistischen Büchern kennt à la Aleister Crowley. Ein sechseckiger Stern, in dessen Ecken verschiedene Zahlen standen, 10, 11, 999 und das Wort NO und der Psalm 16. Wenn man ein Glas Wasser in die Mitte des Sterns stellte und sich bestimmte Kräuterblätter auf Ohren und Augen legte, würden die Geister erscheinen. Ich wollte das sofort machen. Aber er meinte, heute wäre dafür nicht der richtige Tag.

Theresa fragte ihn, ob er auch Visa beschaffen könnte. Ja. Aber darüber wollte er nicht sprechen. Er sagte nur, er könne das Passbild eines Mannes in das einer Frau verwandeln, im Auge des betrachtenden Beamten, und Visa blockieren, so dass man nicht ausreisen könne. Oder auch das Gegenteil.

Ich fragte, ob er auch mit schwarzer Magie arbeitete, ob er Böses tat, Menschen verfluchte, ihnen Krankheiten schickte, wenn das seine Klienten verlangten. Er nickte.

»Ich habe keine Moral, ich fälle kein Urteil«, antwortete er, »ich helfe jedem, der kommt. Und tue für ihn, was er von mir verlangt.«

Ich dachte an Hamlet: »Nichts ist gut oder schlecht, nur das Denken macht es dazu.« Aber ich fürchtete plötzlich, wenn ich hier länger blieb, ließ er mich nicht mehr gehen, oder aber seine Geister würden mich überall heimsuchen, wenn ich nicht tat, was sie verlangten. Geister, sagte er, haben nicht unser Verständnis von Zeit und Raum. Sie sind nur da, wo sie sein wollen. Sie bereuen auch nichts.

Draußen riefen ihn seine Arbeiter, und drinnen rief ihn unentwegt die Peer-Gynt-Suite. Bevor wir ihn verließen, hielt er mich plötzlich am Arm fest, sah mir tief in die Augen und sagte etwas auf Ga. Ich holte Eugenia. Sie übersetzte: »Jemand in deinem Freundeskreis wird bald sterben. Du sollst nicht traurig sein, Mami Wata wird ihn in ihr Reich des Meeres holen und ihn lieben.«

Mir lief ein kalter Schauer über den Rücken. Ich erzählte es nicht Theresa. Ich hatte Angst, dass sich diese Prophezeiung bewahrheiten würde, wenn ich sie auch nur wiederholte.

Okomfo Mossi schoss diesmal nicht mit seinem Gewehr. Vielleicht hätte ich ihn darum bitten sollen, vielleicht hätte es die kommende Tragödie verhindert.

Die darauffolgende Woche verbrachte ich mit Theresa. Wir fuhren gemeinsam zu einem Propheten, einem Freund, den sie schon viele Jahre kannte. Er hieß Abbam. Charles Kwame Emmanuel Abbam II. Er zeigte Theresa stolz sein neu erworbenes Land.
Abbam war mit seinem Auto auf dem Weg nach Accra gewesen. Plötzlich sah er ein Feuer in der Mitte der Straße. Das Feuer bewegte sich und hüpfte auf einen Baum. Dann blieb sein Auto stehen und sprang nicht mehr an. Und er erkannte, dass er in eine Hexenstadt geraten war. Er erkannte auch den Hexenbaum, auf dem die Hexen sich nachts trafen und Menschenfleisch aßen. Seit vielen Jahren, so sagte man Abbam, versuchte man diesen Baum zu fällen, aber es gelang nicht. Keine noch so große Säge vermochte den Stamm zu Fall zu bringen. Abbam rief den Heiligen Geist. Er ist ein großer Prophet, und mit der unbändigen Kraft des Heiligen Geistes fällte er ganz allein mit einer alten Axt den Hexenbaum. Dafür schenkte ihm der Chief der Gegend das große Stück Land, wo Abbam sein Haus baute und wo er seine Gemeinde gründete.
Das Dorf heißt Obratwaowu.
Obra – Leben. Twao – auswerfen. Wu – Tod. Abbam

übersetzte es: Wenn du stirbst, wird nichts mehr an dein Leben erinnern.

Es war für Abbam wichtig, dass Theresa gekommen war. Sie war eine Weiße, die auch ein wenig Twi sprach. Sie beeindruckte den Chief, als sie ihm ihren Dank dafür aussprach, dass er Abbam das Stück Land geschenkt hatte. In Ghana gilt es als Ausdruck besonderer Wertschätzung, wenn man eine hochangesehene Persönlichkeit findet, die sich für einen bedankt. Wir fuhren durch die umliegenden Dörfer, und Theresa dankte auch dem Minister of Parliament, der Abbam Glühbirnen geschenkt hatte, und dem Mann im Nachbardorf, bei dem der Prophet Elektrizität abzapfen durfte, und den vielen Mitgliedern seiner Gemeinde, die seine Kirche durch ihre Spenden unterstützten.

Wir besichtigten auch die Müllhalde in dem Dorf Akwokwah, wo Abbam einen Hexentopf gefunden hatte.

Akwokwah bedeutet: Wenn du an etwas gewöhnt bist, kannst du es perfekt machen. Es war das Dorf der Perfektion. Aber dem Dorf ging es sehr schlecht, immer wieder gab es Stromausfälle, auf den Feldern verfaulte das Gemüse vor der Ernte, das Vieh der Bauern erkrankte. Und auch aus der Bankfiliale, die dort eingerichtet werden sollte, wurde nichts. Der Heilige Geist aber führte Abbam zu der großen Müllhalde, die hinter einem kleinen Bambuswald lag, und dort holte er, vom ganzen Dorf gefolgt, tief aus der Erde einen Hexentopf. Der war mit Menschenfleisch gefüllt. Eigentlich mit Ziegenfleisch, das aber spirituell Menschenfleisch war.

Dieser Hexentopf war schuld an allem. Als Abbam den Topf vernichtete, wurde alles gut. Die Bankfiliale sahen wir im Vorbeifahren. Strom gab es jetzt, und am Straßenrand verkaufte man die Kassawawurzeln, die dicken, dunkelbraunen Stängel, von denen ich immer denke, es sind die Finger eines Riesen.

Abbam stellte uns sogar eine der Hexen vor, die dieses Dorf verflucht hatten. Es war ein junges Mädchen, etwa zehn Jahre alt. Sie saß in einem Schaukelstuhl und wippte hin und her. Sie wusste nicht, dass in ihr eine Hexe wohnte, aber Abbam wusste es. Nachts, wenn das Mädchen schlief, stieg die Hexe aus ihrem Körper und flog durch die Luft. Das Mädchen ging jetzt regelmäßig zu den Gottesdiensten, die Abbam abhielt, und ließ sich von seinem Heiligen Geist die Hexe austreiben.

Fünf Kinder wohnten bei Abbam. Drei eigene und zwei fremde, die er bei sich aufgenommen hatte. Es ist Brauch, dass viele ghanaische Kinder nicht bei den eigenen Eltern aufwachsen. Die zwei Mädchen machten den Haushalt, dafür zahlte Abbam ihnen die Schule. Er war ein guter Mann. Er kämpfte hart gegen die Armut und versuchte allen zu helfen. Da war auch der kleine Kwame mit dem rasierten Kopf. Seine Mutter war gestorben, der Vater hatte wieder geheiratet. Kwame war der ungewollte Stiefsohn. Eines Tages kam ein Mann und nahm ihn mit nach Accra. Überall wurde der kleine Junge gesucht. Er war spurlos verschwunden. Irgendwann fand man den Mann und konnte Kwame retten. Man brachte ihn zu Abbam. Sein Haar war zu einem Irokesenschnitt abrasiert, er hatte Hüftschmerzen und konnte nicht richtig laufen. Er konnte auch nicht essen, sprach nicht, war völlig verstört. Die Frisur deutete auf ein spirituelles Verbrechen hin. Nach einem Monat fing Kwame endlich wieder an zu reden. Er erzählte, der fremde Mann habe ihn einfach am Arm gepackt, als er vom Feld nach Hause lief, habe ihn gefesselt, auf einen Lastwagen geworfen und in Accra zu einem Okomfo gebracht. Dem Mann war versprochen worden, er werde im Lotto gewinnen, wenn er den Geistern ein Kind opfere. Ich musste plötzlich an Okomfo Mossi denken. Nein, so etwas würde er nicht tun. Aber hatte er nicht gesagt, er habe keine Moral? Aber Kinder opfern?

Es war unklar, wie man Kwame aus den Klauen des Okomfos befreit hatte und wer der fremde Mann gewesen war. Die Eltern hatten Abbam gebeten, den kleinen Kwame zu heilen und nichts weiter erklärt. Vielleicht war die Stiefmutter in die Sache verwickelt? Das war meine Vermutung. Ich traf sie. Auch den Vater. Er lief immer hinter der Frau her und sprach wenig. Sie dagegen war laut und aufbrausend. Die Eltern sahen ab und zu nach dem Kind, aber sie gaben Abbam kein Geld. Der Prophet war stinksauer: »He is eating from my pot.« Und damit meinte er wirklich, dass der kleine Kwame von seinem Teller aß.

So musste der Prophet sechs Kindern das Essen und die Schule bezahlen und hatte dazu noch die zwei jungen Pastoren, die er ausbildete. Alles aus der Kasse der Kirche, von den Spenden, die er nach dem Gottesdienst erhielt oder nach seinen Beratungsgesprächen. Die Schule für den Ältesten kostete im Jahr neunhundert Euro. Theresa schickte ihm regelmäßig Geld. Und zum Glück lag sein Land auf fruchtbarem Boden, und er konnte bald selbst seine Nahrung anbauen. Irgendwie konnte er sich auch ein Auto leisten. Irgendwie siegte er gegen die vielen Teufel des Alltags. Auch dass ihn zehn Männer mitten in der Nacht überfielen, sein ganzes Geld raubten und seine Felder in Brand setzten – auch das hatte er überlebt.

Ich besuchte einen seiner Gottesdienste. Um ein Uhr morgens. Draußen. Abbam sang und predigte und die Frauen, die von Hexen besessenen waren, warfen sich auf die Erde und schrien. Ich hörte viele Geschichten, aber ich sah keinen Geist. Abbam sagte mir, dafür müsse ich Gott dankbar sein.

Wir kehrten nach Accra zurück. Theresa reiste ab, und ich erhielt eine Nachricht von meiner Mutter, die mich tief erschütterte. Ein enger Familienfreund, Michael, lag im Sterben. Er war ein Abenteurer, ein großer Reisender. Ich wusste, dass er krank war. Meine

Mutter kochte seit einem Monat Hühnersuppe für ihn. Jetzt hatte sie erfahren, dass Michael Lungenkrebs hatte.

Ich wollte nicht an die Prophezeiung von Okomfo Mossi glauben und schrieb einem weisen Mann aus Indonesien. Er antwortete mir, man sollte meinem Freund einen Trunk verabreichen aus geriebenen, grünen Äpfeln, Salz, Zucker und Sprudelwasser. 27 Tage lang, jeden Morgen um neun Uhr sollte er diesen Saft trinken. Aber die Ärzte waren streng dagegen, weil roher Apfel für seinen Magen schwer verdaulich war. Es gab jedoch Hoffnung. Die Medikamente schienen zu wirken. Vielleicht würde er es schaffen.

Nachts im Garten von Anthony. Es war still. Die Frösche machten eine kurze Atempause. Der Wind zog vorbei. Die Palmenblätter erzählten raschelnde Geschichten.

Jeder Mensch hat einen Grund, dort zu sein, wo er gerade ist.

Die Ghanaer, so sagte mir einer, die Ghanaer lernen zu sterben. *They learn to die.*

Am nächsten Morgen besuchte ich den Sohn von Nkrumah. Der meinte zu mir, der mächtigste Geist sei doch die Natur. Dann fuhr ich auch nach Togo und ging dort auf einen Markt, wo man spirituelle Dinge verkaufte, Kräuter, Tierfelle, Knochen, Hölzer. Es passierte viel. Jeder Tag war beladen mit Ereignissen und ewig lang, und gleichzeitig verging die Zeit so schnell.

Ich musste endlich zu dem Kindergarten fahren. Das Dorf hieß Princes Town und lag weit im Westen, fast an der Grenze zur Elfenbeinküste. Als ich mir gerade meine Busfahrkarte kaufen wollte, verhaftete man Nana Kwaku Bonsam – den berühmtesten Fetischpriester von Ghana – in der deutschen Botschaft wegen Visabetrugs.

Es stand groß auf den Titelblättern von allen Zeitungen, wurde in jedem Radiosender und im Fernsehen berichtet. Der mächtigste Okomfo des Landes verhaftet in der deutschen Botschaft. Ich sah das Foto eines Mannes mit nacktem Oberkörper und Strohrock. Ich konnte sein Gesicht nicht erkennen. Er war von oben bis unten mit weißem Puder bestreut.

Der Rapstar Pata hatte mir gleich an meinem ersten Abend von Nana Kwaku Bonsam erzählt. Sein Name bedeutete: Nana – König. Kwaku – der am Mittwoch geborene. Bonsam – Teufel.

»Du willst Geister sehen? Du willst Wunder sehen?«, hatte Pata gesagt, ganz leise, er sprach ja immer ganz leise. »Dann fahr zu Nana Kwaku Bonsam.«

»Fährst du mit?«

»Nein. Da traue ich mich nicht hin.«

Sogar Pierre, ein Freund von Blessing, ein erwachsener Mann, der thailändischen Reis nach Ghana importierte, in New York gelebt, in London die Universität besucht hatte, mehrere Häuser besaß, Sohn eines der wichtigen Chiefs von Kumasi war, sogar Pierre schüttelte den Kopf. Nein. Er wagte auch nicht, zu diesem Okomfo zu gehen.

Pierre bot mir an, mich mit dem Auto bis nach Kumasi mitzunehmen, wo er am nächsten Tag hinfahren musste. Von dort wollte ich dann mit einem Bus weiter nach Techiman und mit einem Trotro, dem Sammeltaxi, nach Afrancho, wo Nana Kwaku Bonsam lebte.

Nana Kwaku Bonsam hatte eine Website, und da las ich das berühmte Shakespeare-Zitat: »Sei nicht wie die Katze, die einen Fisch wollte, ohne ihre Pfoten nass zu machen.«

Daneben stand eine Telefonnummer. Ich rief an. Einer seiner vielen Assistenten antwortete. Ich konnte übermorgen um zehn Uhr einen Interviewtermin bekommen.

Als Übersetzer nahm ich Adams mit. Adams war Christ. Er verachtete Nana Kwaku Bonsam, er hielt ihn für einen Betrüger und hatte keine Angst vor ihm. Adams gehörte zu der gleichen Kirche, deren renommierteste Priester den mächtigen Nana öffentlich verleumdet und ihn zu einem Duell herausgefordert hatten. Er sollte seine Zauberkräfte in der Gegenwart des Heiligen Geistes unter Beweis stellen. Sie hatten einen bestimmten Tag verabredet und als Ort den Jubilee-Park in Kumasi gewählt. Die Zeitungen hatten ihre Reporter geschickt, das Fernsehen war auch gekommen. Aber die Priester waren nicht erschienen, und somit war Nana Kwaku Bonsam als Sieger hervorgegangen.

Adams war fest davon überzeugt, dass man den Priestern eine falsche Uhrzeit gesagt und sie belogen hatte. Der Vorfall hatte Schlagzeilen gemacht. Besonders, weil eine der vier Frauen von Nana Kwaku Bonsam ihm am selben Tag eine Tochter geboren hatte. Er nannte sie natürlich Jubilee. Wie den Park. Und ihr Bild war in allen Zeitungen erschienen.

Nana Kwaku Bonsam sorgte regelmäßig für Schlagzeilen. Adams konnte das an ihm nicht ausstehen. Nana veranstaltete Shows in Kumasi, wo er vor Tausenden Menschen seine Wunder vollbrachte, wie den Frauen die Unterhosen unter den Röcken wegzuzaubern, in einen Korb hinein, den er auf dem Kopf trug. Oder er schenkte dem Kulturministerium einen Stromgenerator, oder er gründete eine Schule, oder er heilte einen angesehenen Chief.

Im Auto auf dem Weg nach Kumasi erhielt Pierre einen Anruf von einem Mitarbeiter. Der hatte Nana Kwaku Bonsam in der Nähe seines Reislagers gesehen. Pierre wurde nervös. Bald klingelte sein Handy wieder. Nana Kwaku Bonsam hatte bei einer Bankfiliale nebenan Geld abgehoben. Der Mitarbeiter sah Nana ganze Säcke hinaustragen.

Am nächsten Tag schrieb die Zeitung, dass Nana Kwaku Bonsam auf dem Markt von Kumasi, einem der größten Märkte in Westafrika, zehntausend Cedis in Geldscheinen herbeigezaubert und in eine Menge von Tausenden jubelnden Menschen geworfen hatte.

Für Adams war der Fall somit geklärt. Nana war ein Schwindler. Wir hatten in Kumasi übernachtet, und er bat mich, sofort wieder zurück nach Accra zu fahren. Aber ich wollte diesen Nana treffen.

Wir kamen sehr pünktlich um zehn Uhr bei Nana Kwaku Bonsam an. Ich war schon vierzehn Tage in Ghana und hatte immer noch nicht gelernt, dass Uhrzeiten hier eine andere Rolle spielten.

Nana Kwaku Bonsam empfing mich erst am Abend. Wir saßen in seiner Anlage, die aus einem Hof bestand, um den herum ein einstöckiges Haus mit einer überdachten Veranda gebaut war. Zwei wunderschöne dunkelbraune Pferde schritten über den Boden aus rotem, festgetretenem Sand. Hühner und Kinder liefen umher. Frauen wuschen Wäsche, kochten, alles in dem Hof. In einem riesigen Topf brodelte eine Kräuterbrühe. Jeder, der hier mit Nana lebte – und es wohnten vielleicht insgesamt vierzig Frauen, Männer und Kinder hier –, musste sich diese Brühe über die Haut gießen, als Schutz vor Nanas Geistern.

In einer Schlange warteten hundert Menschen auf eine Audienz bei Nana. Sie waren aus dem ganzen Land angereist, um ihm ihre Probleme vorzutragen. Eine Frau konnte keine Kinder bekommen. Eine andere hatte immer Fieber. Ein Mann brauchte ein Visum für Frankreich. Sein ganzes Dorf hatte sich verschuldet, damit er die Antragskosten aufbringen konnte, und dann hatte man ihn abgelehnt. Nana half jedem. Das versprach er auch auf seiner Website. Für jedes Problem fand er eine Lösung.

Eine Beratung kostete zwei Cedis, was sehr günstig war. Bei hundert Menschen am Tag brachte das viel Geld ein. Aber Nana ließ sein Geld nicht lange auf seinem Bankkonto schmoren. Er warf es lieber in die Menge.

Gegen Mittag erschien er. In einem schwarzen Jeep. Ich telefonierte gerade, als das Auto auf den Hof donnerte, in einem Tempo, als würde es hier ein Rennen beenden. Nana fuhr immer selbst. Es stiegen ungefähr dreißig Leute aus dem Wagen, die laut zu rufen begannen, hier kommt Nana, macht Platz für den König! Einer schoss sogar mit einem Gewehr in die Luft. Trommler eilten herbei und schlugen wild auf ihre Trommeln ein. Die Pferde wieherten. Hunde bellten.

Nana lief allen voran und verschwand in seinem Gemach. Zwei Stunden später erschien er in großer Chief-Montur. Mit Robe, Ketten und vergoldeten Sandalen. Er schritt die Veranda entlang, wo die Leute auf eine Audienz warteten, und alle standen sofort auf und verbeugten sich vor ihm.

Er gab ein Radio-Interview. Zwei Chiefs führten zwei Schafe an der Leine, und Nana rief sie in sein Behandlungszimmer. Danach empfing er alle Wartenden, einen nach dem anderen. Adams wurde verrückt vor Wut. Er glaubte, man ließ uns extra lange warten, weil ich eine Deutsche war.

Als es dunkelte, ließ Nana nach mir rufen. Nun sah ich sein Gesicht. Es war vollkommen entstellt. Er hatte früher Benzin auf der Straße verkauft und sich bei einem schweren Unfall das Gesicht, die Arme und die Beine verbrannt. Eines Nachts kam ein todkranker Mann zu ihm. Der hatte kein Geld für Benzin, musste aber dringend nach Kumasi ins Krankenhaus. Nana brachte ihn persönlich hin und rettete dem Mann das Leben. Zum Dank schenkte der ihm einen Zaubertrank. Seitdem besaß Nana Geister, viele Geister, aber vor allem den großen Geist Kofi o Kofi und 4863 Zwerge.

Er hatte auch einen Linguisten, einen *okyeame*. Das haben eigentlich nur die Chiefs. Nach seiner Berufung gilt ein Chief unter den Akan-Völkern als die lebende Verbindung zu den Ahnen. Aus Ehrfurcht vor den Toten richtet man seine Fragen niemals direkt an den Chief, sondern an seinen Linguisten, der sie in die Sprache der Toten übersetzt und dem Chief vorträgt. Wenn der Chief seine Antwort gibt, übersetzt der Linguist diese wieder in die Sprache der Lebenden zurück.

Nanas Linguist war ein kleiner Mann mit glänzend schwarzer Glatze. Er teilte mir mit, dass Nana mit Deutschen nichts mehr zu tun haben wollte.

Nana hatte ein Besuchervisum beantragt, um in Deutschland zur Beerdigung des Vaters seines Schwagers zu gehen, seine Schwester lebte in Deutschland. Er hatte seinen Pass einer Reiseagentur gegeben, und diese hatte bei der deutschen Botschaft den Antrag eingereicht. Man bestellte ihn ein, jeder Ghanaer, der ein Besuchervisum beantragt, muss befragt werden. Das ist Standard. Aber Nana Kwaku Bonsam fühlte sich beleidigt. Geradezu unverschämt fand er die Art und Weise, wie ihn die Deutschen ausfragten. Sie wollten wissen, mit wie vielen Frauen er verheiratet war. Wo er zur Schule gegangen war und vieles mehr. Er wollte keine einzige dieser Fragen beantworten.

Man lud ihn zu einem zweiten Gespräch ein. Inzwischen hatte er seinen Pass von der Reiseagentur zurückbekommen. Er zeigte den Pass dem deutschen Polizisten am Eingang der Botschaft. Wie Anthony später erklärte, war dies ein Polizist, »mit einer Nase, die sofort alles riecht«. Der blätterte den Pass einmal durch und wusste sofort, der Stempel aus Singapur war gefälscht. Daraufhin rief man die ghanaische Polizei und führte Nana Kwaku Bonsam, den mächtigsten Fetischpriester von Ghana, in Handschellen ab.

Ein paar Stunden später wurde er freigelassen. Dafür saß jetzt der Leiter der Reiseagentur im Knast. Nana war auch auf diesen Mann böse. Aber am meisten auf die Deutschen. Wussten die denn nicht, wie viel Geld er besaß? Hatte er ihnen nicht seine Kontoauszüge vorgelegt? Wie konnten sie glauben, er würde in Deutschland bleiben wollen? Was sollte ein Fetischpriester denn in Deutschland tun? Wo er in Ghana vier Frauen hatte, drei verschiedene Orte, wo er Heilungen vornahm, einen Radiosender, eine Tankstelle, eine Schule, wo Kinder umsonst lernen durften? Er war zu einem Begräbnis eingeladen worden, und man unterstellte ihm, dass er nach Deutschland flüchten wollte? Er schrie vor Wut und stampfte dabei mit dem Fuß auf den Boden. Der Linguist kam gar nicht hinterher, und der arme Adams, der mir alles übersetzen musste, war völlig außer Atem.

Plötzlich fing ich an zu lachen. Ich lachte und fiel fast vom Stuhl. Da lachte auch Nana. Und von nun an sprach er selbst mit mir, ohne den Linguisten, denn er konnte auch etwas Englisch. Er lud mich in sein Auto ein und fuhr wie ein Wahnsinniger durch die Landschaft, zeigte mir seine Tankstelle, die Schule, stellte mich seinen Frauen vor und wollte, dass wir zusammen zu Abend aßen. Aber Adams hatte genug. Er wollte unter keinen Umständen Essen von diesem Fetischpriester annehmen. Da konnte man ja gleich eine Flasche Gift trinken! Adams wollte zurück nach Accra. Er log und sagte, er sei Muslim und es sei Ramadan und er könne nichts essen und müsse bald beten. Also mussten wir zurückfahren.

Drei Tage später war ich wieder auf dem Weg zu Nana. Diesmal zusammen mit Anthony. Nana hatte mich zur Beerdigung seiner Großmutter eingeladen. Diese war sofort tot umgefallen, als sie von seiner Verhaftung erfahren hatte, und wurde nun mit einem großen Begräbnisfest gefeiert.

Wir saßen den ganzen Tag über mit Nana vor dem Fernseher und schauten uns Wrestling an. Das machte Nana immer, um sich zu entspannen. Wir aßen, wir tranken, und gegen Abend fuhren wir kurz zur Beerdigung, die schon den ganzen Tag im Gange war und wo man gespannt auf Nana Kwaku Bonsam wartete.

Wir waren ungefähr zwanzig in Nanas Jeep. Als der Wagen hielt, wusste jeder sofort, was zu tun war. Zwei Männer spannten große rote Schirme über Nanas Kopf auf. Vier Männer trugen riesige Trommeln auf dem Rücken, auf die die Trommler, die hinter ihnen liefen, wild einschlugen. Ein Mann mit einer Fellmütze und einem Stab rannte vornweg. Andere wieder riefen: Hier kommt der König, macht Platz für den König! Und von allen Seiten strömten die Menschen aus dem Dorf herbei.

So liefen wir in einem großen Zug zur Beerdigung, die auf dem Dorfplatz unter aufgespannten roten Tüchern stattfand. In der Mitte thronte der verschlossene Sarg der Großmutter. Anthony und ich durften auf den Ehrenplätzen neben Nana sitzen, sämtliche Chiefs aus der Umgebung kamen der Reihe nach und sprachen Nana ihre Huldigungen aus. Eine Viertelstunde später waren wir wieder im Wagen, und Nana raste durch die Straßen nach Hause. Ein König darf niemals zu lange bleiben.

Wir übernachteten bei Nana, in einem Gästezimmer. Und am nächsten Tag war ich Zeugin eines Rituals, bei dem er von seinem Geist Kofi o Kofi besessen wurde und bei dem Anthony beinahe von einem toten Hund erschlagen worden wäre.

Im Hof versammelten sich schon am Morgen die Trommler, spielten leise und vorsichtig. Nana war nirgends zu sehen. Man sagte uns, er sei am Fluss und rede mit seinen Zwergen. Er kam plötzlich, wie immer in Gefolgschaft, vom anderen Ende des Hofes, lief direkt auf die Trommler zu, die immer schneller trommelten. Jemand brachte ihm einen Strohrock, den er über seine Basketballshorts zog, und ein langes Leinenhemd, an dessen Rücken zwei Messer festgenäht waren. Er drehte sich im Kreis. Drehte sich. Drehte sich. Seine Füße machten dabei schnelle und komplizierte Tanzschritte. Ein Mann begann, Nana mit weißem Puder aus einer Schale zu bewerfen. Die Trommler sangen. Riefen immer wieder den Geist Kofi o Kofi. Man reichte Nana eine Flasche Schnaps. Er leerte sie auf Ex, tanzte immer wilder, immer schneller. Ein anderer lief mit einem Tablett voller Eier hinter ihm her und reichte sie dann Nana. Der warf die Eier in die Menge. Inzwischen hatten sich an die fünfzig Leute versammelt, die im Kreis standen und Nana zusahen. Er warf die Eier auf sie. Wer sein Ei fing, ohne dass es dabei zerplatzte, dem würde es Glück bringen. Wem das nicht gelang, der wurde in die Mitte gezerrt und bekam mit der stumpfen Seite einer Machete einen Schlag auf den Kopf.

Plötzlich rannte Nana zu einer Empore und haute mehreren Hühnern den Kopf ab. Schließlich nahm er einen Hund. Der Hund hatte sich ihm genähert, lief wie hypnotisiert auf Nana zu und ließ sich widerstandslos töten. Nana nahm den Hund und warf ihn nach hinten, über den Rücken hinweg in die Menge. Genau dorthin, wo Anthony stand, der gerade noch rechtzeitig vom herbeieilenden Linguisten weggezerrt wurde. Der Hund landete direkt neben meinen Füßen und starrte mich mit toten Augen an. Der Hund sah im Tod nicht traurig aus. Aber sein Blick berührte mich tief. Es war mir, als versuche sein Blick mir etwas zu sagen, das ich nicht verstand.

All diese Opfer waren für Kofi o Kofi! Für den Geist. Er wollte den Hund. Er wollte die Hühner. Als Dank für die Kräfte, die er Nana verlieh, damit der seine Wunder vollbringen konnte.

Anthony fuhr am Abend wieder ab. Am nächsten Tag schickte er mir die Nachricht: »Heute musste ich zu einer Besprechung beim Botschafter wegen der Organisation des Empfangs zum Tag der deutschen Einheit. Ich habe da eine sehr spannende Aufgabe zugeteilt bekommen: Neben dem Büffet stehen und aufpassen, dass die Leute nicht zu viel essen.«

Ich blieb noch ein paar Tage bei Nana in der Hoffnung, doch noch einen Geist sehen zu können. Als ich ihn einmal nach der Afrikanischen Königin fragte, antwortete er mir: Das bist du, wenn du mich heiratest. Wenn ich einschlief, stellte ich mir vor, wie es wäre, mit einem Fetischpriester zu leben, der ein verbranntes Gesicht hatte, und eine seiner Frauen zu sein. Ich müsste nicht arbeiten, hätte keine Geldsorgen, ab und an würde ich mich bei einem öffentlichen Auftritt an seiner Seite zeigen. Das Schreiben würde er mir nicht verbieten, im Gegenteil, er würde für meine Bücher Werbung machen und sie vielleicht sogar von Kofi o Kofi segnen lassen und für sie ein Tier opfern. Ich stellte mir vor, wie er meine Familie empfangen würde, wie wir sie mit einer Karawane von Begleitern am Flughafen abholen würden.

Er nahm mich mit zum Fluss, in den Wald, wo die Zwerge lebten. Wir brachten ihnen Bananen. Er zeigte mir kleine Fußspuren auf der Erde, die rückwärts liefen. Das waren ihre Fußspuren. Zwerge laufen immer rückwärts. Ich wollte so gerne einen Zwerg sehen. Da lachte er.

Ein kleines Wunder vollbrachte er an dem Abend, an dem ich ihn das letzte Mal sah. Wir wussten beide nicht, dass es das letzte Mal sein würde. Er zauberte mir eine goldene Uhr aus einem Stück Klopapier hervor. Sie ging nicht. Sie stand still. Aber ich trug sie von nun an immer, die stille goldene Uhr.

Am Morgen hörte ich seine Schritte vor meinem Zimmer. Die Sonne war noch nicht aufgegangen, grauer Morgen, Regen, Zwielicht, und Nana lief draußen auf und ab. Er musste nach Sunai, ein Radiointerview geben. Am Abend hatte er mich gefragt, ob ich nicht mitkommen wollte. Aber ich schlief so gut in diesem Bett, das Licht so grau, das Laken so warm, ich wollte nicht aufstehen. Irgendwann ging er und ließ mir ausrichten, er wäre gegen Nachmittag zurück. Aber er kam nicht. Kam auch am Abend nicht.

Nana Yaw, sein Cousin, sagte mir, dass in Sunai, wo Nana noch einen Heilungsort hatte, viele Leute auf ihn warteten. Außerdem ließ der Regen nicht nach, und niemand mochte im Regen durch das Land fahren. Nana würde bestimmt nicht vor dem nächsten Tag wiederkehren. Es donnerte und blitzte. Das Licht ging aus.

Ich saß im Dunkeln mit Nanas Koch Obour auf dem Hof. Obour bedeutete Stein. Vor einem Jahr war er zu Nana gekommen.

Davor hatte Obour für eine Firma in Accra gearbeitet, die Zigaretten verkaufte an Bars, Restaurants, aber auch an kleine Straßenhändler. Die Firma erlaubte ihren Verkäufern, die Ware auf Kredit herauszugeben. Obour hatte mehrere solcher Kunden. Besonders regelmäßig kaufte bei ihm eine Gruppe von acht Männern. Er gab ihnen ein paar Dutzend Stangen Zigaretten im Vertrauen darauf, dass sie ihm später das Geld dafür zahlen würden. Und so ging es.

»I worked with time«, sagte er. Um sieben Uhr morgens verließ er sein Büro und fuhr zu den Kunden, den Händlern, den Restaurants, den Bars, um die Zigaretten zu verteilen. Er war immer sehr pünktlich und gewissenhaft.

An jenem Tag kam er früher als sonst zu den acht Männern. Er brachte die Ware für die kommende Woche und wollte das Geld für die letzte Woche kassieren.

Die acht jungen Männer waren aber im Morgengrauen abgereist, und man hatte ihr Zimmer bereits neu vermietet. Sie schuldeten ihm das Geld für hundert Stangen Zigaretten. Obour hatte sie in der Woche davor gefragt, warum sie diesmal so viele Stangen brauchten. Weihnachten naht, hatten sie ihm geantwortet, da wollen die Leute mehr rauchen. Weil Obour sie schon seit einem halben Jahr kannte, hatte er ihnen vertraut.

Aber jetzt jagte ihn sein Chef! Der wollte das Geld für seine Ware haben. Jeden Morgen klopften Leute an seiner Tür. Den ganzen Tag über riefen sie ihn auf dem Handy an. Einmal kamen sie und sahen das Motorrad seines Bruders vor seiner Wohnung stehen. Er gab ihnen den Schlüssel. Sie konnten nicht Motorrad fahren. Sie gingen fort, um einen Wagen zu besorgen, mit dem sie das Motorrad transportieren konnten. Als sie wiederkamen, hatte sich Obour auf dem Motorrad aus dem Staub gemacht.

Er fuhr den langen, weiten Weg nach Togo zu einem Fetischpriester. Der nahm ihm zwei Millionen Cedis ab und gab ihm etwas, was er jeden Morgen essen sollte. Aber es wurde nur noch schlimmer. Sein Chef drohte ihm mit dem Tod, wenn er das Geld nicht auftreiben würde.

Obour rief den Fetischpriester aus Togo an und sagte ihm: Es wird nicht besser!

Lass mich mal checken, antwortete der, ich rufe dich zurück. Bis heute hat der sich nicht wieder gemeldet.

Damals hörte Obour ein Interview mit Nana Kwaku Bonsam im Radio, wo Nana sagte: Any problem you have, we will solve it. Und er fuhr zu Nana, hierher nach Afrancho, und als Nana seine Geschichte gehört hatte, sagte er zu Obour, er solle hier bleiben und für ihn kochen.

Obour fühlte sich sehr geehrt, denn er wusste, dass es von größter Wichtigkeit war, was ein Okomfo aß. Normalerweise ließ ein Okomfo wie auch ein Chief sein Essen immer zuerst von jemand anderem probieren, um sicherzugehen, dass es nicht vergiftet war. Aber Nana vertraute Obour und aß wie alle anderen auch. Nana gab Obour ein monatliches Gehalt und ein Zimmer. Mit der Zeit wurden die Anrufe von Obours Firma immer weniger, bis sie ganz aufhörten. Letzte Woche rief ihn der Manager sogar an und sagte, Obour solle zurückkommen, man habe ihm verziehen und die Schulden erlassen. Aber Nana meinte, es sei noch nicht an der Zeit, dass Obour nach Accra zurückkehrte.

Von seinen Zwergen erfuhr Nana, dass die Schurken, die Obour beraubt hatten, längst außer Landes wa-

ren. Nana sagte, in Obours Alter sei es nicht gut zu töten. Man solle überhaupt niemanden für Geld töten.
Denn Obour hätte am liebsten alle acht verflucht und
töten lassen, so wütend war er auf diese Männer, die
sein Vertrauen missbraucht hatten.

Obour war ein gewissenhafter Mann. Er hatte hier in
Afrancho alle Zimmer dekoriert, hatte Vorhänge an-
gebracht und Deckchen auf die Sofas gelegt. Er liebte
Nana.

Wir saßen im Hof und sahen ein paar schwarzen Hühnern zu, die unter einem Plastikstuhl Schutz vor dem
Regen gesucht hatten.

Ich musste nach Princes Town. Mir blieben nur noch
ein paar Tage vor meinem Abflug. Ich musste morgen sofort zu dem Kindergarten nach Princes Town
fahren.

Am nächsten Morgen hatte der Regen keineswegs
nachgelassen, aber ich hielt mich an meinen Plan und
fuhr in Richtung Westen. Der Koch reichte mir zum
Abschied eine Orange. Ich schälte sie, und Obour sah
mir dabei aufmerksam zu. Dann führte er mir seine
Art vor, eine Orange zu essen: Er nahm ein spitzes
Messer und schnitt am oberen Ende ein kleines Stück
ab, setzte dann seine Lippen an die Öffnung und
saugte daran wie ein Kind an einer Brust, während
seine Hand die Orange zärtlich zusammendrückte.

Kaum saß ich im Trotro, rief Nana an. Warum ich
abgefahren bin? Im Regen? Das sei doch gefährlich,

wüsste ich nicht, wie viele Menschen hier jährlich bei Autounfällen im Regen ums Leben kamen? Er wollte mich sofort abholen mit seinem Jeep. Aber ich musste nach Princes Town. Den Kindergarten retten.

»Aber du hast keinen Geist gesehen. Und kein Wunder«, rief er ins Telefon. »Du wolltest doch unbedingt einen Geist sehen!«

Und er bat mich eindringlich, meinen Flug umzubuchen und noch eine Woche länger in Ghana zu bleiben, er würde ein großes Fest organisieren, eines seiner ganz großen Feste vor fünftausend Menschen. Ich dürfte in der ersten Reihe sitzen auf einem Ehrenplatz und seine Wunder sehen und den Menschen in der Welt davon berichten.

Die schaukelnde Busfahrt nach Takoradi im Regen. Es tropfte in unser Trotro hinein. Zweispurige Straße, ein großes Schlagloch. Der Fahrer wechselte die Spur, ein Wagen aus der Gegenrichtung kam immer näher. Ich schrie laut auf. Der Fahrer zog noch rechtzeitig rüber. Alle lachten sich schlapp über mich. »Are you afraid to die in Ghana? You don't want to die in Ghana? Ghana is a good place to die.«

Wenn das Trotro hielt, drängten sich trotz des heftigen Regens Verkäufer an die Fenster und streckten uns ihre Ware entgegen. Für ein bisschen Kleingeld kaufte ich gekochten Yam und dazu eine Art Fischsoße, die man in einer Plastiktüte bekam. In Takoradi angekommen, wartete ich bis Mitternacht auf Anthony. Stevie, der ein Freund des Kindergartengründers war und der mich in Takoradi getroffen hatte, um mit uns zusammen nach Princes Town zu fahren, wurde zusehends verstimmter; man sollte nicht in der Nacht fahren und auch nicht bei Regen. Es war jetzt Nacht, und es regnete.

Es gab nur eine Straße, die nach Princes Town führte, eine Sandstraße, berüchtigt für ihre Schlaglöcher. In der Regenzeit war sie kaum passierbar und schon gar nicht in der Dunkelheit.

Als Anthony kam, bestiegen wir dennoch das Trotro, das uns in einem Dorf in der Nähe dieser Sandstraße absetzte. Das einzige Licht kam von einer Petroleumlampe vor einer geschlossenen Bar. Dort standen Anthony und ich, während Stevie nach einem Wagen suchte, der uns nach Princes Town bringen sollte. Es war totenstill. Nach einer halben Stunde kam Stevie mit einem alten gelben Polo. Der Fahrer wollte vierzig Cedis. Wir mussten ihm versprechen, dass wir die Reparaturen bezahlten, falls sein Auto kaputtging. Anthony wollte nicht einwilligen. Der Fahrer wurde unruhig. Ein schwacher Wind schwenkte die Lampe vor der Bar vor und zurück, vor und zurück.

Schließlich stiegen wir ein, bogen bald von der Hauptstraße ab und rollten vorsichtig die Sandstraße entlang. Der Regen hatte nachgelassen. Aber die Schlaglöcher waren bis zum Rand mit Wasser gefüllt und der Boden durchgeweicht. Manchmal fiel das Licht der Scheinwerfer auf die Kautschukbäume des Waldes, der uns umgab, und für einen kurzen Moment leuchteten ihre weißgefleckten Stämme auf wie nackte knochige Beine. Man nennt diese Bäume auch die weinenden Bäume. Die Kautschukbauern hängen kleine Säckchen an die Stämme, um die Tränen einzusammeln, aus denen sie später Gummi machen.

So fuhren wir durch den Wald der weinenden Bäume. Anthony horchte aufmerksam auf die keuchenden Töne, die der alte Volkswagen von sich gab, und Stevie unterhielt sich leise mit dem Fahrer. Plötzlich erstrahlte ein Licht auf der Straße. Eine Gruppe von Menschen tanzte mitten auf dem Weg. Durch die verstaubten Fenster des Wagens schienen sie so unwirklich. Sie warfen sich vor die Windschutzscheibe. Sie drückten ihre Gesichter an die Fenster. Sie sangen. Der Fahrer fuhr ganz langsam durch die tanzende Menge wie durch eine dichte Nebelwolke.

Ab und zu stießen die Reifen auf große Steine. Einmal blieben wir beinahe im Schlamm stecken.

Wir hielten vor einem weißen Holzschild, auf dem in roter Farbe »The Castle« stand. Wir gaben dem Fahrer das Doppelte des ausgemachten Preises und Anthonys Telefonnummer, falls ihm auf dem Rückweg etwas zustoßen sollte.

Princes Town. Die Luft war kühl und schmeckte nach Salz. Das Dorf lag direkt am Meer, die Wellen des Atlantiks murmelten in ihrem ewigen Rhythmus in der Ferne. Stevie führte uns hinauf zum Castle.

Er kannte jeden Stein hier, er war in Princes Town geboren.

»The Castle« war eine alte Festung, die 1682 im Auftrag von Friedrich dem Großen hier an der Goldküste errichtet worden war. Heute diente sie Princes Town als Hotel. Für drei Cedis konnte man ein Zimmer mieten. Es brannte ein kleines Licht, dank eines Stromgenerators, den die DDR vor vielen Jahren dem Castle geschenkt hatte.

Stevie schritt auf das steinerne Gebäude zu und klopfte an eine Tür unterhalb einer freistehenden Treppe. Ein Mann öffnete. Er hatte sich sein Bettlaken um den Leib gewickelt. Er hieß Apostel Paulus und brachte uns auf unsere Zimmer.

Ich konnte nicht schlafen und schlich mich hinaus. Zwielicht. Die preußische Burg in Zwielicht getaucht. Unter ihr lag ausgebreitet das Fischerdorf Princes Town. Palmen. Kleine Hütten. Ein langer Strand. Und das weite, weite Meer.

Plötzlich vernahm ich schnelle Schritte. Ich drehte mich um. Es war niemand da. Ich horchte. Wellen. Wind. Meer. Steinmauern. Dann ein leises Flüstern. Aber niemand zu sehen. War es ein Geist gewesen?

Ein paar Stunden später weckte mich Apostel Paulus. Ich war auf dem Steinboden der Terrasse eingeschlafen. Er lachte, er hatte sich erschreckt, als er mich in meinem Nachthemd so daliegen sah. Er dachte, ich sei tot.

Ich lachte auch und dachte an die Trotrofahrt. You

don't want to die in Ghana? Why don't you want to die in Ghana? Ein paar Stunden später entdeckte ich auf einem Spaziergang den schönen Friedhof von Princes Town, in einem Palmenwald direkt am Meer. Da hatte ich keine Angst mehr, in Ghana zu sterben.

Am Morgen bereitete uns Apostel Paulus ein Frühstück zu. Um mich zu waschen, musste ich einen Gummibeutel an einem langen Seil aus einer Zisterne hinaufziehen. Mein Freund Michael, der mit Krebs in einem Krankenhaus in New York lag, hatte viele Jahre auf einer karibischen Insel gelebt, in einer selbstgebauten Hütte am Strand. Auch er musste damals immer sein Wasser aus einer Zisterne holen. Da schwammen Guppys drin, die das Wasser sauberhielten. Einmal goss Michael Wasser in ein Glas, goss Rum darüber und wollte gerade die Lippen ansetzen, da schrie seine Freundin: Halt! Ein Guppy! Zu spät, Michael hatte den Fisch schon heruntergeschluckt.

Ich untersuchte das Wasser, und als ich keine Tiere fand, kippte ich es in einen Eimer, den ich in eine Duschkabine trug, die draußen auf der Terrasse eingerichtet war. Ich hatte von Theresa gelernt, in Ghana mein eigenes Waschtuch bei mir zu tragen. Ich schrubbte den Staub der Fahrt von meinem Körper, wusch mir die Haare, und als ich fertig war, stand das Frühstück auf dem Tisch. Eine Tasse Kakao und ein Omelett auf Brot.

Bevor in Princes Town die Unruhen ausbrachen, so erzählte Apostel Paulus, gab es auf der Festung einen

Koch, einen Handwerker und einen Nachtwächter. Er kümmerte sich ausschließlich um die Zimmer und um die Gäste. Aber nach den Unruhen verließen die anderen Hotelangestellten Princes Town. Er blieb allein zurück und hatte seitdem das Kochen und Handwerken, den Wachdienst und die Gästebetreuung übernommen.

Als ich in diesen Tagen durch das Fischerdorf lief, erschien es mir wie eine Geisterstadt. Eine unheimliche Stille und Leere lag auf den Straßen. Die Leute wirkten verschreckt und misstrauisch. Viele Häuser standen leer. Andere waren ausgebrannt. Es war schwer, herauszubekommen, was genau vorgefallen war. Jeder erzählte eine andere Variante der Ereignisse, und noch heute, wenn ich Anthropologen nach den Unruhen von Princes Town frage, bekomme ich keine klare Antwort.

Fest steht, dass es im Jahr zuvor während des Kundum-Festivals zu blutigen Ausschreitungen gekommen war, bei denen mehrere Menschen starben, viele Häuser in Brand gesetzt worden waren und am Ende die ghanaische Armee eingriff, die für mehrere Wochen im Dorf stationiert blieb. Viele Menschen flohen in umliegende Dörfer und kehrten nie mehr zurück. Unter ihnen war auch der Mann, den der Kindergartengründer in Wien beauftragt hatte, sich um seinen Kindergarten zu kümmern.

Diesem Mann gehörte eine Bar am Fuße des Berges, auf dem die preußische Festung stand. Aber in der

Nacht des großen Unglücks wurde sie in Brand gesetzt. Bis zum heutigen Tag war er nicht mehr gesehen worden.

Für den Kindergarten war er jeden Monat zwei Stunden nach Takoradi gefahren, hatte in einer Bank das Geld abgehoben, das der Wiener aus Europa überwies, hatten den Lehrern ihr Gehalt gezahlt, Reparaturen erledigen lassen, Schulmaterialien und Essen eingekauft, das den Kindern täglich in der Mittagspause zubereitet wurde.

Seitdem er verschwunden war, war die Verbindung zwischen Österreich und Princes Town so gut wie abgebrochen. Aber die Lehrer und die Eltern der Kinder liebten ihren Kindergarten so sehr, dass sie ihn ohne das Geld aus Europa am Leben erhielten. Die Lehrer unterrichteten nun seit einem Jahr umsonst. Drei Lehrer für hundert Kinder. Sie zeigten mir stolz ihren Stundenplan. Der Tag begann um sieben Uhr morgens mit »News Time«, eine halbe Stunde, in der die Lehrer die Kinder fragten, was sie am Morgen auf ihrem Schulweg erlebt und gesehen hatten. Dann folgte »Writing« (Lesen und Schreiben), »Nature and Environment« (Tier- und Pflanzenkunde), »Numbers Work« (Mathematik), »Health Activity« and »Outdoor Game« (Sportunterricht). Und an einigen Tagen gab es auch Theater, Musik und Tanz. Geschichtenerzählen. Reimen. Und »Creativity«. Eine Schulstunde dauerte dreißig Minuten. Es gab drei Pausen und »Resting Time«.

Niemand schrieb diesen Lehrern vor, wie und was sie unterrichten sollten. Sie gestalteten alles frei, nach eigenem Ermessen. Während einer der Lehrer mir all dies genau erklärte, trug er einen großen Ziegelstein auf dem Kopf. Er hatte ihn von einem Freund bekommen, weil er an seinem Haus baute, das bei den Unruhen beschädigt worden war. So stand er etwa eine halbe Stunde da, sprach und hatte diesen schweren Ziegelstein auf dem Kopf, ganz selbstverständlich.

»Wir können den Kindern den Unterricht nicht nehmen«, sagte er, und ich dachte, warum setzt er den Ziegelstein nicht ab? »Auch wenn wir nicht bezahlt werden. Es ist eine Sache, einen erwachsenen Menschen zu enttäuschen, aber ein Kind zu enttäuschen, das kann ihm sein ganzes Leben ruinieren. Soll ich zu diesen Kindern etwa sagen, es wird keinen Unterricht mehr geben, weil ich kein Geld dafür bekomme? Wie soll ein vierjähriger Junge so was verstehen?«

Es gab in Princes Town zwar eine kleine Schule, eine Mittelschule, und im Nachbardorf auch ein Gymnasium, aber in diese Schulen wurde man nur aufgenommen, wenn man lesen und schreiben konnte. Für die kleineren Kinder gab es hier nichts als diesen Kindergarten.

Mit dem Ziegelstein auf dem Kopf führte mich der Lehrer in das Klassenzimmer, ein schöner Raum mit grün und weiß gestrichenen Wänden und einfachen Holzbänken. Er nahm ein Schulheft hervor, wo er die Benotung eintrug. Seine Handschrift war so sauber und so liebevoll, sie drückte die Ehrfurcht aus, die dieser Mann vor dem Schreiben hatte. Er war sehr gebildet. In seiner Jugend hatte er in der Bibliothek von Kumasi gearbeitet, dort, wo das Buch »African religions and philosophy« herstammte, das ich auf Kuba gekauft hatte. »Ich bin ein einfacher Lehrer«, sagte er mir, »aber ein internationaler Denker.«

Ich schrieb einen ausführlichen Bericht an den Mann in Wien, nannte ihm die Reparaturen, die notwendig waren: Die Wippe im Hof war kaputt, die Wasserpumpe funktionierte nicht mehr, es fehlte besonders an Stiften und Papier. Ich informierte ihn darüber, dass die Lehrer den Unterricht ohne Gehalt weiterführten. Der Mann mit dem Ziegelstein hatte eine Arbeit als Trotro-Fahrer gefunden und fuhr am Wochenende viele Stunden durch die kaputten Straßen bis an die Grenze zur Elfenbeinküste, um seine eigenen Kinder ernähren zu können. Ich erkundigte mich, wie hoch die Gehälter der Lehrer in Ghana waren, auf staatlichen und auf privaten Schulen, und schlug vor, das Gehalt der drei Lehrer in Princes Town zu erhöhen. Nachdem der Wiener diesen Bericht erhielt, schickte er sofort Geld, erhöhte die Gehälter und bald nahm alles wieder seinen gewohnten Gang. Der Kindergarten war gerettet.

Anthony und Stevie reisten ab. Stevie musste dringend nach Takoradi und Anthony nach Accra in die Botschaft. Ich blieb allein zurück. Als ich die beiden am Trotro verabschiedete, überkam mich eine Unruhe. Man hatte hier keinen Handyempfang, außer an einer einzigen Stelle auf der Terrasse der Festung, und auch das nur sporadisch. Es gab in Princes Town weder eine Polizeistation noch ein Krankenhaus, noch einen Arzt. Nur den schönsten Friedhof der Welt.

Apostel Paulus erwartete mich mit einem Abendessen auf der preußischen Festung. Nach dem Essen ging ich ins Dorf hinunter und saß bis spät in der Nacht mit dem Lehrer zusammen. Auf einmal erschien Apostel Paulus mit einer Petroleumlampe in der Hand. Es war zu spät, alleine den Berg hochzulaufen, und außerdem hatte er sich Sorgen gemacht.

In jener Nacht hatte ich einen merkwürdigen Traum. Ein schwarzer Mann stand in meinem Zimmer und sagte: »Ghana ist sehr schön. Aber es kann auch grausam sein.«

Ich schreckte aus dem Schlaf auf. Wie in der ersten Nacht setzte ich mich auf die Terrasse, und wieder hörte ich die kleinen, hastigen Schritte und das Flüstern.

Apostel Paulus meinte, das könnten die Zwerge gewesen sein. Er hatte gehört, dass auf der Festung ein paar Zwerge lebten, hatte sie aber selbst nie gesehen. Wir saßen auf der Mauer, er in einer der Schießscharten und ich auf einer alten Kanone.

»Früher hieß dieses Dorf Pakasu, das heißt Wald in der Sprache der Nzima. Als die Deutschen mit ihrem Schiff hier landeten, sahen sie den großen Berg und baten den Häuptling, ihnen das Land zu verpachten. Sie kehrten zurück und brachten Munition und Schnaps für den Häuptling. So begann ihre Freundschaft. Sie bauten diese Festung aus den Steinen, die sie aus Deutschland einschifften. Als sie keinen Zement mehr hatten, mischten sie Muscheln, Austern, Kalkstein, Palmöl und Erde. Deshalb sind einige Stellen der Mauern anders. Die Burg wurde fest und groß. Die Leute aus der Gegend sagten alle, sie würden ihre Ware an die Weißen auf der Burg verkaufen, in der Stadt des Prinzen, denn sie hatten gehört, dass ein Prinz diese Burg errichtet hatte. So kam es zu dem Namen Princes Town, und der Name Pakasu wurde vergessen.

Am Anfang des 18. Jahrhunderts verließen die Deutschen den Ort und baten einen Häuptling, John Conney, auf ihre Festung aufzupassen. Anschließend verkauften sie die Festung an die Holländer. Aber als die Holländer mit ihren Schiffen hierherkamen, wollte John Conney ihnen die Burg nicht lassen. Sie zeigten ihm den Verkaufsbrief. Er beherrschte ihre Sprache, konnte lesen und schreiben. Er war ein berühmter Mann, er hatte schon einmal gegen die Holländer gekämpft und viele Sklaven befreit. Er sagte, nur wenn ein Preuße ihm bestätige, diese Burg gehörte den Holländern, würde er sie abgeben. Die Holländer nahmen ihre Waffen und schossen. Aber John Conney konnte sie besiegen. Er versteckte seine Männer in der Festung und ließ von außen den Anschein erwecken, sie sei verlassen. Als die Holländer auf die Burg kamen und sich müde ausstreckten, überfiel John Conney sie mit seinen Männern und jagte sie davon. Es gibt Geschichten, da heißt es, John Conney habe den ganzen Weg von der Burg bis zum Meer mit den Köpfen der Holländer besät, und den Schädel des Hauptmanns ließ er zu einer silbernen Trinkschale machen. Sie kamen wieder. Zahlreicher. Und mit mehr Waffen. Keiner weiß, wie John Conney geflohen ist. Er verschwand im Landesinneren, und man sagt, er war so reich, dass er Goldstücke auf den Weg fallen ließ, um seine Verfolger durch das Aufsammeln aufzuhalten. Ein Jahrhundert später bekamen die Engländer die Burg, weil sie die neue Kolonialmacht wurden, und behielten sie bis zu unserer Unabhängigkeit im Jahr 1957.«

Apostel Paulus schwieg. Dann sagte er: »Da, wo ich jetzt schlafe und wo ich den Bananenbaum gepflanzt habe, da war früher ein Frauengefängnis. Wenn es Geister hier gegeben hat, dann sind sie jetzt bestimmt schon alle tot. Eine Frau erzählte einmal, dass sie kleine Leute gesehen hat, die in den Zimmern spielten. Die Zwerge. Ich habe keine Angst vor den Zwergen, denn sie sind nicht meine Freunde.«

»Nicht deine Freunde?«, fragte ich.

»Ja, wenn man jemanden nicht kennt, hat man auch keine Angst vor ihm.«

Er lachte und ging hinunter in seine Kammer, um unser Essen zuzubereiten. John Conney. Ich kannte diesen Namen. Michael hatte mir von ihm erzählt. Von den John-Canoe-Paraden auf den karibischen Inseln, man nannte sie auch Jonkonnu, Junkanoo, Jankunu oder Johnkankus, ein buntes Neujahrsfest.

Man wusste nicht genau, woher der Name kam, Vielleicht vom Quoja-Volk, von ihrem Wort »Jannanin« für »Geist der Toten« oder von einem Helden aus Westafrika. Michael glaubte eher, dass der Name von dem Helden kam, der in einer sagenhaften Schlacht die Europäer besiegt hatte. Auf den Sklavenschiffen wurde, so hatte man es Michael erzählt, der Name John Canoe von Mund zu Mund flüsternd weitergehaucht, ein Wind der Freiheit.

Das musste dieser John Canoe gewesen sein, der hier die Festung vor den Holländern verteidigt hatte. Und heute feierte man in seinem Namen große Feste von der Karibik bis New Orleans und Brasilien.

Apostel Paulus brachte mir ein Buch: »Der rote Adler an Afrikas Küste. Die brandenburgisch-preußische Kolonie Westafrikas«. Dort las ich, dass John Canoe in der deutschen Geschichtsschreibung als der »schwarze Preuße« oder »preußischer Negerfürst« auftauchte. Er war Makler, Zwischenhändler, Vermittler zwischen den Europäern und den Afrikanern. Er hatte auch eine Privatarmee zum Schutz von Handelskarawanen.

Immer mehr Geschichten fand ich über diesen Mann, der sich von den Europäern nicht hatte unterkriegen lassen. Er gewann noch eine andere wichtige Schlacht gegen die Holländer, und obwohl die Engländer und die Preußen denen sogar zu Hilfe eilten, vermochte man John Conney und seine Armee nicht zu besiegen.

Ich war tief in die Heldengeschichten von John Conney versunken, da trat plötzlich Bulu auf die spärlich beleuchtete Terrasse. Ich hatte ihn tags zuvor kennengelernt, als ich über den Friedhof spazierte. Er hatte im Dickicht des Palmenwaldes gestanden und mit einem langen Stab in einem Topf gerührt. Er brannte Akpeteshi, den starken Palmenschnaps, den man hier trank. Er kannte den Wiener und versprach, mich später auf der Burg zu besuchen. Er war groß und stark, »etwa 26 Jahre alt«. Bulu setzte sich zu mir und Apostel Paulus. Wir plauderten ein wenig über John Conney. Bulu hatte auch etwas Palmenschnaps mitgebracht, und wir tranken zusammen.

Ich ging kurz in mein Zimmer, um etwas zu suchen, was ich Bulu schenken konnte. Als ich wieder auf die Terrasse kam, war ein zweiter Mann gekommen. Kodwo. Am Morgen war ich mit ihm durch die Mangrovenwälder zu einem See gerudert. Ihm gehörte ein Ruderboot.

Es war nicht unüblich, dass mich die Leute, die ich kennengelernt hatte, besuchten. Aber ich bemerkte, dass Apostel Paulus, der immer lachte und alle freundlich empfing, mit einem Mal ernst wurde. Eine Weile sprachen sie miteinander.

Endlich wandte sich Apostel Paulus an mich: »Ich

habe den beiden gesagt, dass du müde bist und jetzt schlafen gehen möchtest und dass du sie morgen anrufen wirst.«

»Ja, ich bin sehr müde.« Ich spürte immer mehr, wie eine ungute Stimmung aufstieg.

»Werden wir morgen wieder mit dem Ruderboot fahren?«, fragte mich Kodwo.

»Gerne«, antwortete ich kurz.

»Aber du wolltest doch zu meiner Familie zum Essen kommen«, sagte Bulu.

»Du wirst den ganzen Tag im Kindergarten sein«, mischte sich Apostel Paulus ein. »Du wirst gar keine Zeit haben.«

Bulu sagte etwas zu Apostel Paulus. Kodwo sagte etwas zu Bulu. Und dann brach ein heftiger Streit aus. Die beiden Männer schrien, schubsten sich, dabei zerriss Kodwo eine Kette aus bunten Perlen, die Bulu am Hals trug. Apostel Paulus rannte einfach weg. Ich bückte mich nach den wegrollenden Perlen, sammelte sie ein und wollte sie Bulu gerade reichen, als ich sah, wie er ein Messer zog und Kodwo damit bedrohte. Ich nahm mein Telefon vom Tisch und wich langsam zurück zu der Balustrade, wo ich wusste, dass man manchmal ein Handynetz erreichte. Ich wollte Nana Kwaku Bonsam anrufen. Aber mein Handy hatte keinen Empfang. Am Tisch standen sich die beiden Männer gegenüber und schrien, Bulu mit dem Messer in der Hand. Kodwo nahm einen Stuhl und warf damit nach Bulu.

Apostel Paulus kehrte zurück, völlig außer Atem, in

der Hand eine Pistole. Er hielt sie ungeschickt, es war offensichtlich, dass er es nicht gewohnt war, damit umzugehen. Die beiden Männer schrien Apostel Paulus an. Aber der sagte kein Wort. Stand nur da mit der Pistole in der zitternden Hand.

Bulu und Kodwo waren Erzfeinde. Bulu gehörte zu der Familie eines Chiefs, der Anspruch auf dieses Amt in Princes Town erhob, und Kodwo gehörte zu der Familie eines anderen, der das Gleiche wollte.
Der Konflikt zwischen diesen beiden Familien war ein Jahrhundert alt und durch die englische Kolonialmacht entstanden. Wie es oft in Afrika der Fall war, hatten die Briten Princes Town einer Region zugeordnet, die einem anderen großen Chief unterstand. Somit war der Chief von Princes Town nur noch ein Subchief. Die Familie von Bulu wollte das nicht anerkennen, wollte unabhängig sein, während die Familie von Kodwo sich mehr oder weniger damit abgefunden hatte. Die Unruhen brachen aus, als eine Gruppe von Amerikanern in das Dorf kam. Das große Kundum-Festival stand an. Ein Festival mit vielen Bedeutungen: Man feiert die Ahnen, man jagt die bösen Geister aus der Stadt, man tanzt und lässt das Dorf in einem rituellen Chaos versinken, damit die Gesellschaft am Festtag neu geboren werden kann. Das Ganze dauert vier Wochen. Während einer großen Zeremonie zieht der Chief durch das Dorf, und man feiert ihn und seine Macht. Seit Jahren gab es einen speziellen Kun-

dum-Chief, der dieses Festival in Princes Town leitete, damit die beiden eigentlichen Chiefs sich nicht streiten würden, wer auf dem Kundum-Wagen durch den Ort fahren durfte. Aber der Besuch der Amerikaner brachte alles durcheinander. Der eine Chief, der ihr Gastgeber war, wollte seine Gäste nicht enttäuschen und beschloss, diesmal selbst das Fest zu veranstalten. Als der andere davon hörte, schickte er einen Mann nach Takoradi zum Gericht und ließ das Festival verbieten. Zwei Wochen später beschloss er jedoch, das Kundum zu veranstalten. Daraufhin wurde der erste Chief böse. Es kam in der Nacht vor der großen Feier zum Krieg. Häuser brannten. Schüsse fielen. Mehr als die Hälfte der Bevölkerung floh. Und Kodwo setzte die heiligen Kundum-Trommeln von Bulus Familie in Brand.

Das war schlimmer als Hochverrat. Auch Kodwo war damals geflohen und lebte nicht mehr in Princes Town. Er kam nur ab und zu, wenn er hörte, dass Touristen angereist waren, um sie mit seinem Boot durch den Mangrovenwald zu fahren und so etwas Geld zu verdienen.

Seit den Unruhen hatten sich Kodwo und Bulu nicht mehr gesehen. Jetzt hielt Bulu das Messer. Kodwo war unbewaffnet. Bulu wollte sich für die brennenden Trommeln rächen. Apostel Paulus richtete seine Pistole erst auf den einen, dann auf den anderen. Aber sie hatten keine Angst vor ihm.

184

Meine Knie zitterten. Ich hielt immer noch die Perlen von Bulus Kette in meiner Faust. Ich überlegte, ob ich sie einfach auf die Männer werfen sollte, um sie zu verwirren und aus ihrem Zustand zu wecken. Aber ich wollte Apostel Paulus nicht erschrecken. Ich war ratlos.

In diesem Augenblick klingelte mein Handy.

Der Instinkt einer Mutter.

»Marie«, rief sie, und ihre Stimme klang so unendlich weit weg.

Es rauschte und kratzte in der schlechten Leitung.

»Marie, kannst du mich hören? Michael ist heute Morgen gestorben.«

Die Perlen fielen mir aus der Hand. Ich sank zu Boden. Die Verbindung war weg. Ich sah auf das Telefon, ich versuchte zurückzurufen, es war nichts zu machen. Michael war tot. Die Prophezeiung des Okomfo Mossi hatte sich bewahrheitet. Ich stieß einen Schrei aus und brach zusammen. Die drei Männer eilten auf mich zu.

»My friend died«, rief ich. »My dear friend Michael died.«

»You should not cry«, sagte Apostel Paulus, die Pistole immer noch in der Hand.

Aber ich weinte und weinte und hörte nicht auf zu weinen. Die Männer redeten auf mich ein: »Komm, wir gehen was trinken. In Ghana feierte man den Tod und das Leben des Verstorbenen.«

Und so ging ich denn mit Apostel Paulus und Kodwo

zu Bulu, der Schnaps brannte, und wir saßen bis zum Morgengrauen und tranken. Es kamen noch viele andere Leute aus Princes Town, und bald entstand tatsächlich ein kleines Fest.

Am nächsten Tag erklärte mir Apostel Paulus, es war ein Wunder, dass Bulu und Kodwo zusammen Schnaps getrunken hatten.

»Dein Freund Michael hat einen guten Geist«, sagte er. »Er hat die beiden Feinde zusammengebracht. Er ist genau zur richtigen Zeit gestorben.«

Ich sah auf die stille goldene Uhr, die mir Nana geschenkt hatte. Dann trat ich an die Brüstung und schaute aufs Meer.

Ich fragte mich, ob Michael vielleicht gerade den Geist von Mami Wata heiratete. Das sollte er vielleicht besser lassen; sie ist eine eifersüchtige Frau, und sie liebt nur teures Parfüm.

Auf dem Vulkan

*Für mich ist ein Geist eine Geschichte,
die erzählt werden will.*

Auf dem Vulkan Nevado de Toluca war ich am Sonntag mit der schönen Ariana und Armando bis vier Uhr morgens, Auto am Abhang, zehn Grad minus, später in einem schwarzen Dorf mit bellenden Hunden und misstrauischen Menschen, die ihre Türen und Fenster vor uns verschlossen hielten ... am nächsten Tag Polizei und Bestechungen und eine rettende Familie ... die Kälte spielt eine Rolle, ja, der Bösewicht ist die sinkende Temperatur ...

Armando ist der, der aus alten Maya- und Huicholes-Märchen Animationsfilme machen will. Ein moderner Mann mit moderner Frisur, der für eine moderne Multimedia-Firma arbeitet. In diesen Tagen hat er ein Telefon mit Touchscreen entwickelt, das größer ist als ein Mensch und in Mexico City als Anguck-Probier-Werbemodell aufgestellt werden soll. Ein moderner Mann mit moderner Wohnung im Zentrum der Stadt. Ein Mann Mitte dreißig ohne Frau und Familie, der sehr viel arbeitet und dennoch für ein Abenteuer – Betonung auf *teuer* – immer Zeit findet.

Und Ariana ist die schöne Archäologiestudentin, vom Tod fasziniert. Sie hat mir von den zwei Lagunen erzählt und von dem Gott mit dem rauchenden Spiegel. Diese Lagunen, »la laguna de la luna« und »la laguna del sol«, liegen oben auf dem Berg, den man heute Nevado de Toluca nennt. Eine Stunde entfernt von Mexiko-Stadt. 4680 Meter hoch. Im Kraterbecken eines seit Tausenden von Jahren schweigenden Vulkans. Die Mexicas nannten ihn Xinantécatl: Er der neun Orte. Oder: Er der neun Hügel. Oder: Er der neun Winde.

Ariana war mit ihrem Professor und anderen Studenten auf den Nevado de Toluca gestiegen, um Unterwasserausgrabungen in den Lagunen zu begleiten. Der Professor riet den Tauchern, eine Opfergabe zu bringen für den Vulkan. Man kann ja nicht, so sagte er, einfach an einem Berg herumbuddeln, ohne ihn um Erlaubnis zu bitten, in seinem Revier zu stöbern. Aber die Taucher kamen aus der Stadt, ihnen war das alles egal. Als sie sich in das eiskalte Gewässer des Vulkansees begaben, war es dem einen plötzlich, als drücke ihn eine unsichtbare Kraft nach unten und hielte ihn dort fest. Panisch wehrte er sich und konnte nur mit Hilfe des anderen Tauchers an die Oberfläche zurückgelangen. In der folgenden Nacht hatten beide Taucher einen *sueño compartido*, sie träumten den gleichen Traum:

Eine Gestalt versperrte ihnen den Weg. Ein Mann. Er war ganz und gar in Schwarz gekleidet. Ein Bein war länger als das andere. Er humpelte. Er trug am Handgelenk einen Obsidian. Er ließ sie nicht vorbei.

Ja, das träumten die Taucher, dass ihnen die schwarze Gestalt den Weg versperrte.

»Sie wussten es nicht«, sagt Ariana, »wir waren alle so überrascht, dass sie es nicht wussten. Aber es ist heute so, dass viele die Götter der Mexicas nicht mehr kennen.«

Die Taucher hatten Tezcatlipoca geträumt, der in den alten Sagen einen Obsidian um den Hals trägt.

Tezcatlipoca: Der Gott mit dem rauchenden Spiegel. Der Gott der Nacht, der in der Nacht Wandernde, der Gott der Magie.

Die Hexer sagen, er ist der, der alles weiß, der bis auf den Grund deines Herzens sehen kann, der, den du nicht belügen kannst. Deshalb versetzt er die Ehebrecher, die Diebe, die Mörder und Missetäter in Furcht und Zerknirschung.

In einer Legende verwandelt sich Tezcatlipoca in einen Kojoten und sagt zu Quezacotl: »Du bist alt und müde und nicht mehr würdig zu herrschen.« Und er hielt dem König von Tula seinen Spiegel vor. Quezacotl sah im Spiegel sein Gesicht voller Falten und voller Erschöpfung. Er bat Tezcatlipoca um Hilfe. Dieser reichte ihm ein *pulque*, ein starkes Getränk aus vergorenem Agavensaft. Quezacotl wurde davon so betrunken, dass er mit seiner Schwester schlief. Als er am nächsten Morgen neben ihr aufwachte, schämte er sich so sehr, dass er sofort aus Tula floh. Er rannte bis zum Pazifischen Ozean, baute sich ein Floß aus Schlangen und segelte zur *tierra roja*, zur roten Erde, und verwandelte sich dort in den Planeten Venus.

Hatte Tezcatlipoca ihn ausgetrickst? Oder hatte er ihm mit seinem Spiegel sein wahres Inneres gezeigt? Die Angst vor dem Älterwerden und vor der Erschöpfung?

Ariana sagte, Tezcatlipoca würde sich manchmal in den Lagunen auf dem Vulkan zeigen.

Ariana warnt mich. Der Berg ist ein lebendes Wesen. Er lässt dich nicht so einfach gehen. Er überrascht. Man muss auf das Unerwartete vorbereitet sein. Deshalb hat sie einen vollgepackten Rucksack:

Taschenlampe.

Klopapier.

Messer.

Salben.

Verband.

Regenschutz.

Drei Mützen. Drei Paar Handschuhe. Drei Paar Hosen. Drei Jacken.

Wir sind zu dritt. Ariana. Armando. Und ich. Und natürlich, nicht zu vergessen, Armandos Jeep. Armando hat nichts weiter eingepackt außer seinem Telefon. Wir wollen morgens um zehn Uhr hin und abends wieder in Mexiko-Stadt sein. Ich ziehe mir zum Glück noch ein Paar Strumpfhosen an unter meine Jogginghose.

Die Sonne scheint heiß an diesem Sonntag. Ihre Strahlen haben den Himmel poliert. Ich bin so müde, mein Körper so schwer. Erst gestern Morgen bin ich von einer Reise zurück nach Mexiko-Stadt gekommen und war nachts noch lange auf einer Kabarettparty mit Boas, Lippenstift, Tanz und viel zu vielen Zigaretten. Ariana hat kaum geschlafen, und Armando hat auch ganz kleine Augen – alle drei haben wir den heiligen Sonntagsschlaf geopfert für den schönen blauen Himmel, für einen perfekten Tag, um auf den Berg zu steigen und in den Lagunen den Geist von Tezcatlipoca zu suchen.

Wasser, Kekse, Schokolade kaufen wir ein – noch eine extra Tafel, die Ariana dem Vulkan opfern wird. Wir verfahren uns ein paarmal und erreichen gegen zwei Uhr Nachmittags den Eingang zum Vulkangelände. Denn es gibt da einen Eingang für Autos, mit einer Schranke und einem Schrankenwärter, dem man ein paar Pesos bezahlen muss und der uns sagt, dass er Punkt sechs Uhr die Schranke schließen wird.

Um sechs Uhr stehen wir aber erst vor den Lagunen.

Wie zwei riesige Augen liegen die beiden Seen im weiten Kraterbecken, im dunkelbraunen Sand des über Jahrtausende von scharfen Winden zerriebenen Basaltgesteins. Umgeben von den hohen Felsen des Kraterrandes. Zwei wache Augen, auf einem schlafenden Vulkan, schauen in den Himmel. Und als ich ihrem

Blick folge und hinaufschaue, sehe ich den Mond. Die untergehende Sonne und den aufsteigenden Mond. Über der kargen Landschaft. In der Stille der klaren Luft.

Jede Sorge und jede Reue verweht hier. Jedes wäre-ich, hätte-ich, wäre-ich-nur-nicht und hätte-ich-doch-nicht und was-wäre-wenn-wie-gewesen ... verfliegt. Ich versage nicht, weil ich etwas nicht getan habe. Ich versage, wenn ich den Erfolg meines Handelns nicht erkenne.

Keine Reue.

Bereuen.

Ach.

Wie oft habe ich Dinge bereut in meinem Leben.

Und gerade hier in Mexiko! Wie habe ich mich gemartert und gegrämt!

Ich wollte nicht aus Ghana wegfahren. Der Fetisch-priester Nana Kwaku Bonsam hatte, wie versprochen, für mich eine große Show in Kumasi auf dem Markt-platz organisiert. Vor fünftausend Menschen zeigte er seine Wunder. Und ich war nicht dabei.

Auf meiner Reise hatte ich mir ein einziges Datum ge-setzt: Ich wollte am Tag der Toten in Mexiko sein. Das hatte ich mir fest versprochen. Aber ausgerechnet an diesem Tag, am ersten November, veranstaltete Nana Kwaku Bonsam seine Wunder-Show.

»Flieg nicht! Ich zahle dir die Umbuchung« , sagte er am Telefon zu mir. Ich stand bereits am Flug-hafen. Ich hielt die Bordkarte in der Hand. Sie riefen schon meinen Namen aus. »Flieg nicht!« Wiederholte Nana. »Ich werde dir beweisen, dass es Geister gibt!«

Ich stieg in das Flugzeug und flog ab.

Am Tag der Toten stand ich in einem kleinen Dorf in den Bergen von Puebla. Es regnete. Ich hatte am Morgen einen Indianer kennengelernt. Er hatte mir gesagt, dass er mich in eine Höhle führen würde, wo es Geister gab. Wir hatten uns an einer Kreuzung verabredet. Ich wartete Stunden auf ihn. Er kam nicht. Ich kaufte einen Maiskolben.

Auf meinem Handy las ich die Nachrichten von Anthony, der nach Kumasi gefahren war und von einem Ehrenplatz aus Nanas Show ansah. Er schrieb, dass Nana getrocknete Blätter in Geldscheine verwandelte und die drängende Menschenmenge so wild tobte, dass Nanas Leute sie nur mit großen Peitschen im Zaum halten konnten.

Und ich?

Ich knabberte an meinem Maiskolben im Regen.

Die alte Frau, die ihn mir verkauft hatte, winkte mich näher.

»Was hast du?« Fragte sie mich.

»Ich warte auf jemanden«, antwortete ich ihr, »aber ich glaube, er hat mich versetzt.«

»Du bist zum falschen Zeitpunkt gekommen.« Sagte sie.

Die Lagunen.

Das Wasser der Lagune der Sonne ist grün und neblig.

Das Wasser der Lagune des Mondes ist blau und klar.

Ich sehe mein Spiegelbild und sehe die Reue in meinem Gesicht.

Da spricht eine Stimme zu mir:

»Bleib bei deinen Plänen! Dass es regnete und nur ein Stand da war mit einer Frau, die Mais verkaufte, das war gut so. Wenn du richtig zu denken weißt, dann wirst du durch diesen Gemüsestand mit der alten Frau und den Maiskolben auf der Schütte zur Besinnung kommen. Die Mythen und die Geister, die weben ihre Geschichten jenseits des Offenkundigen, die kommen nicht als tosender, theatralischer Ausbruch hervor, sie verbergen ihre großartigen Gestalten in ganz banalen Gegenständen, an staubigen Straßenecken.

Proteus, der zaubernde Greis, gibt niemals die ganze Fülle seines zeitlosen Erinnerns und bodenlosen Wissens preis. Die Wunder der Tiefe zeigen sich gerne in einer halbvollen Kehrichttonne. Und sie sagen immer nur das Notwendigste, sie sagen immer nur das, was eine Not wendet, nicht alle Not, eine Not. Mehr sagen sie nicht. Mehr geben sie nicht preis. Und du solltest auch nicht mehr verlangen – von einem Maisstand im Regen in einem mexikanischen Dorf, mit einer alten Frau dahinter, die nur einen Satz weiß, und der gilt für alle Ewigkeiten, der ist der Leitspruch allen Lebens: ›Du bist zum falschen Zeitpunkt gekommen!‹

Nur so können wir überhaupt erst anfangen, etwas von uns und von der Unendlichkeit zu begreifen. Der falsche Zeitpunkt ist unser ganzes Schicksal – die Fragen, die uns in diesem Augenblick, im Augenblick des falschen Zeitpunktes bedrängen, die bringen den Genius unserer Träume und aller Mythen zum Reden und die Unendlichkeit der Möglichkeiten, die wir nicht einmal ahnen.«

Da wo ich bin. Bin ich richtig.

Wir sind Kinder der göttlichen Natur. Wir herrschen nie. Wir sind ihr ewig untertan.

Aber was passiert mit unserer Liebe, wenn wir sterben, frage ich mich. Wenn sich zwei Menschen lieben, was wird im Tod aus ihrer Liebe?

Ariana erzählt wieder eine ihrer Geschichten:

»Einst lebte auf dem See Metepec die Göttin Atl anache. Eines Tages kam ein junger Mann und legte sich nackt mit dem Rücken aufs Wasser. Als die Göttin ihn sah, wurde sie wütend und scheuchte ihn fort. Aber der Mann hatte sich sofort in sie verliebt und kehrte Tag für Tag zu dem See zurück, legte sich nackt aufs Wasser und schwor seine ewige Liebe. Wie kann ein Sterblicher mich lieben?, rief sie. Wie eitel! Und sie warf ihn auf einen hohen Berg. Aber der Mann, er war ein junger Priester und hieß Xinan, liebte die Göttin so sehr. So sehr. Xinan riss seine Brust auf. Sein Herz explodierte vor Liebe und schüttete Liebes-Lava auf die Felder und Wälder. Die Göttin erschrak. Ach, hatte sie doch seine Liebe nicht ernst genommen! Nun sah sie, wie feurig er sie anbetete. Sie bat um Verzeihung. Aber es war zu spät. Sein Herz spie Lava, und es brannten die Felder, und es brannten die Wälder. Die Göttin legte ihre Hand auf seine offene Brust und verwandelte sein Herz in einen Hügel, der keine Lava mehr spucken konnte. Es ist der Hügel, so heißt es, der hier oben auf dem Nevado de Toluca zwischen den zwei Lagunen aufrecht in den Himmel ragt ...«

Die Menschen besteigen den Vulkan und holen sich Wasser aus der Lagune des Mondes. Es soll heilen, und es soll Fruchtbarkeit bringen, für Frauen und für Felder. Wir treffen einen Mann, der eine getrocknete Blume in der Hand hält und auf einem Stein steht. Seine Großmutter kam hierher, als sie keine Kinder bekommen konnte. Mit einem Schamanen. Er wusch sie mit dem Wasser der Lagune des Mondes, und sie gebar fünf Kinder, eines davon war seine Mutter.
Das Wasser. Der Berg ist, so erzählt Ariana, voller Wasser. Die Mexicas glaubten, der Berg sei eine Vase und verteile das Wasser auf der Erde. Erst regnet es auf ihn herab, dann fließt das Wasser aus ihm heraus in die Flüsse. Das heilige Wasser. Das fruchtbare Wasser.
Der Mann, dessen Mutter aus dem Wasser der Mondlagune geboren wurde, ist schon lange fort. Die Sonne ist abgetaucht in die Unterwelt, und die Sterne sind ganz schnell herbeigerannt, so viele Sterne, ach, so

viele Sterne! Wir laufen im Dunkel zurück, lassen die beiden Lagunen im Kraterbecken hinter uns. Ich drehe mich noch einmal um. Ich kann sie kaum mehr erkennen, aber sie liegen noch da, wie die Augen eines Menschen, der seine Tränen nicht zeigt, wie ein intimer Moment von leidenschaftlicher Einsamkeit.

Der Weg ist sehr steil. Ich bin froh, dass ich die Schuhe angezogen habe, die Ariana mir mitgebracht hat, obwohl sie mir viel zu groß sind und ich ein bisschen tollpatschig darin laufe. Sie haben Bergsteigersohlen und sind mit Fell gefüttert. Die Temperatur ist gesunken. Schlagartig. Mit der Sonne ist sie um zwanzig Grad gesunken. Es ist knapp unter Null, als wir um sieben Uhr abends den Jeep erreichen.

Bis zur Schranke müssen wir noch etwas fahren. Ariana zeigt uns eine verschlossene Herberge, wo es spuken soll, seit dort in den achtziger Jahren eine Sekte übernachtete, deren Mitglieder sich mit einer Axt der Reihe nach die Köpfe abgeschlagen haben. Ariana hat dort auch einmal übernachtet, als sie oben in den Lagunen nach Objekten fischten ... alle acht jungen Archäologen schliefen im gleichen Flügel der Herberge, weil sie die Geister fürchteten. Ariana und ihre Freundin bauten Flaschen und Steine an der Tür auf, damit sie hören würden, falls diese sich in der Nacht öffnen sollte. Und als hätten sie damit die Geister gerufen, ging die Tür tatsächlich auf, die Flaschen zersplitterten, und die Steine kullerten über den Boden. Aber niemand war zu sehen. Ariana und ihre Freundin saßen sehr lange aufrecht im Bett, ihre Taschenlampen auf die Tür gerichtet. Als sie am Morgen in dieser sitzenden Haltung erwachten, hatte jemand die Scherben aufgekehrt und die Steine zu einem Turm aufeinandergelegt. Wer konnte das gewesen sein?

Jetzt liegt die Herberge still da. Im Dunkeln. Die Türen verschlossen. Kein Mensch weit und breit.

Kein Mensch weit und breit auch, als wir zur Schranke kommen. Und die Schranke ist geschlossen. Aber der Wärter hat uns doch auf den Vulkan fahren sehen? Wie kann er die Schranke abschließen, wenn er weiß, da oben sind noch Leute?

Ariana schwört, dass in diesem kleinen Häuschen eigentlich immer ein Wärter sitzt, rund um die Uhr. Aber heute ist er nicht da. Einfach nicht da.

Kälter wird es, schneller und schneller. Ein böser Wind zischt in meine Handschuhe hinein und durch die Öffnung am Handgelenk in meine Jacke.

Ariana ruft ihren Professor an. Dieser sagt, es gibt keinen anderen Weg vom Berg herunter als durch diese mit festen Eisenketten verschlossene Schranke. Die Temperatur wird noch weiter sinken. Es ist nicht gut, die Heizung im Auto laufen zu lassen und dabei einzuschlafen. Aber ohne Heizung wird es kalt. Und wir haben keine Schlafsäcke und nichts.

Auch hier, wo die Schranke ist, gibt es unweit kleine Häuser, die als Übernachtungsmöglichkeiten vermietet werden. Heute sind auch sie dunkel. Still. Leer. Man könnte die Fenster einschlagen. Aber sie sind mit Holzbrettern vernagelt. Auch die Türen. Alles ist hier verriegelt. Mitten in der Natur, wo nichts ist. Verriegelt, als hielte man dort Schätze versteckt. Wahre Schätze! Bettdecken!

Ariana sagt, sie würde hier draußen schlafen, ohne Probleme, das hat sie schon oft getan – sich einfach in seine Jacken einpacken, unter einen Baum setzen, die Knie an die Brust ziehen und schlafen. Morgen früh wird ja der Schrankenwärter erscheinen.

Aber Armando will zurück nach Mexiko-Stadt. Er hat morgen eine wichtige Präsentation: Das menschengroße Telefonmodell soll aufgebaut und eingeweiht werden.

Vielleicht können wir ja um die Schranke herum, können an ihr vorbeifahren? Aber um genau das zu verhindern, hat man auf der einen Seite der Schranke das Wachhäuschen aufgestellt und auf der anderen einen tiefen Graben ausgehoben. Einen ganz tiefen Graben. Und hinter diesem Graben führt ein steiler Abhang in eine Schlucht. Eine etwa zwanzig Meter tiefe Schlucht.

Warum schließt man einen Berg ab?

Ariana sagt, es ist wegen den Leuten, die hierherkommen und illegal Bäume fällen. Sie kommen in großen Autos und sind bewaffnet. Das hat ihr der Schrankenhüter einmal erzählt. Dass er deshalb so ungern hier wacht, weil er Angst vor den Räubern hat.

Ich verstehe das nicht genau. Die hohen Tannen liegen weit, weit vor der Schranke. Wo wir jetzt stehen, gibt es kaum noch Bäume, nur Gestrüpp und ein paar Büsche.

Vielleicht schließen sie wegen den Herbergen ab? Wegen den verlassenen Herbergen? Nein. Das kann nicht der Grund sein. Wahrscheinlich schließen sie die Schranke ganz einfach deshalb ab, damit man bezahlen muss, um mit dem Auto auf die Spitze des Berges zu kommen.

Wir versuchen zuerst, an dem Häuschen vorbeizufahren, aber der Jeep ist viel zu groß. Man müsste wie im Film einfach durch die Schranke durchbrettern und dabei das Schild mit der warnenden Nachricht »Von sieben bis sechs Uhr geöffnet« in den Sand schleudern. Aber wir sind ja leider nicht im Film …

Neben dem Häuschen steht ein eigenartiges Ding: Ein zerbrochener Spiegel auf zwei Holzstäben. Verstaubt, verdreckt und zu nichts nutze. Wir nehmen dieses Ding aus der Erde, weil wir denken, vielleicht kommen wir so doch an dem Häuschen vorbei.

Aber der Jeep ist zu dick.

Auf der anderen Seite vielleicht.

Da ist, neben der Schranke, noch circa zwei Meter Platz, bevor der Abhang beginnt. Aber dort ist der Graben, der tief und uneben ist. Armando überlegt: Wenn wir den mit Steinen auffüllen, dann kommt der Jeep dort an der Schranke vorbei. Plötzlich, wie vom stärker und kälter werdenden Wind fortgeweht, haben wir alle drei kein Netz mehr. Unsere Handys sind blank. Wir können niemanden mehr anrufen.

Die Sterne, herrlich zahlreich, leuchten mir bei der Suche nach Steinen. Ariana schreitet mit ihrer Stirnlampe wie eine professionelle Archäologin umher. Armando trägt im Licht seiner Autoscheinwerfer mit bloßen Händen die Steine zusammen. Mit seinen feinen, weichen Computerhänden. Bei minus fünf Grad. Er hat seine Handschuhe verloren.

Ich finde, ganz stolz, einen riesigen Stein. Er ist so schwer, dass wir ihn rollen müssen. Ich erinnere mich an meinen Besuch im Museum in Villahermosa, in Tabasco. Der Geschichtsprofessor, mit dem ich dort war, erzählte von den Olmecas. Von einer Zivilisation, die noch älter ist als die der Maya. Und berühmt für die großen Steinmonumente, die sie in den Wäldern hinterlassen hat. Dicke Köpfe. Große, dicke Steinköpfe. Die Olmeca-Köpfe. Bis heute ist es ein Rätsel, wie die Olmecas ohne Pferde, ohne Esel, ohne Zugtiere diese und andere schwere Steine dort hingetragen haben, wo man sie später gefunden hat. Denn diese Steine gibt es nur in einer Gegend, die zweihundert Kilometer entfernt liegt von dort, wo die Olmecas sie hinterlassen hatten.

Es ist elf Uhr nachts.

Aber halt.

Da ist noch die Holzbank. Die Holzbank, auf der der Schrankenhüter immer sitzt. Wahrscheinlich schon seit Jahren. Ein langes Holzbrett, das auf zwei abgesägten Holzstämmen liegt und nicht angekettet ist wie alles andere hier.

Diese Holzbank nehmen wir nun dem Wächter weg. Wir legen sie über den mit Steinen gefüllten Graben, so dass die Räder auf der linken Seite des Jeeps nun eine Art Brücke haben.

Listo – fertig, und Armando steigt ein. Ein erster Versuch. Das rechte Vorderrad ist zu nah an der Schranke. Ein zweiter Versuch. Ein dritter. Und dann fährt Armando über unseren zugeschütteten Graben. Er kommt zur Hälfte rüber, dann will das rechte Hinterrad – eigentlich auf gutem Boden – nicht weiter, dreht sich und dreht sich und gräbt sich ein. Armando gibt Vollgas. Der Wagen rutscht von der Holzplatte ab, und das linke Vorderrad hängt nun über dem Abhang. Armando gibt trotzdem wieder Vollgas. Der Wagen kippt leicht nach links. Armando springt über den Beifahrersitz aus dem Jeep raus.

Was ist passiert?

Das rechte Hinterrad steckt in einem Loch. Wir sammeln nun viele ganz kleine Steine und stopfen auch dieses Loch. Aber ach! Wir wissen nichts von Steinen. Als Armando heldenhaft in den halb über dem Abgrund hängenden Jeep einsteigt und wir hinten schieben, da fliegen uns die kleinen Steine ins Gesicht, und das Rad dreht sich nur noch tiefer fest.

Es hat keinen Sinn. Wir haben versagt. Wir brauchen einen Abschleppdienst, um das Auto aus dieser merkwürdigen Position herauszuholen. Aber wir haben hier kein Netz und können niemanden anrufen.

Wir müssen ins Dorf laufen.

Warum haben wir das nicht schon früher getan?

Weil Ariana einmal über dieses Dorf geschrieben und dort Interviews geführt und nun gesagt hat, die Menschen dort seien misstrauisch und verschlossen und nicht hilfreich.

Das Dorf heißt Raizes, »Wurzeln«, und ist das am höchsten gelegene Dorf in Mexiko. Es ist circa fünf Kilometer entfernt von dort, wo wir uns jetzt befinden.

Es schon nach Mitternacht, und wir drei laufen los.

Armando ist froh, dass uns allen nichts passiert ist. Um sein Auto macht er sich keine großen Sorgen. Es wird morgen noch so dastehen, sagt er, es ist ein gutes Auto. Nur um die Konzertkarten für seine Lieblingsband Radiohead, die er vergessen hat, um die sorgt er sich und rennt einen Kilometer durch den Wald zurück, um sie zu holen. Wir sind so hoch oben, die Luft ist dünn, wir können nur schwer und langsam atmen.

Sterne. Hohe Tannen. Dunkelheit. In Jacken verpackt und ich in zu großen Schuhen und mit drückendem Bauch. So laufen wir durch die eisige Nacht.

Irgendwann will ich versuchen, mich zu entlasten, und hocke mich hinter einen Busch. Aber da höre ich ein Rascheln, ein Knistern – und ein Atmen? Bilde ich es mir ein? Nein. Ich höre deutliche Bewegungen hinter den Blättern. Es gibt Kojoten hier. Sie sind nicht gefährlich, wenn man ihnen zu zweit begegnet, nur wenn man alleine ist und sie großen Hunger haben, greifen sie an. In meiner hockenden Stellung, die Hosen heruntergelassen, bin ich ihnen vollkommen ausgeliefert. Das will ich lieber nicht riskieren, so einem Kojoten zu begegnen. Sehr langsam und sehr vorsichtig ziehe ich die Hose wieder hoch und mache mich geschwind davon.

Im Dorf brennen einige Straßenlaternen. Aber nicht ihr Licht läutet die Zivilisation ein, sondern die Hunde, die Wachhunde. Von allen Seiten und Häusern kommen sie angelaufen, bellen und fletschen drohend ihre Zähne.

Seit ich ein kleines Mädchen war, habe ich eine große Zuneigung zu vertrauten und große Angst vor fremden Hunden. Mein Schulweg in Hamburg führte durch eine kleine Gasse. Dort gab es ein Haus mit einem Hund. Ich fürchtete mich vor ihm besonders an dunklen Wintermorgen. Mein Herz überschlug sich fast, wenn ich an diesem Haus vorbeilief. Es war ein Schäferhund, und er bellte und stellte die Vorderbeine auf den Zaun. Er konnte leicht über den Zaun springen, aber er sprang nicht. Es gab zwei Tannen in dieser Gasse. Ich grüßte sie immer und sprach mit ihnen. Ich war sechs Jahre alt. Erste Klasse. Ich erzählte ihnen die Neuigkeiten aus der Schule und bat sie, mich vor dem Hund zu beschützen. Und ich war fest davon überzeugt, dass er deshalb nie über den Zaun sprang, weil die beiden alten Tannen ihn mit ihrer unsichtbaren Macht von mir fernhielten.

Kuba. Ronal. San Lázaro. Wo bist du? Ich sehe auf zum Mond. Man soll mit Steinen nach einem Hund werfen, wenn er einen angreift, und ihn anschreien, dass er merkt, man hat keine Angst vor ihm.

Ariana, Armando und ich werfen mit Steinen nach den Hunden. Einer ist besonders wild. Er lässt sich nicht abschrecken. Er rennt auf mich zu, er springt an mir hoch. Ich brülle ihn an. Auf Deutsch. »Hau ab. Verpiss dich.« Und es wirkt. Auch die anderen Hunde ziehen sich langsam zurück, aber sie lassen uns nicht aus den Augen.

Die Menschen sind nicht freundlicher als ihre Hunde. Wir klopfen an Fenster und Türen. Niemand will uns drei durchfrorenen Gestalten Einlass gewähren. Niemand. Gardine hoch. Und runter.

»Geht zu dem Mann an der Ecke«, sagt einer, »er hat ein öffentliches Telefon.« Aber der Mann mit dem Telefon sagt, er hat keine Telefonkarten, und schickt uns zu einem Coca-Cola-Schild, wo eine Frau angeblich Zimmer vermietet. Die Frau hat keine Zimmer. Wir stehen am Straßenrand. Autos fahren vorbei, schnell und gefährlich wie überall auf dem Land. Sie halten nicht. Armando sagt, er würde auch nicht anhalten, man erkennt uns ja kaum, unter den Kapuzen und Schals und Jacken. Außerdem ist es in Mexiko viel zu gefährlich, nachts einen Fremden mit ins Auto zu nehmen.

Wir laufen weiter. Ariana will sich hinlegen, schlafen. Nein. Die Hunde hören nicht auf zu bellen. Doch da. Plötzlich. Die Rettung. Armandos Telefon hat ein Netz gefunden.

Auch Ariana kann jetzt telefonieren. Sie ruft den Professor an. Er ruft sofort einen Abschleppdienst. Er wird in einer halben Stunde kommen.

Eine Stunde vergeht. Kein Abschleppdienst. Die Temperatur sinkt immer tiefer. Das Gras am Straßenrand ist gefroren und mit Eis bedeckt. Wir können uns nicht setzen. Wir stehen seit Stunden.

Bei der Polizei meldet sich niemand, sämtliche anderen Notfallnummern sind besetzt oder es antwortet keiner.

Nichts

als bellende Hunde

und

Kälte.

Es ist wirklich kaum zu glauben.

Armando erreicht endlich seine Eltern. Er hat Cousins in Toluca, in der dreißig Kilometer entfernt liegenden Stadt.

Endlich, um zwei Uhr nachts, erreichen wir seinen Cousin Omar. Er wird uns abholen.

Der Abschleppdienst ist natürlich nicht aufgetaucht.

Aber ein Mann. Steht da. Vor seinem Haus. Und fragt uns, wer wir sind.

Zwei Menschen aus Mexiko-Stadt und eine Deutsche.

Aha.

»Na ja.« Sagt er. »Sie wissen, wie das heutzutage ist, man kann keinem mehr trauen.« Er dreht sich um und schließt die Tür ab.

Ab und zu kommt er raus, guckt, ob wir noch da sind. Völlig zerfroren sind wir. Der Mann schüttelt nur den Kopf und kehrt uns den Rücken zu.

Um vier Uhr morgens hat der Albtraum ein Ende.

Oder eine Pause.

Omar kommt, und wir steigen in sein Auto.

Ich schlafe sofort ein und erwache, als der Wagen in einer Wohnsiedlung hält. Vor einem kleinen weißen Reihenhaus mit Weihnachtsdekoration. Omar hat eine Frau und drei Söhne. Bety, die Frau, macht uns Betten zurecht. Alle drei Söhne schlafen in einem Zimmer mit einem Hochbett und einem Ausziehbett. Sie sind dreizehn, zehn und acht. Die beiden Kleineren nimmt Bety zu sich. Ariana schläft auf dem Ausziehbett und ich unten im Hochbett. Über mir hängt der dreizehnjährige Eric neugierig den Kopf über den Bettrand. Was machen die zwei Frauen in seinem Zimmer? Ariana sagt ihm, dass sie Archäologie studiert. Er wird hellwach. Er will auch Archäologie studieren, in den Lagunen vom Nevado de Toluca tauchen. Einmal hat er geträumt, dass es dort große Schätze gibt. Ariana ist zu erschöpft, um auf seine vielen, vom Bett oben herunterprasselnden Fragen zu antworten. »Morgen«, sagt sie, »morgen erzähle ich dir, was man in den Lagunen schon alles gefunden hat …«

Wir schlafen nicht lange. Ganze zwei Stunden. Dann steht Armando im Zimmer. Er fährt jetzt hoch zu seinem Auto.

Ich will mit. Aber mein Körper schüttelt sich, weigert sich, und ich schlafe schnell noch zehn Minuten, bevor ich aufstehe und mich anziehe. Wieder in diese zu großen Schuhe. Meine eigenen Turnschuhe sind ja noch in Armandos Jeep.

Armando sitzt unten in der Küche vor einer langen Liste mit Telefonnummern und ruft verschiedene Abschleppdienste an. Es zieht sich alles hin. Wir frühstücken. Bety macht himmlisch leckere Toasts mit Schinken und Käse, die ich trotz vollem Bauch esse. Und Kaffee macht sie. Um neun Uhr verlassen wir das Haus. Bety ruft bei der Arbeit an und nimmt sich den Tag frei, um uns bei der Auto-Abschleppaktion zu helfen.

Wir hatten den Jeep oben an der Schranke gelassen, schief und bedrohlich über dem Abhang. Würde er noch da stehen? Oder war er inzwischen schon hinuntergekracht?

Wir nehmen ein Taxi zu einem Abschleppdienst. Toluca ist eine hässliche Stadt. Grau. Groß. Warum malen sie ihre Häuser nicht an? Fragt Armando. Bety lacht: Weil es eine Industriestadt ist. Sie dreht ihre Wimpern mit einem Löffel, wie die Frauen es hier machen. Mit der Kante des Löffels die Wimpern runden. Denn viele haben hier flache Wimpern, schön, wie ich finde, wie ein schräges Dach. Aber sie wollen natürlich lieber runde Wimpern haben. Und so sieht man überall die Frauen mit ihren Wimpern-Dreh-Geräten oder einem Löffel am Auge …

Der Abschleppwagen hat einen Platten. Das Rad muss erst gewechselt werden. Eine gute halbe Stunde stehen wir im Sonnenlicht am Straßenrand, und Bety erzählt von ihrem Job. Sie arbeitet in einem *centro deportivo*, einem Sportzentrum, sie hat auch Fotos mit berühmten Tennisspielern an der Wand, mit Anna Kurnikowa, der Exfreundin von Enrique Iglesias.

»No manches«, sagte Bety immer, wörtlich: Befleck mich nicht. Das heißt so viel wie: No way. Oder: Ach, Quatsch. Sie ist 32 und hat drei Söhne. Und sie arbeitet und macht den Haushalt und geht tanzen. Und sie diskutiert mit Armando, der nur seine Arbeit im Kopf hat, seit er Anfang zwanzig war. Jetzt ist er Mitte dreißig und hat immer noch nur die Arbeit im Kopf und keine Kinder. Aber Bety verteidigt ihre Theorie: »Kinder kriegen hat nichts mit Karriere zu tun. Wenn du die Frau triffst, die du liebst, bekommst du Kinder, und deine Arbeit kannst du trotzdem machen.«

Die beiden diskutieren, bis endlich der Abschleppwagen hupt. Im Wagen sind nur zwei Plätze frei. Armando und ich fahren hoch. Ariana und Bety werden zu Hause auf uns warten.

Auf dem Weg zum Vulkan halten wir noch bei einem Bankautomaten an. Armando muss Geld ziehen. 1600 Pesos. Durch die Fensterscheibe sehe ich, wie er es dem Chef des Abschleppdienstes reicht. Ich habe gar nicht bemerkt, dass er uns mit seinem Wagen zur Bank gefolgt ist. Genauso unauffällig verschwindet er auch wieder.

»Du hast ihn im Voraus bezahlt?«, frage ich. »Bevor wir dein Auto geholt haben? Vielleicht ist es gar nicht mehr da?«

»Er wollte eigentlich zweitausend, das war der Deal, aber er macht es billiger, wenn ich ihn gleich bezahle.« Armando lehnt sich zurück in den zerschlissenen Sitz dieses alten, quietschenden Wagens. Der Fahrer, ein junger dunkelhäutiger Bursche, erzählt, die Lagunen, die hätten magische Kräfte, aber vor allem seien sie ein gutes Geschäft, weil da oben immer Autos steckenblieben.

Wir kommen aus der grauen Stadt hinaus und biegen in die Straße ein, die durch die Tannenwälder den Berg hinaufführt. Das Auto ächzt, und ich habe große Sorge, ob dieses zerbrechliche Ding den steilen Anstieg überleben wird. Mit dem aufgepumpten Rad.

Aber da. Da. Da!

Armando!

Ich zeige auf die andere Straßenseite: »Ist das nicht dein Auto?«

Da kommt den Berg herunter, uns entgegen, ein anderes Abschleppfahrzeug mit Armandos Jeep im Schlepptau.

Unser Fahrer kommentiert trocken: »No por mucho

madrugar, amanece más temprano« – auch wenn man früh aufsteht, die Sonne geht eben früher auf.

Armando bleibt ruhig, verzieht keine Miene, sagt nichts. Schaut nur. Man könnte denken, es sei ihm egal, so gleichgültig sitzt er neben mir auf der nun folgenden Autojagd durch Toluca. Straßenrennen im Abschleppwagen! Unser Auto quietscht und schreit in den Kurven. Armando ist ganz still. Er weiß, jetzt wird es ernst. Jetzt haben wir gleich die Polizei am Hals. Und ist man einmal in ihr bürokratisches, korruptes Netz geraten – oh, wie die Mücke im Spinnennetz –, kommt man so schnell nicht wieder raus.

Endlich überholen wir den anderen Abschleppwagen und schneiden ihm den Weg ab. Wir steigen aus. Armando erklärt dem Fahrer des anderen Wagens unsere Geschichte. Der schüttelt nur den Kopf und sieht uns misstrauisch an. Man hat oben am Berg die Polizei gerufen. Die Polizei ist dort gewesen. Er muss das Auto jetzt zur Wache bringen, sonst verliert er seinen Job. Er sagt, oben seien große Sachschäden angerichtet worden. Eine Holzbank wurde zerstört und ein Spiegel. Die Polizei geht von einer betrunkenen Bande aus. Außerdem wurden im Auto ein Paar Turnschuhe gefunden, und man wartet auf eine Vermisstenanzeige.

Meine Turnschuhe! Die Polizei hat meine Turnschuhe mitgenommen! Ich hatte sie ausgezogen, vorne ins Auto geworfen und war in Arianas Fellstiefel gestiegen …

Aber der Jeep, Armandos Jeep, der gute Jeep hat nicht einen einzigen Kratzer davongetragen.

Wir setzen uns hinein und lassen uns zur Polizei schleppen. Der andere Abschleppwagen verschwindet quietschend im Verkehr.

»Willst du nicht dein Geld zurück?«, frage ich Armando. »Wir sind ja nicht mal den Berg hoch?«

Er will erst zur Polizei.

Wir telefonieren mit Bety und Ariana. Sie sollen versuchen, von dem Chef des Abschleppdienstes die 1600 Pesos wiederzubekommen. Denn es werden da noch ganz andere Summen auf uns zukommen, und ich habe nur fünfhundert Pesos im Geldbeutel, die ich beisteuern kann. Und keine Kreditkarten. Wozu braucht man auch Bargeld und Kreditkarten, wenn man auf einen Vulkan steigt?

Die Polizeistation befindet sich inmitten einer Straßenkreuzung auf einer Verkehrsinsel, wie ein Hochsitz. Sie hat nur einen Raum, zu dem eine Wendeltreppe hinaufführt. Unterhalb dieser Treppe, in einer Nische, ist ein kleiner Altar errichtet mit einem Bild von der Virgen Guadalupe, der Schutzpatronin von Mexiko. Die Blumen, in einer Vase neben dem Bild, sind verwelkt.

Der Polizist ist dick. Gut genährt. Er kommt die Wendeltreppe herunter wie ein Fürst, und das ganze Gestell wackelt. Er bemerkt Armandos Sonnenbrille. Sie gefällt ihm. Mich schaut er nicht an. Und wenn ich etwas sage – ich sage kaum etwas –, sieht er Armando an, als warte er nur darauf, sich mit ihm wieder dem Geschäft widmen zu können. Frauen haben hier nichts zu suchen.

Er braucht die Papiere vom Auto. Den Kaufbeleg braucht er. Den hat Armando natürlich nicht dabei. Wer führt schon den Kaufbeleg seines Wagens mit sich, wenn er auf einen Vulkan fährt? Armando könne sich ihn faxen lassen. Nein. Wenn er den Kaufbeleg nicht sofort vorzeigt, muss der Wagen fünfzehn Tage bei der Polizei bleiben. Pro Tag kostet das Armando dann 1500 Pesos. Sie müssen ermitteln. Auch wegen der Turnschuhe. Das sind meine Turnschuhe! Aber er sieht mich nicht mal an. Und wegen der zerstörten Holzbank und dem Spiegel-Gestell. Man war böse oben am Berg. Da sind hohe Sachschäden entstanden.

»Aber warum, warum war da keiner?« Fragt Armando. »Man kann diese Leute verklagen, dass sie den Berg abschließen und keinen Wachmann dalassen. Was, wenn sich da jemand verletzt? Wenn man bei den Lagunen ausrutscht und sich ein Bein bricht und deshalb nicht rechtzeitig zur Schranke kommt?«

Der Polizist verzieht keine Miene. Er muss seine Arbeit machen. Wiederholt es wie eine Maschine: Er muss seine Arbeit machen.

Dann gehen sie weg. Die beiden Männer. Und sprechen. Und plötzlich kommt Gabriel. Der Engel Gabriel. Ein anderer Cousin von Armando. Stellt sich vor und bittet uns beide, ihn zu seinem Haus zu begleiten. Er wohnt um die Ecke. Welch ein Zufall, dass Armando einen Cousin hat, der gleich um die Ecke der Polizeistation wohnt. Hat er nicht vielleicht auch nebenan einen Verwandten, der Anwalt ist?

Einmal rechts und einmal über die Straße, und da ist schon das Haus von Gabriel. Die offene Garage dient als kleiner Laden, wo seine Frau alte Kleider, Schokolade und Getränke verkauft. Bedenkzeit. Die Männer nehmen sich Bedenkzeit. Wir bekommen ein Glas Wasser. Der Cousin Gabriel telefoniert kurz. Man sitzt schweigend auf dem Sofa. Dann verschwinden Armando und Gabriel und lassen mich zurück.

Während die beiden nun versuchen, mit dem Polizisten zu verhandeln, sitze ich in der Küche und lerne von Gabriels Mutter, wie man gefüllte *calabazas* macht, eine Art von Kürbis, der grün ist und aussieht wie eine Zucchini. Erst werden die Kürbisfrüchte kurz gekocht, dann höhlt man sie aus, dann werden in einer Pfanne Zwiebeln mit Knoblauch angebraten … mein Handy … Ariana und Bety sitzen seit zwei Stunden bei dem Abschleppdienst. Immer noch keine Spur von dem Chef und Armandos 1600 Pesos … wieder mein Handy … Armando. Der Polizist will dreitausend Pesos haben, nur dann gibt er das Auto frei. Armando muss zur Bank, Geld abheben. Ich kann fünfhundert beisteuern. Er kommt, holt den Geldschein und geht wieder … und ich geh zurück in die Küche, wo Gabriels Mutter Tomaten, duftende, dicke, herrliche Tomaten, auf einem Holzbrett schneidet und die Stücke zu einem Turm anhäuft. Ein Turm aus lauter saftigen Küssen ... wieder klingelt mein Handy ... Bety und Ariana haben endlich den Chef des Abschleppdienstes erreicht, der will das Geld aber nicht rausrücken ... Gabriels Mutter schneidet nun eine Scheibe von einem guten Käse ab und reicht mir dazu eine Guayaba-Süßigkeit ... Armando meldet sich. Er hat kein Glück in der Bank. Vor einer Woche wurde ein neues Gesetz erlassen: Man darf mit seiner Kreditkarte nur einen bestimmten Prozentsatz im Monat bar abheben, den Rest muss man in Läden ausgeben. Armando hat diesen Prozentsatz bereits überzogen, deshalb gibt ihm der Bankbeamte kein Geld. »Aber sehen Sie doch, mein Auto steht bei der Polizei!« Der Nächste bitte ...

Nun werden die calabazas mit den angebratenen Zwiebeln gefüllt, mit den Tomaten und mit geriebenem Käse. Die kleine Tochter von Gabriel kommt von der Schule nach Hause. Sie trägt ein weißes Kleid. Heute ist der Tag, wo alle Weiß tragen in der Schule ... ich esse Käse und warte.

Ariana und Bety rufen an. Sie wollen wissen, wann wir kommen. Bety erreicht, dass der Chef des Abschleppdienstes ihr vierhundert Pesos zurückgibt. Das heißt: Armando hat 1200 Pesos für eine Autojagd durch Toluca gezahlt. Er scheint ein ekliger Mann zu sein, dieser Chef. Ariana sagt, sie mag da nicht mehr sein, sie will weg. Bety kämpft. Armando immer noch bei der Bank. Ich hilflos in der Küche ...

Endlich kommen Armando und Gabriel. Sie haben Geld. Armando hat eine Kollegin aus seinem Büro gebeten, ihm schnell zweitausend Pesos zu überweisen. Nun müssen sie zum Polizisten. Gabriel will ihn runterhandeln. Er ist Lastwagenfahrer, war schon öfter im Gefängnis, kennt sich aus. Er begrüßt seine Tochter in dem weißen Kleid, küsst sie liebevoll, und wieder gehen die Männer allein. Ich will mit. Ich will mit! Und sie nehmen mich mit, nur um mich wieder stehen zu lassen. Denn, o nein, sie haben zu lange gebraucht! Der Polizist, misstrauisch geworden, dachte wohl, sie seien losgezogen, um ihn bei seinen Kollegen anzuschwärzen, als korrupt hinzustellen. Deshalb brachte er Armandos Auto ganz brav zum Ministerio Público, wo es nun fünfzehn Tage stehen soll, bis die polizeiliche Untersuchung beendet ist. Gabriel zaubert noch einen weiteren Cousin aus der Tasche, einen Brillenhändler. Der wird nun angerufen, und der schickt uns seinen Anwalt, der sofort kommt …

Ich warte draußen neben dem Jeep, der immer noch an den Abschleppwagen gekoppelt ist, in dem wiederum die Frau des Fahrers sitzt, die auf den Abschleppwagen aufpasst. »Was ist passiert?«, fragt sie. Ihr hat man nur erzählt, dass ein paar Ausländer betrunken auf dem Nevado de Toluca Randale gemacht haben … Warten. Warten. Warten. Die Männer verschwinden in einem Gebäude. Warten. Sie kommen heraus. Sie setzen sich in den Polizeiwagen. Ich sehe, dass Geldscheine auf der Rückbank gezählt werden. Endlich steigt der dicke Polizist aus. Er trägt Armandos Sonnenbrille.

»Vamos a comer« – Lass uns essen. Sagt Gabriel zu mir, reicht mir meine Turnschuhe und klopft mir beruhigend auf die Schulter. Sie haben dem Polizisten tausend Pesos gezahlt. Dem Mann vom Ministerium auch tausend Pesos. Und dem Abschleppdienst, den die Polizei geschickt hat, neunhundert. Das macht 2900 plus den 1200 für den anderen Abschleppdienst. Sind 4100 Pesos. Doppelt so viel wie Armandos Monatsgehalt. Und nur möglich, weil dieser Anwalt gekommen ist, der im Ministerium, wie Armando sagt, »bis in die Küche gegangen ist!«
Bety und Ariana kehren erschöpft von ihrer Verhandlung zurück und geben uns die vierhundert, die sie ergattern konnten. Wir essen die gefüllten calabazas, und das kleine Mädchen mit dem weißen Kleid sieht uns alle mit großen Augen an.

Zum Abschluss fällt Armando ein, dass er heute Fahrverbot in Mexiko-Stadt hat. Weil die Luftverschmutzung so hoch ist, muss jeder Autofahrer einen Tag in der Woche auf sein Auto verzichten, und heute ist Armando dran. Wir bleiben also in Toluca und gehen mit Bety in einen hübschen kleinen Vorort mit Kolonialgebäuden und Kopfsteinpflaster und essen Eis.

Eis aus Käse. Und Eis aus *Flor de Nata*, Blume der Schlagsahne. Ariana ist schon mit dem Bus zurückgefahren. Sie hat morgen eine Prüfung.

Armando und ich bleiben bis neun Uhr. Ab zehn Uhr nachts darf er wieder fahren. Aber die Straßen sind so leer, dass wir um zwanzig vor zehn schon in der Stadteinfahrt sind. So stehen wir neben anderen Zufrühkommern am Rand der Autobahn und warten, dass es zehn wird. Armando schläft, und ich schreibe die Geschichte, wie wir eines Sonntagmorgens auf den Vulkan zu den Lagunen fuhren ...

... da piept mein Handy. Omar – nicht der Cousin von Armando –, mein Freund Omar aus Mexiko-Stadt. Wir standen in dem schwarzen Dorf an der Straße, wo die Hunde bellten und der Mann immer wieder aus seinem Haus trat, um zu sehen, ob wir noch dastanden. Er schaute, nickte, zögerte, und wir froren und schauten auch, und keiner sagte etwas. Und ich dachte, sag doch etwas, überzeuge ihn doch mit deinem Charme, dass er uns hineinlässt in sein warmes Haus. Aber er stand nur da. Und schaute so still. Und ich konnte diese Stille nicht durchbrechen. Ich sagte nichts. Armando sagte nichts. Ariana sagte nichts. Der Mann schaute, drehte sich weg und trat wieder in sein Haus.
Während Armando nun seine Familie in ganz Mexiko durchtelefonierte, auf der Suche nach jenem Cousin,

der uns retten sollte, fiel mir auch jemand ein, den ich anrufen konnte: Omar.

Mit Omar bin ich zusammen in den Süden gereist. Auf ihn kann man sich verlassen. Auf einer Party hatte ich durch Omar einen Jungen aus Toluca kennengelernt und mit ihm über die Lagunen gesprochen. Dieser Junge, auch der hieß Omar, hatte mir erzählt, dass er mit fünfzehn Jahren – in seiner Heavy-Metal-Phase – mit seinen Freunden oft zu den Lagunen hochgestiegen war, um dort zu trinken, zu rauchen und sich die Unterarme mit Edding zu bemalen. Den kann ich anrufen, dachte ich. Wenn er aus Toluca ist, wird er uns vielleicht helfen können.

Aber um die Nummer von Toluca-Heavy-Metal-Omar zu bekommen, musste ich meinen Freund, den anderen Omar anrufen. Um drei Uhr nachts? Er war gerade erst aus Palenque wiedergekommen. Das sind fünfzehn Stunden Autofahrt auf mexikanischen Straßen. Da gibt es etwas, was sich »tope« nennt, Geschwindigkeitsdämpfer: Die kleinen Teller auf der Straße, die man in Deutschland in der Nähe von Schulen findet, die gibt es hier überall. Jedes Dorf setzt sie sich selbst auf die Straßen. In Raizes, dem Dorf der zweitausend verschlossenen Seelen und Dutzenden bellenden Hunde, gab es eine einzige Straße und mindestens dreißig *topes*. Die Autos sollen langsamer rollen, damit ihre Fahrer die Läden am Straßenrand sehen und dort etwas kaufen ... aber man stelle sich vor, fünfzehn Stunden anfahren, bremsen, anfahren, bremsen, anfahren, bremsen – da kommt man schon etwas durchgeschüttelt zu Hause an.

Und nun sollte ich Sonntagnacht den durchgeschüttelten Omar stören? Um ihn nach der Nummer eines anderen Omars zu fragen, den ich wahrscheinlich eh nicht erreichen würde?

Die Kälte fesselte meine Hände. Wie erstarrt waren sie. Ariana, die Kälte gewöhnt, wählte die Nummer. Omar wachte auf. Er war sehr nett. Aber er konnte den anderen Omar aus Toluca nicht erreichen.

Und jetzt … wo ich im Auto sitze und darauf warte, dass wir zurück nach Mexiko-Stadt fahren, jetzt, wo alles hinter uns liegt, die ganzen *topes*, die wir überwinden mussten, jetzt schreibt mir Omar eine SMS: »Ich hoffe, es geht dir gut. Ich wollte dir nur erzählen, dass du mich gestern Nacht aus einem Albtraum geweckt hast:

Una anciana de rostro descarnado
    eine alte Frau mit einem Körper ohne Fleisch
pasaba frente a mi
    lief an mir vorbei
mientras una llamarada era alimentada con
palabras
    während das Flackern einer Flamme von Wörtern
    ernährt wurde
Als ich ins Bad ging, um mein Gesicht zu waschen, war der Spiegel total beschlagen. Ich weiß nicht, warum. Aber vielleicht war das auch nur ein Traum.«

Interview mit einem Zauberer

*Bei dem Worte Seele sah der Deutsche noch
das rastlose Wogen der bewegten See vor sich,
welcher er die unablässig arbeitende Gewalt
seines Innern verglich.*
Jacob und Wilhelm Grimm

Der Zauberer oder der Magier oder der weise Mann
oder der Außenseiter wohnt auf der Grenze zwischen
Belgien und Deutschland. So sehr Grenze ist es dort,
dass man auf der einen Straßenseite das deutsche und
auf der anderen das belgische Handynetz empfängt.
Warum er hier wohnt? Vielleicht aus Steuergründen.
Vielleicht, weil er das Stadtleben nicht ertragen kann.
Vielleicht, weil er sich wünscht, Grenzen zu über-
schreiten.
Er gilt als einer der bekanntesten Zauberer Europas.
Sechs Stunden Zug fuhr ich aus Berlin, um ihn zu
besuchen, über Köln mit der Bummelbahn, die den
viel zu schnellen Namen »Eifelexpress« trug, durchs
Mittelgebirge, vorbei an grünen Wiesen und Wäldern.
Schulkinder, die in den umliegenden Dörfern wohn-
ten, stiegen ein und aus. Am Bahnhof war dann nie-
mand. Niemand außer der Frau, die mich abholte.

Das hatte der Zauberer organisiert. Alles war organisiert.

Wir fuhren in das Hotel, wo ich meine Sachen ablegte. Das Hotel und das Haus des Zauberers waren die einzigen beiden Gebäude auf diesem Erdfleck. Sonst nur Felder. Und dahinter der Wald. Der dunkle Wald, wo, so sagte mir die Hotelbesitzerin, rumänische Banden hausen, die die Dörfer dieser Gegend überfallen und die Familien ausrauben.

Dann wurde ich zu seinem Haus geführt, in ein Zimmer, zu einem Sessel. Und ich wartete. Wie würde er eintreten? Fragte ich mich. Wie tritt ein Zauberer ein?

Er kam durch eine Hintertür. Seine Stimme erklang in meinem Rücken. »Guten Tag.«

Wie sah er aus? Wie sieht ein Zauberer aus, der am Waldrand an der Landesgrenze wohnt?

Er war groß und schwer. Und er trug einen langen, sehr langen, bis zum Bauch reichenden, weißen Bart. Und langes, ganz langes, zu einem Zopf geflochtenes, weißes Haar.

Ich übergab ihm mein Geschenk. Kaffee aus Bali, besonders guten Kaffee hatte ich ihm mitgebracht. Er bedankte sich. Er rauchte nur indonesische Zigaretten. Es war also ein passendes Geschenk. Er sagte, ich solle nun zurück ins Hotel und mich ausruhen. Er hatte für acht Uhr einen Tisch im Hotelrestaurant reserviert.

Wir waren die einzigen Gäste. Wir aßen. Ich: Spargel, Ardenner Schinken und Petersilienkartoffeln. Er: Steak und Fritten. Er bestellte zwei Bier gleichzeitig. Die Stimmung war angestrengt. Ich fühlte mich so unwissend. Später sagte er zu mir: »Bewahren Sie sich Ihre Verwirrtheit.«

Er wusste so viel. Er hatte mit so vielen Zauber-Techniken experimentiert, mit Trance, mit Drogen, mit Sigillen, mit Energien, mit Kraftgegenständen, an Kraftorten und mit Zaubersprüchen. Jetzt war er an einem Punkt angelangt, wo er ohne Bedingung und ohne Hilfsmittel zaubern, wo er das Unmögliche tun wollte.

Er wählte seine Worte genau, so genau wie ein Mathematiker seine Zahlen in einer Gleichung aufstellt und auch nicht die 3 durch eine 7 ersetzen kann. Als ich einmal das Wort »verstehen« benutzte, wurde er wütend. Nein. »Verstehen« heißt auf etwas herumtrampeln, »begreifen« ist das passende Wort.

Ich begriff irgendwann, warum die Definition solcher Worte wie »Zauber«, »Magie« oder »Geister« so wichtig ist. Ein Tisch ist ein Tisch. Darauf haben wir Menschen uns geeinigt. Jeder weiß, dass man mit einem Tisch den Gegenstand meint, auf den man etwas abstellt, an dem man isst, an dem man schreibt. Aber Zauberei? Geister? Was ist das? Da wir nicht wissen, was es ist, ob es ist, wie es ist, kann man sich auch auf keine Definition einigen. Und so bleibt jede Definition lediglich eine Interpretation des Unbekannten.

Dieser Mann war vorsichtig und präzise in seiner Wortwahl, aber gleichzeitig ungeduldig – er versuchte mit Worten, die wir kennen, etwas zu beschreiben, was wir nicht kennen.

Nach dem Essen gingen wir wieder zu ihm in das Zimmer mit den Sesseln und saßen dort noch mehrere Stunden. Wir sprachen und tranken Whiskey. Er verdient sein Geld unter anderem mit Internet-Aufträgen. Wer eine Internetseite hat und will, dass diese bei den Suchmaschinen ganz weit oben erscheint, dem kann er helfen. Auch mit dem Thema Datenschutz beschäftigt er sich. Er kann mir einen argentinischen Pass besorgen, sagte er, das ist der beste Pass in der Welt. Aber ich wollte, dass er mir einen Zauber vorführt, etwas Unmögliches zeigt.

Und Lappland?
War ich nie.

Aber Lappland hat einen großen Einfluss auf Sie gehabt?
Meinen Lehrer hat es sehr beeinflusst.

Er hatte dort ein Erlebnis?
Eine Begegnung. Ja.

Mit einem Menschen?
Mit einem Zweibeiner.

Und dieser Zweibeiner kam aus Lappland?
Ich war nicht dabei und möchte mich auch nicht über andere äußern.

War der andere ein Schamane?
Kann man so nennen.

Was hat er Ihrem Lehrer gesagt?
Sie haben Fragen diskutiert über Stoffwechsel, wie man bei 50 Grad unter Null überlebt. Es gibt viele Gerüchte über eine Geheimgesellschaft in Lappland. Das ist Quatsch. Wenn man sich das wie eine Nomaden-Freimaurerei vorstellen will, ist das Unfug. Die Anthropologen scheitern dort daran, etwas herauszufinden, weil die Samen nicht sehr gesprächig sind. Sie stoßen bei ihnen auf eine Mauer des Schweigens.
Ich sag es mal anders: Die Leute, die sich mit dem befassen, was wir Zauberei nennen, die stehen vor den gleichen Problemen überall auf der Welt. Dass diese Menschen gemeinsame Interessen haben, heißt aber nicht, dass man seine Interessen gemeinsam vertritt und sich deshalb zu einer Gemeinschaft zusammenschließt.

Was sind das für gemeinsame Probleme, vor denen die Zauberer stehen?
Es hat mit Survival-Technik zu tun. Zauberei hat meiner Auffassung nach die Funktion: Töten, schützen und versorgen. So gesehen ist Zauberei eine Überle-

benstechnologie. Ob wir den Tsunami zu bewältigen haben. Oder Energieengpässe. Oder Kriegssituationen. Oder den Kleinkrieg unserer Nachbarn. Oder irgendwelche Big-Brother-Staatsorgane, die alles über einen wissen wollen. Überlebensfragen bestehen immer. Ob wir die Antwort naturnostalgisch suchen, unbemittelt in irgendwelchen Wäldern, die wir dann für wild halten, oder in Khakishorts durch den Amazonas waten über Wochen und Monate hinweg. Es geht um Bewältigungsstrategien. Das gilt nicht nur für uns Menschen oder zweibeinige Stoffwechsler, das Problem ist, dass das Leben endlich ist.

Dass das Leben endlich ist?
Ja.

Das glauben Sie, dass das Leben endlich ist?
Das individuelle Leben. Ja. Ich wüsste jetzt jedenfalls nichts, was dagegen spricht.

Das individuelle Leben. Also Ihr Leben? Mein Leben?
Ja. Natürlich.

Endlich! Ich weiß nicht, warum, aber ich habe die ganze Zeit geglaubt, Sie meinen mit »endlich« eigentlich »unendlich«.
Nein, mit endlich meinte ich auch endlich. Und wenn man jetzt am Polarkreis ist, ich rede von Gegenden, wo Pinkel gefriert, da hat man nicht viel Platz zum Ausprobieren. Entweder es klappt sofort, oder man

ist tot. Und das mag zu einer effektiveren Technologie führen.

Einer magischen Technologie, die immer und sofort funktioniert?
Das Telefon klingelt, und Sie wissen, wer dran ist. Das klappt nicht immer. Das ist ein Problem, was ich mit vielen magischen Technologien habe. Mich interessiert die Frage, ist es immer herstellbar oder nicht. Kann man den Arm des Zufalls beugen und die Gesetze der Physik brechen?
Ein Mann wohnte in einem Haus und hatte tierischen Ärger mit dem Vermieter. Irgendwann hat es ihm gereicht, und er hat einen Todeszauber auf den Vermieter ausgesprochen. Es waren drei oder vier Rituale. Einen Monat später ist das Kind des Vermieters von einem Auto tödlich überfahren worden.

Was für Rituale hat er denn gemacht?
Es spielt keine Rolle, wie der Todeszauber aussah. Die Frage ist, was machen Sie mit dieser Kausalreaktion?
Eine andere Variante ist, Sie haben kein Geld und machen Rituale, damit Sie Geld bekommen. Und plötzlich stirbt Ihre Mutter und hinterlässt Ihnen alles. Sagen wir mal, Sie haben ein gutes Verhältnis zu Ihrer Mutter. Dann bleibt Ihnen die Freude erst mal im Hals stecken. Was ist das jetzt? Ist das jetzt Erfolg auf der falschen Schiene? Ist das Zufall?

Oder noch ein Beispiel: Ein Mann war leidenschaftlicher Turnierreiter. Er hat verschiedene Rituale gemacht, um ein großes Turnier zu gewinnen. Er stellte sich jeden Tag vor den Spiegel und sagte, ich gewinne, ich gewinne, ich gewinne. Was passiert? Er wird Vierter. Nicht Erster, nicht Zweiter, nicht Dritter. Er wird Vierter und bekommt den Trostpreis. Aber er hat was gewonnen.

Die Leute, die mit Puppenzauber wirklich jemanden umlegen können, die möchte ich erst noch treffen. Jeder Chinese kennt einen, der einen kennt, der von einem gehört hat, der durch die Wand ging. Und wenn der Chinese Sie ganz, ganz liebhat, dann zeigt er Ihnen die Wand. Ich hab nur eine Frage: Klappt es oder nicht?

Haben Sie denn jemals einen Zauber gesehen, der geklappt hat?

Ich war mal auf einer Veranstaltung mit Alberto Villoldo und Eduardo Calderón de Palomino. Eduardo ist Schamane aus Peru und Alberto Amerikaner mit spanischer Herkunft, und damals war er Schüler von Eduardo. Ich war als Dolmetscher eingeladen. Die Veranstaltung fand draußen auf einer Wiese statt. Eduardo hatte seine Mesa ausgebreitet und dort seine Gegenstände aufgestellt, unter diesen waren sechs Stäbe, die er in den Boden gerammt hatte. Dahinter war eine Sitzbank, da saßen die beiden drauf, und ich saß zu Füßen von Eduardo und war von diesen Stäben vielleicht einen Meter entfernt.

Eduardo wollte eigentlich nur mal zeigen, wie er in Peru eine Heilungszeremonie macht. Dazu benötigt er seine Mesa mit seinen Kraftgegenständen. Und wenn ein Mann nach vorne tritt und einer dieser Stäbe anfängt zu vibrieren, dann weiß er, dass er mit diesem Mann arbeiten muss. Es ist aber gar keiner hervorgetreten. Das war ja erst mal nur Eduardos Erklärung. Aber auf einmal fing einer dieser Stäbe an zu wackeln. Für mich war nicht erkennbar, dass da ein Trickbetrug stattfand mit Nylonfäden oder was auch immer. Ganz klar. Es haben auch alle gesehen. Unzweifelhaft. Sechs Stäbe stehen da. Windstill, und einer der Stäbe hat sich bewegt. Tja, solche Sachen passieren.

So etwas suche ich.
Sie suchen den Effekt.

Sie sind bekannt für den körperlosen Kontakt. Sie können angeblich auch Stäbe bewegen, ohne Sie zu berühren.
Ist das immer herstellbar?
Na ja.

Können Sie mir das zeigen?
Ich führe nichts vor.

Der Chinese, der einen kannte, der einen kannte, und wenn ich Glück habe, zeigen Sie mir die Wand.

Das mag jetzt alles so rüberkommen, dass ich ein Skeptiker und Bestreiter bin. Aber mir geht es um nichts anderes als um Zauberei. Ich bestreite auch nicht, dass sich mit Hilfe von konventioneller Magie gewisse Phänomene und Effekte erzielen, die sich mit Hilfe der Wissenschaft meist überhaupt nicht erklären lassen. Aber mich interessiert die Effizienzfrage.

Wie nähern Sie sich dieser Frage?

Indem ich mein Leben in die Waagschale werfe.

Indem Sie experimentieren?

Auch das. Ich bemühe mich darum, meine Reichweite auszuschöpfen. Ich meine nicht, dass man mehr tun sollte, als man kann. Aber man kann erst mal damit anfangen, nicht weniger zu tun, als man kann. Unter Jenseitigkeit verstehe ich alles, was über die eigene Reichweite hinausreicht. Wenn ich jetzt versuche, Sie von hier, wo ich sitze, zu kitzeln, dann ist das jenseitig. Ich kann nicht über meine Reichweite hinaus. Das liegt ja in der Definition des Wortes. Ich kann aufstehen und Sie kitzeln, das liegt dann innerhalb meiner Reichweite. Wobei ich solche Sachen auch schon vorgeführt habe, die Gliedmaßen zu verlängern.

Gliedmaßen-Verlängerung?

Nasen.

Wie soll man das denn machen?
Das soll man nicht machen. Don't try this at home.

Sie haben eine Nase länger gemacht?
Ja. Möchten Sie 'ne lange Nase haben?

Ich hab ja schon 'ne lange Nase.
Das war auch kein Angebot.

War das nur ein optischer Effekt, oder war die Nase wirklich länger?
Also alle, die an der Nase rumgespürt haben, haben festgestellt, dass sie länger war.
Der Betreffende hatte eine relativ kurze Nase. Mein Lehrer sagte immer, stellen Sie sich vor, Sie könnten fließende Lava, die ins Meer strömt, um einen Meter zurücksetzen. Dann wäre das ein magischer Akt. Aber wer würde davon etwas mitkriegen? Nicht mal die Lava. Es gibt 'ne Menge Effekte, die gerne mit Zauber verwechselt werden. Die Welt ist voll davon. Ich steh nicht auf dem Standpunkt, dass das alles nur Blödmänner sind und soziale Hysterie ist. Aber es gibt auch das Andere.

Was ist das Andere?
Das Unmögliche tun. Ohne Bedingung und ohne Hilfsmittel.

Also mit leerer Hand?
Was hat denn das mit leerer Hand zu tun? Auch eine leere Hand ist schon eine Bedingung.

Also ohne Hand? Was soll ich mir darunter vorstellen?
Am besten gar nichts. Denn es gibt es nicht.
Ich bin kein Naturwissenschaftler, aber ich bin mit Naturwissenschaften einigermaßen versiert. Ich habe auch mit Physikern zu tun, und die sagen, etwas Bedingungsloses widerspricht der ganzen Ratio unserer Weltgestaltung. Ich verwende diese Begriffe nicht metaphorisch oder symbolisch. Sie können mich da durchaus wörtlich nehmen. Magie heißt Unmögliches tun.

Das Unmögliche möglich machen.
Nein, das hab ich nicht gesagt. Das Unmögliche tun.

Warum will man etwas tun, was im Kern unmöglich ist?
Ich habe keinen Bock, darauf zu verzichten. Wenn Magie die Kunst des Möglichen ist, dann ist man mit den Naturwissenschaften besser bedient.

Die Naturwissenschaft macht auch Dinge, die unmöglich sind.
Nein. Um Gottes Willen.

Die Erfindung des Internets.
Ich kann Ihnen nur eines raten, drücken Sie sich nicht zu schnell um die Definition solcher Formulierungen. Wenn ich unmöglich sage, dann meine ich unmöglich. Und nicht, haben so und so viele Leute so und so lange für unmöglich gehalten.

Dann definieren Sie »unmöglich«.
Unmöglich heißt unmöglich. Und wenn Magie heißt, das Unmögliche zu tun, wäre nach dieser Definition die Magie unmöglich. Es kann eigentlich keine Magie geben. Das ist meine Prämisse. Aber das ist kein Grund, auf sie zu verzichten. Wenn es keine Magie gibt, gilt es, sie herzustellen.

Können Sie ein Beispiel geben für etwas »Unmögliches«, was Sie mit Magie herstellen würden?
Können Sie fliegen?

Ja. Mit dem Flugzeug dank der Mathematik und der Naturwissenschaft.
Nein. Nicht nach meiner Definition. Ein Flugzeug ist ein Hilfsmittel.

Also Fliegen ohne Flügel.
Mir geht es um eines: Um die Frage der Ohnmacht. Kein Mensch atmet freiwillig.
Wir müssen trinken, essen und atmen. Und zu sagen, das sind Gegebenheiten und so ist die Welt nun mal –

die Argumentation ist mir bekannt. Mir geht es um die Frage der Ohnmacht des Menschen. Das ist das Einzige, was mich interessiert.

Da zu forschen, wo der Mensch an die absolute Grenze stößt?
Nein. Es geht nicht um Forschung. Ganz simpel. Ohnmacht kommt von Macht. Sind Sie imstande, ohne Atmung auszukommen? Die Antwort heißt: Nein. Sind Sie imstande, ohne Stoffwechsel auszukommen? Die Antwort heißt: Nein.
Die Frage, die sich danach stellt, ist die Frage der Akzeptanz. Na ja, das ist halt so, das hat der Herr Gott so eingerichtet. In dem Augenblick, wo Sie sagen, nein, das akzeptiere ich nicht, da fangen die Probleme an. Und Zauberer, wenn es sie überhaupt gibt, sind definitiv keine Typen, die zu allem immer na ja sagen. Nennen Sie mir mal eine positive Zauberergestalt. Da können Sie lange suchen.

Merlin.
Kommt später. Mit der Romantik erst. Auch Merlin ist eine recht zwiespältige Figur, vergessen Sie das nicht. Merlin ist keine gute Figur. Er steht nur auf der richtigen Seite.

Er war für mich als Kind ...
Genau wie für mich als Kind. Da haben Sie die banalisierte Form. Aber diese Trivialisierung der Hexe zu einer putzigen Figur, genau wie Gespenster, ist natürlich ein Ausdruck von fundamentaler Angst.

Angst vor dem Unbekannten?
Zauberei ist nichts für Menschen.

Sehen Sie sich nicht als Mensch?
Habe ich gesagt, dass ich ein Zauberer bin?

Sie beschäftigen sich mit Zauberei.
Schamanen, Heilpraktiker, weise Frauen, wie sie alle heißen sind immer in einer quasi Außenseiterposition. Meist gefürchtet. Nie geliebt. Fast immer gebraucht. Aber unentwegt mit Argwohn betrachtet. Das kann so Formen annehmen, dass die Hexe draußen am Waldrand leben muss, nicht ganz abseits, nicht so, dass keiner sie kennt, aber niemals unmittelbar verknüpft mit der Gesellschaft, niemals verbunden mit der menschlichen Gemeinschaft. Nicht, dass ein Zauberer tatsächlich Regen machen oder Seuchen herbeizaubern könnte, macht ihn zur Gefahr, sondern dass er – in welcher Form auch immer – nicht auf diesen Traum verzichtet, wirkt sozial hochgradig destabilisierend. Ob man ihn nun mittelalterlich einen Ketzer schimpft oder moderner einen Soziopathen, ein Dorn im Auge der Konvention bleibt er allemal.

Sind Sie schon mal einem Geist begegnet?
Darüber möchte ich keine Auskunft geben.

Gibt es Geister?
Ich habe mal folgenden Dialog geschrieben:
- Gibt es Geister?
- Im Geistermodell, ja.
- Und im Energiemodell?
- Da sind es eben Kräfte und Energien.
- Und im psychologischen Modell?
- Im psychologischen Modell sind es projizierte Inhalte des Unbewussten.
- Aha. Und im Informationsmodell?
- Im Informationsmodell sind es Informationscluster, die man zu organisieren hat.
- Gibt es denn nun Geister oder nicht?
- Im Geistermodell schon.

Wissen Sie, was Geist eigentlich heißt? Etymologisch? Aufschrecken. Auffahren. Nicht die Instanz, die auffahren lässt. Sondern das Auffahren selber.

Ich bin motorisch aufgebracht, ich bin aufgeschreckt. Ich weiß nicht, durch was, nicht, wie das aussieht – durch eine alte Frau oder durch einen Piraten, der einen Kopf unterm Arm trägt. Nein. Ich weiß nicht, durch was. Das Einzige, was ich weiß, ist, dass ich in eine motorische Reaktion gebracht worden bin. Das ist Geist. Das ist eine präzise Definition.

Oder auch: Ein Geist ist eine Begegnung, die nur einer überlebt.

Wie kommt man dazu, so eine Aussage zu machen?
A. Weil es gut klingt.
B. Weil es meiner Erfahrung entspricht.
C. Weiß nicht.

Die Erfahrung ist das, was mich interessiert.
Was haben Sie zu verlieren?

Wie meinen Sie das? Was habe ich zu verlieren? In meinem Leben?
Was sonst? Haben Sie sonst noch was außer Ihrem Leben?

Ich hab alles zu verlieren und nichts zu verlieren.
Ich will Sie nicht vor ein blödes Rätsel stellen. Was haben Sie zu verlieren?

Kann ich es verraten, wenn ich es nicht verlieren will?
Wer noch was zu verlieren hat, der wird es auch verlieren.

Also, Sie haben nichts mehr zu verlieren?
Wir reden gerade über Sie. Ich mach das hier nicht als Testosteron-Spielchen oder als Macho-Masche. Wenn Sie den Eindruck haben, dann ist das Ihr Problem.

Ich rede nicht von Ihrem Testosteron-Spiegel, ich verstehe nicht, was Sie mit »verlieren« meinen.
Sie wissen ganz genau, was ich meine. Sie haben doch gerade gesagt, das wollen Sie nicht verraten.

Meinen Sie vielleicht, Menschen, die ich liebe?
Woher soll ich wissen, was Sie damit meinen. Jetzt sind Sie mal im Mittelpunkt des Geschehens, und das ist Ihnen auch nicht recht. Jetzt tun Sie mal so, als hätte ich diese Frage völlig selbstlos gestellt.

In gewisser Hinsicht habe ich nichts zu verlieren, in einer anderen Hinsicht habe ich viel zu verlieren.
Also haben Sie doch etwas zu verlieren.

Ich habe keine Angst, materielle Dinge zu verlieren.
Was glauben Sie, wie es eine kleine, winzige Minderheit schafft, dass eine riesige Mehrheit für sie lebt, für sie hungert, für sie leidet? Was glauben Sie, wie die das schaffen? Durch eine Feuerkraft? Oder durch bessere Organisation? Warum passiert es nicht, dass die Hungerleider aufstehen und die, die auf ihre Hungerkosten leben, entmächtigen?

Wenn ich das wüsste! Vielleicht beschäftigen sich die Mächtigen mehr mit der Frage der Macht als ein Arbeiter, der sich mit seiner Arbeit beschäftigt.
Stellen Sie sich vor: Wir haben eine Hungermeute von zehntausend Leuten, die marschieren zusammen auf

einen Getreidespeicher. Und dieser Getreidespeicher wird bewacht von tausend bewaffneten Soldaten. Es kommt zum Konflikt. Die tausend Soldaten eröffnen das Feuer. Wieso kann es passieren, dass sie das Feuer eröffnen und hundert oder zweihundert Leute zu Schrott schießen? Und wer, glauben Sie, würde da nicht die Flucht ergreifen? Doch nur der, der nichts zu verlieren hat. Es ist leichter, sich einer Not auszusetzen, die man kennt als einer Gefahr, die man nicht kennt. Und damit haben Sie die Formel der weltweiten Herrscher.

Es gibt immer wieder Helden, so wie es auch eine Französische Revolution gab.
Ja, aber jetzt schauen wir mal nicht nach dem Erfolg. Es geht nicht um den Helden, der überlebt, sondern um die Leute, die darauf verzichten. Über Heldentum kann man eine ganze Menge sagen. Und im Nachhinein werden auch die Leute als Helden gefeiert, die gefallen sind. Und das ist auch nicht immer falsch.
Wenn die Hungerhorden dieser Welt sich erhöben, es gibt auf der ganzen Welt nicht genug Feuerkraft, um einen solchen Widerstand niederzuschmettern, außer man würde die ganze Welt vernichten, was natürlich durch Atomkraft machbar ist, aber nicht im Interesse der Herrscher liegt, weil sie sich dann auch selbst zerstören.
Es geht mir um etwas anderes. Es geht um den Faktor, dass solange sich die Menschen in die vertraute Angst

zurückziehen, anstatt in die unvertraute zu schreiten, mit der vertrauten Gefahr abgeben anstatt die unvertraute herausfordern, sich mit dem Bekannten abfinden, anstatt das Unbekannte zu suchen – so lange sind und bleiben sie beherrschbar.

Meinen Sie mit unbekannter Gefahr den Tod, dem der Mann vor dem Getreidespeicher entgegenläuft?
Ich bin noch nicht fertig. Herrschaftstechnologie besteht darin, es niemals dorthin kommen zu lassen, dass die Menschen so sehr hungern, dass sie keinen anderen Ausweg haben als den Aufstand. Das nennt man Staatskunst. Oder Herrschaftskunst. Der Druck darf nie so weit erhöht werden, dass die Leute keinen Ausweg mehr sehen. Ich gebe Ihnen ein Beispiel aus der Kampfkunst. Wenn sie einen Gegner so manipulieren, dass ihm nur noch eine einzige Bewegungsmöglichkeit zu seiner Befreiung bleibt, dann wird die Durchschlagskraft, die dadurch entsteht, dass er nur diese einzige Bewegungsmöglichkeit hat, diese Durchschlagskraft wird so stark wie die einer Kanonenkugel. Das hat nichts mit Kontrolle zu tun. Das ist pure Physik, wenn einer Masse, die in Bewegung ist, die Bewegungssektoren versperrt werden, so dass sie sich nur noch in eine Richtung bewegen kann, dann haben sie einen Katapulteffekt.

Und sehen Sie die Zauberei als einen Kampf gegen das Leben?
Gegen die Regeln der Natur? Gegen das Atmen? Gegen den
Stoffwechsel?
Nein.

Es klingt, als wollten Sie mit der Magie gegen etwas
kämpfen.
Erst dort, wo das Zähl- und Messwerk der Zivilisation
und Kultur in seiner die Herrschaft des Menschen
über den Menschen qualifizierenden Urfunktion ent-
larvt wird und endgültig verödet, beginnt die wir-
kungsvolle Zauberei.

Also, was ist ein Geist?
Stellen Sie sich vor, ein Geist wäre nicht ein Wesen,
scharf konturierbar mit einer Nase oder Flügeln oder
Oktopusarmen, sondern ein Geist besteht aus einem
Kiesel auf dem Mount Everest, sechs Kubikmetern
Wasser aus dem Atlantik, einem wehenden Blatt in
einem nordamerikanischen Laubwald, drei Sandkör-
nern aus der Sahara und einem Stück flüssiger Magma
vom Ätna. Stellen Sie sich vor, das wäre ein Geist, und
sagen Sie mir, wie die Interrelation zwischen dem
Menschen und diesem Wesen sich gestalten soll.

Die Geisterjäger

Wozu Socken? Sie schaffen nur Löcher!
Albert Einstein

Ich lag im Bett, und das dumpfe Dröhnen der Stadt ließ mich auf einer brummenden Wolke durch die Nacht segeln.

Eine Autosirene lärmte plötzlich durch meine Straße. Eine halbe Stunde lang schrie der Wagen um Hilfe. Kaum war sein Rufen verklungen, fing meine Heizung an zu zischen. Ich stellte mir eine Schlange vor, die in dem verrosteten Heizkörper wohnt und mit ihrem Schwanzende gegen die Wände schlägt. So pochte und zischte es in meiner Wohnung, und draußen dröhnte und schrie die Stadt, und ich konnte nicht einschlafen.

Aber daran waren nicht die Geräusche schuld. Es war meine Unzufriedenheit, die mich nicht schlafen ließ. Dazu kam, dass der Nachbar im Stockwerk über mir immer seinen Hund in der Wohnung einschloss, wenn er arbeiten ging, und so bellte das arme Tier fast pausenlos. Ich wurde fast verrückt, bin sogar in den Hausflur gegangen und habe mich vor die Tür gesetzt und versucht, den Hund zu beruhigen. Es war zwecklos.

Tagsüber der bellende Hund. Nachts die zischenden Schlangen. Um fünf Uhr morgens die Müllwagen. Kurz vor acht der gelbe Schulbus, der die Kinder rausließ und dann mit laufendem Motor noch ewig vor der Schule stand. Ab neun dann das Scharren und Hupen des Tages. Und unter all diesen Geräuschen immer dieser Dauerton, das dumpfe Dröhnen, das ich in den kurzen Momenten der Stille, tief in der Nacht, so deutlich wahrnahm.

Ich dachte an die unzähligen elektrischen und elektronischen Geräte, die Kühlschränke, die Computer, die Stereoanlagen, die Fernseher, die Telefone und Alarmanlagen, die alle eingeschaltet waren in den Wohnungen, Büroräumen, Bars, Lagerhallen und Krankenhäusern dieser großen Stadt. Das war ihr Sound.

Ich setzte mich an den Schreibtisch und schrieb die Geistergeschichte meiner Urgroßmutter Anna Gomm aus Ostpreußen nieder. Als junges Mädchen flüchtete sie mit ihrem Bruder Siegfried vor einem Gewitter unter das Vordach einer Scheune. Es donnerte, blitzte, stürmte. Da hörte sie eine Stimme deutlich und klar den Namen ihres Bruders über die Felder rufen. Siegfried! Siegfried! Rief die Stimme. Immer lauter. Immer wieder. Sie nahm ihren Siegfried an die Hand und folgte dem Rufen in das tobende Feld hinaus. Weit und breit war niemand zu sehen. Sie drehte sich zur Scheune hin und sah, wie in diesem Moment dort ein Blitz einschlug und das Vordach herunterkrachte, unter dem sie und Siegfried gerade noch gestanden hatten. Das geisterhafte Rufen hatte ihnen das Leben gerettet.

Ich lehnte mich nachdenklich zurück. Auf meinem Tisch stand ein leeres Teeglas, etwa eine Armlänge von mir entfernt. Ein dickes Glas mit einem Sockel wie bei einem Schnapsglas. Ich saß reglos in meinem Stuhl und fragte mich, wer meine Urgroßmutter damals gerufen hatte. Ein Geist? Ihr bäuerlicher Instinkt? Der ihr im Zweiten Weltkrieg wieder das Leben rettete, als sie sich gegen den Rat ihres Mannes entschied, den Bauernhof aufzugeben und über das vereiste Haff, mitten im Winter, nach Westen floh, bevor die Russen kamen und ihren Hof niederbrannten?

Ein Knall. Ich blickte auf und sah nur noch den Sockel des Glases, der jetzt aussah wie der abgebrochene Turm der Berliner Gedächtniskirche. Der Rest war in Tausende kleinster Glassplitter explodiert. Der ganze Boden war übersät von Scherben. Nur der Schreibtisch und ich waren unberührt. Vorsichtig erhob ich mich. Ich war barfuß. Ich nahm ein paar Bücher von meinem Tisch und legte sie wie eine Brücke über die Splitter bis hin zu meinem Schrank, wo meine Schuhe standen. Merkwürdig. Äußerst merkwürdig ...

Es vergingen ein paar Tage, bis ich endlich den Zeitungsartikel fand, durch den ich Vincent, den Geisterjäger, kennenlernte. Es war einer jener Zufälle, die die Wege meiner Reisen bestimmten. Ich lief die Treppe zu einer U-Bahn-Station hinab. Am Fuße der Treppe stand ein alter, zerzauster Rasta. Er reichte mir die *Metro*, eine Zeitung, die man umsonst bekam, und wollte dafür einen Dollar haben. Ich gab ihm zwanzig. Er erinnerte mich an Ronal aus Kuba, und das stieß mir wie ein Messer durchs Herz. Ich hatte jeden Kontakt zu Ronal verloren. Ich fragte mich, ob er aus Kuba entwischt war und vielleicht gerade in diesem Moment in irgendeiner Stadt an einer Ecke stand und um Geld bettelte. Zu seinen Füßen einen Hund wie San Lázaro. Am liebsten hätte ich dem alten Rasta hundert Dollar gegeben, aber ich hatte nicht so viel. Der Rasta nahm das Geld, nickte, sagte »God bless you« und wünschte mir »a very nice day«.

In der *Metro* las ich einen Artikel über ein Team von Geisterjägern, das durch New Yorker Häuser zog, in denen es angeblich spukte. Vincent war der Chef. Ich rief an und erzählte von dem Glas, das auf meinem Schreibtisch zersprungen war. Eine Woche später klingelten Vincent und sein Team an meiner Tür.

Als ich öffnete, putzte Vincent gerade die Gläser seiner Nickelbrille mit einem weißen Tuch. Er war ein hagerer Mann von etwa vierzig, hatte eine Halbglatze und lange, zarte Finger. Neben ihm stand sein Partner Abraham, halb Syrer, halb Salvadorianer, und ebenfalls von schmächtiger Statur. Er zwirbelte einen dunklen Ziegenbart. Ich wusste damals noch nicht, dass die beiden Knastbrüder gewesen waren.

Hinter ihnen ragte ein toupierter Haarschopf in die Höhe. Desiree. Sie war viel größer als die beiden Männer, war stark geschminkt und Puerto Ricanerin. Auch sie hatte ein Geheimnis. Man wusste nicht genau, ob sie eine Frau oder ein Mann war, der sich hatte umoperieren lassen. Ihre tiefe Stimme. Ihre starken Arme. Sie wirkte irgendwie sehr männlich in ihrer übertriebenen Weiblichkeit.

Desiree hatte immer Angst um ihre goldglitzernden Fingernägel, deshalb trug sie keine Koffer. Dafür waren Vincent und Abraham mit vier großen Metallkoffern beladen und hatten noch Taschen um die Schultern. Die beiden schmächtigen Männer schnauften unter dem schweren Gewicht.

Ich bat sie herein, wir setzten uns auf das Sofa, und ich schilderte die Szene mit dem explodierenden Glas. Ich zeigte ihnen den Schreibtisch, beschrieb sehr genau, wo das Glas gestanden hatte, und erklärte, dass bei der Explosion kein einziger Splitter auf meinem Schreibtisch, sondern alles auf dem Boden gelandet war. Desiree stand auf und lief im Raum auf und ab. Sie war ein Medium.

Vincent untersuchte alle seine Fälle von einer wissenschaftlichen und von einer metaphysischen Seite. Desiree horchte, ob die Geister ihr etwas zuflüsterten, während Vincent und Abraham ihre Koffer aufklappten und mit den verschiedensten Geräten meine Wohnung übersäten.

»Ich hab selten so gute Messungen gehabt«, sagte Vincent. »Hier scheint alles in Ordnung zu sein.« Dann stellten er und Abraham Kameras und spezielle Audiogeräte auf und schalteten die Lichter aus. Wir verließen die Wohnung und gingen in der Bar gegenüber ein Bier trinken. Sie wollten sehen, ob sich in unserer Abwesenheit ein Geist zeigen würde.

Kurz nach Mitternacht kehrten wir zurück. Desiree veranlasste, dass wir uns alle im Dunkeln im Kreis auf meinen Zimmerboden setzten und schwiegen. Desiree nannte das *ghost watch*, die Geisterwache. Aber außer den Autos von draußen und den Schlangen in meiner Heizung war nichts zu hören. Desiree sagte, sie habe keinerlei Präsenz gespürt. Vincent fand auch auf dem Video- und Audiomaterial, das er später sichtete, nichts Absonderliches. Nein, in meiner Wohnung gab es keine Geister.

Aber wie war dann das Glas explodiert? Vincent vermutete Telekinese. Dass meine Gedanken oder meine innere Verfassung, dass eine von mir ausgelöste Spannung das Glas zum Explodieren gebracht hatte. Anders konnte er es sich nicht erklären.

Sie packten ihre Geräte wieder ein und verließen meine Wohnung. Desiree vergaß ihre Handtasche auf meinem Sofa und kehrte allein zurück, um sie zu holen.

»Haben Sie wirklich nichts gespürt? Keinen Geist?«, fragte ich sie.

»Nein, keinen Geist. Aber auf Ihrem Kopf sehe ich einen Hund sitzen, der eine Banane isst.«

Einmal im Monat organisierte Vincent ein *Meet-up* in einem Diner an der 34. Straße zwischen der neunten und zehnten Avenue. Jeder konnte dorthin kommen und seine Geistergeschichten erzählen. Es war acht Uhr abends. Januar. Bitterkalt. Die Menschen eilten mit hochgezogenen Kapuzen umher. Der Wind spielte mit leeren Plastiktüten und trieb sie über die Bürgersteige und breiten Avenues. Ich stieg beim Madison Square Garden aus, wo die New York Knicks gerade dabei waren, ein Basketballspiel zu verlieren. Es war ein Jammer mit diesem Team. Aber was konnte man machen? Ich liebte die Knicks, seit ich ein Schulmädchen gewesen war, auch wenn sie jetzt ein Spiel nach dem anderen vergeigten. Ich ging über die Straße und ließ traurig den Kopf hängen, da tippte mir jemand vorsichtig auf die Schulter. Abraham.

Wir liefen gemeinsam zu dem Diner und sprachen über die Knicks. Abraham war aus Texas und deshalb ein Fan von den Dallas Mavericks. Für die spielte auch der Basketballstar Dirk Nowitzki, und der hatte gerade eine Glückssträhne. Ich hätte es lieber gesehen, die Knicks würden gewinnen.

»Man kann auch glücklich sein, wenn man nicht gewinnt«, sagte Abraham, und erst viel später verstand ich, dass er damit sich selbst meinte. Denn er war aus großem Reichtum in große Armut gestürzt, hatte auf Matratzen aus Dollarbündeln geschlafen und war nun Tellerwäscher in einem Restaurant.

Aber heute hatte er gewonnen. Dank der Kraft der Gedanken. Abraham hatte sich Sorgen gemacht. Im kommenden September sollte sein Sohn eingeschult werden, und laut Gesetz musste er ihn auf eine Schule in seinem Bezirk schicken, in der Bronx. Aber die meisten Schulen dort waren schlecht. Und die einzige gute Schule konnte seinen Sohn nicht aufnehmen, weil sie überfüllt war. Er sagte schon zu seiner Frau, eher mach ich *home schooling*, als den Kleinen auf eine dieser schlimmen Public Schools zu schicken. Gestern Nacht lag Abraham im Bett und betete. Ach, sagte er, ihr meine verstorbenen Verwandten, mein Großvater, meine Großmutter, ach, helft mir doch, dass mein Sohn auf diese eine gute Schule kommt! Und heute, ganz früh am Morgen – Abraham stand noch im Bademantel in der Küche –, klingelte das Telefon, und die Cousine seiner Frau war dran. Er klagte ihr sein Leid. »Was!«, rief sie laut. Sie hatte eine Freundin, die an der guten Schule Lehrerin war, und sie versprach, durch ihre Beziehungen dem Kleinen dort einen Platz zu verschaffen.

»Vielleicht«, sagte Abraham, und in seinen dunkelbraunen Augen stieg langsam und gewaltig eine Hoffnung auf, »vielleicht, wenn man eine Sache wirklich will, vielleicht kann man durch seine Gedanken etwas bewegen. Wenn es um Geld geht oder um Ruhm oder darum, dass ein Basketballteam gewinnt, dann ist die

Konkurrenz zu groß, und es wird schwieriger. Aber es ist doch alles eine Frage des Denkens. Nur, dass man eben nicht alleine auf dieser Welt lebt und so viele Leute gleichzeitig denken. Deshalb ist alles so kompliziert.« Und die Hoffnung zog sich wieder zurück wie das Meer bei Ebbe.

In dem Diner saß ein Dutzend Leute um einige zusammengeschobene Tische. Desiree lächelte mir zu. Auf ihre Fingernägel hatte sie die puerto-ricanische Flagge lackiert. Sie rückte etwas zur Seite und machte mir Platz. Ich lächelte auch und stellte mir den Hund mit der Banane auf meinem Kopf vor.

Vincent führte die Runde. Er erzählte kurz von seinem Team und stellte die Mitglieder vor, die heute gekommen waren: Abraham, Desiree, die Historikerin Lizette. Er versicherte, dass man hier offen und ehrlich sprechen könne und nicht für verrückt erklärt wurde, weil man an Geister glaubte. Und dann erzählte einer nach dem anderen seine Geschichte.

Ein lesbisches Paar hörte in seiner Wohnung Kindergeschrei und Kinderschritte. Eine junge Japanerin sah nachts Wölfe an ihrer Zimmerdecke lauern. Ein Pole sprach von einem Gerät, das er gebastelt hatte, um Kontakt mit Außerirdischen aufzunehmen. Er wollte es im Central Park aufstellen. Aber nicht nachts. Nachts hatte er immer Angst. Aber am Tag war es schwierig, dafür eine Erlaubnis zu bekommen.

Einer, der am Ende des Tisches saß, sagte gar nichts. Er

trank einen Orangensaft, ließ die Rechnung kommen, faltete diese sehr klein und säuberlich, steckte sie unter seine Armbanduhr und ging.

Eine junge Gesangslehrerin prahlte, dass ihre Familie von dem Präsidenten John Adams abstammte. Im Haus ihrer Eltern standen sein altes Klavier und sein Lehnstuhl. Ihre Großmutter hatte immer in diesem Lehnstuhl gesessen, und wenn sie traurig war, spielte der Geist von John Adams auf dem Klavier ein Lied für sie. Nun war diese Großmutter verstorben, und die junge Frau erzählte, wie sie in dem Lehnstuhl gesessen und geweint hatte, und wie sich die Tasten von selbst bewegten und für sie das gleiche Lied anstimmten.

Vincents große Stärke war, dass er den Menschen genau zuhören konnte. Das können ja nur wenige. Ohne dabei in eigene Gedanken abzuschweifen. Und er suchte nach Erklärungen, und er hoffte immer, den Menschen ein wenig die Angst zu nehmen.

Zu Anfang saßen Vincent und Abraham allein an diesem Tisch im Diner, tranken ihre Milkshakes und warteten. Nachdem sie sich entschieden hatten, ein Geisterjägerteam zu gründen, suchten sie Mitglieder und kamen auf die Idee mit dem monatlichen Meetup. Sie hofften, sie würden so Leute kennenlernen, die Geisterfragen nachgingen. Aber es kam niemand. An den Nachbartischen trafen sich die Star-Wars-Fans oder eine Gruppe von Polizisten, die gerade eine Pause einlegten. Abraham verlor immer wieder die Hoffnung. Aber Vincent konnte warten. Er konnte zuhören, und er konnte warten.

Und eines Tages kam der dicke Alex mit seiner grellgelben Baseballkappe. Ein Euphoriker. Zu dritt begannen sie die alten Theater von New York zu untersuchen, auf Friedhöfe zu gehen, in den Washington Square Park, wo man im 18. Jahrhundert die Opfer des Gelbfiebers begraben hatte und im 19. die für schuldig Erklärten an den Bäumen aufhängte. All diese Orte, über die man Spukgeschichten erzählte, wurden von den drei Männern mit ihren elektronischen Geräten untersucht. Als sie zum Merchant's House kamen, im East Village, einem der bekanntesten Geisterhäuser von New York, da hängte Alex seine gelbe Kappe an den Kleiderhaken und wollte nie mehr fort. Er trennte sich vom Team und blieb bei diesem Haus, er war noch immer dort, machte alle paar Monate eine Untersuchung und wartete darauf, den Geist zu sehen, von dem die alten Legenden erzählen.

Und Vincent und Abraham saßen wieder allein an ihrem Tisch im Diner und tranken Milkshakes. Und wieder kam lange Zeit niemand. Sie sahen die vielen Lord-of-the-Rings-Liebhaber an den Nachbartischen und die Jedi Knights, die sich gegenseitig ihre Schwerter zeigten, und es schienen sogar die Polizisten mehr Freunde zu haben als Vincent und Abraham. Bis Desiree mit ihrem toupierten Haarschopf eintrat, sich zu ihnen gesellte und jeden Monat eine andere Farbe auf den Nägeln trug. Und langsam, langsam, wie alles wächst, was man gedeihen lässt, langsam wuchs das Team.

Bald hatte Vincent eine Historikerin an Bord, die die geschichtlichen Hintergründe der Häuser recherchierte, dann eine Psychologin, die den seelischen Zustand der Menschen begutachtete. Und das Team zählte zwölf Mitglieder, als Vincent mich fragte, ob ich nicht auch dazugehören wolle.

Ich war regelmäßig zu den Meet-ups gekommen, und Vincent mochte an mir, dass ich keine Angst hatte, Fragen zu stellen. Er mochte meine Unbefangenheit und meine Neugier. So wurde ich Mitglied des Teams und durfte mit auf die Ermittlungen.

Inzwischen untersuchte Vincent kaum noch historische Plätze, denn er bekam so viele Anrufe von Leuten, die sich über Geister in ihren Wohnungen beklagten. Je nachdem, wer gerade Zeit hatte und wie groß die Wohnungen oder Häuser waren, entschied Vincent, wen er mitnahm.

Ich wurde der Fälle nicht müde. Es war mir, als stünde ich vor der Skyline von New York, und bei jeder Untersuchung öffnete sich mir eines der erleuchteten Fenster und ließ mich einen kurzen Blick werfen, hinein in die Existenz der vielen, die hier mit den Geistern ihres Lebens kämpften.

Eine Frau schien diesen Kampf nicht gewinnen zu wollen. Und das war Billie. Abraham war zum Glück

254

bei dieser Untersuchung nicht dabei. Billie hätte ihn wahrscheinlich dazu getrieben, nie wieder auf Geisterjagd zu gehen. Auch Desiree hatte an jenem Abend keine Zeit. An ihrer Stelle kam Carl mit, der meditativste Mensch, den ich jemals kennenlernte. Immer im Zen. Immer freundlich. Auch ihn brachte Billie aus der Fassung. Denn Billie wollte sich nicht helfen lassen, wollte aber, dass man sich mit ihr beschäftigte.

Upper East Side. Achtzigste Straße zwischen der ersten und der zweiten Avenue, eine schicke, reiche Gegend, wo teure Privatärzte ihre Praxen haben. Heute ist sie alt geworden wie der Rest der Stadt. Wie die Brooklyn Bridge. Wie das Empire State Building. Wie jene vielen Orte, wo New York an eine alte Dame erinnert, die auf einem Krückstock daherhumpelt, ihre Perlenkette so lang, dass sie auf dem Boden schleift.

Die Eingangshalle von Billies Apartment Building sollte seit Monaten renoviert werden. Aber der Doorman erklärte uns, der Hausbesitzer würde die Renovierung immer wieder aufschieben. Der arme Portier musste unter einer halb heruntergebrochenen Decke, auf halb verlegtem Fußboden und neben halb heruntergerissenen Tapeten sein Telefon bedienen, um Billie den Besuch anzukündigen.

Billie war eine zierliche Frau mit viel zu viel Haar. Sie schien in ihrem wilden, ausgetrockneten und verblichenen Haarwuchs unterzugehen. Wenn Billie von

Geistern befallen war, dann hingen die in ihren Haaren. Ich wollte eine Schere nehmen und ihr sofort das Haar abschneiden. Aber Billie liebte ihre Haare, wie sie ihr Unglück liebte.

Billies Wohnzimmer war so groß wie meine gesamte Wohnung, sie hatte dazu noch einen separaten Esssaal, zwei Schlafzimmer, zwei Bäder und einen Eingangsbereich. Hier wohnte sie allein mit einer Katze – und ihren Geistern. Sie ging kaum noch aus. Alles, was sie brauchte, bestellte sie übers Internet und ließ es sich liefern. Sie lebte von einer hohen Abfindung, die sie erhalten hatte, als man sie aus einer Anwaltskanzlei für Immobilienrecht entließ. Freunde traf sie nicht, aus Angst, diese würden sie für ihre Geistergeschichten auslachen. Von ihrem Freund hatte sie sich getrennt, um ihn »vor ihren Geistern zu schützen«. Familie hatte sie keine mehr. Sie war ein Einzelkind, und die Eltern waren beide verstorben. Sie blieb allein mit der Katze und den Geistern in ihrer großen Wohnung – wochenlang.

Billies Geister waren keine Gestalten, die durch die Flure huschten. »Sie schreiben mir vor, was ich essen und anziehen soll, und sie verbieten mir, die Wohnung zu verlassen. Und wenn ich nicht auf sie höre, wenn ich kurz rausgehe, beschimpfen sie mich.«

Aber das war noch nicht das Schlimmste. Die Geister misshandelten Billie körperlich, stachen ihr mit Messern in den Kopf, in den Nacken, in den Rücken und in den Bauch, verursachten Magenkrämpfe und Migräne. Die besten Ärzte hatten sie untersucht, Tausende Dollar hatte Billie für alle möglichen Tests ausgegeben, aber es wurde keine Krankheit gefunden. Sie war auch bei diversen Psychiatern gewesen. Aber auch die erklärten Billie für gesund.

Die Geister, es waren zwanzig verschiedene, hatten sich ihr alle mit Namen vorgestellt, änderten ihre Namen aber immer wieder, um Billie zu ärgern. Mal hieß der eine Tom, dann nannte er sich David oder Bob oder James. Jeden Morgen, wenn Billie aufwachte, kamen sie zu ihr ins Bett und stachen mit Messern auf sie ein. Sogar auf ihre Katze hatten sie es abgesehen. Das arme Tier musste ständig kotzen. Deshalb hatte Billie alle ihre Möbel mit Plastik überzogen.

Carl fragte höflich, ob sie sich in den Wechseljahren befinde. Nein, die hatte Billie »fliegend« überstanden. Sie litt nicht unter Hormonschwankungen. Vincent fragte, ob sie schon in ihrer Kindheit Geister gesehen hatte. Nein. Auch dies war nicht der Fall. Sie hatte sich nie für Geister interessiert.

Carl, der ein großer Feng-Shui-Fan war, ging runter und kaufte drei Mandarinen. Billie sollte nun aus jeder Mandarinenschale neun kleine Kreise schneiden, in eine Schüssel mit Wasser legen und einen Löffel Salz dazu tun. Ich stand neben ihr in der Küche, während sie die Schalen schnitt. Sie lachte. Sie wusste, es würde nicht funktionieren, aber sie schien Spaß daran zu finden, es zu probieren. Sie zeigte auf den Toaster.

»Siehst du das?«

»Ja, ein Toaster.«

»Leg mal einen English Muffin rein.«

Sie reichte mir einen, und ich steckte die beiden Hälften in den Toaster. Als sie fertig waren, sprangen sie raus, perfekt getoastet. Dann nahm Billie einen English Muffin, steckte ihn ebenfalls in den Toaster und drückte den Hebel herunter. Als es heraussprang, war das Brot verbrannt.

»Sie verbrennen mir immer mein Brot.«

Ein berühmter indischer Neurologe befand sich zu jener Zeit in New York. Er hatte auch über Geister geforscht und neurologische Erklärungen gesucht für paranormale Phänomene. Ich ging zu einem seiner Vorträge in der Akademie der Wissenschaft. In einem neuen Glasgebäude am Ground Zero. Hoch oben. Mit Blick auf das Lichtermeer von New York. Hunderte Wissenschaftler und Ärzte waren dort versammelt. Nach seinem Vortrag trat ich zum Mikrophon und beschrieb Billies Fall. Manche Leute im Saal lachten. Es hörte sich so offensichtlich nach einem psychologischen Problem an. Eine einsame Frau, die sich einbildet, Geister stechen ihr mit Messern in den Körper, weil sie deprimiert ist und ihr Haus nicht verlässt. Auch der Neurologe schmunzelte über meine Frage und ging nicht weiter darauf ein.

Enttäuscht verließ ich den Saal. Am Fahrstuhl hielt mich eine alte Frau zurück. Sie war auch Neurologin. Der Fall interessierte sie. Sie gab mir ihre Karte.

Es stellte sich heraus, dass sie eine der besten Neurologinnen der Ostküste war. Aber Billie weigerte sich, sie aufzusuchen. Sie schrie mich an. Welche Dreistigkeit, ihren Fall mit Wissenschaftlern zu diskutieren! Sie leide nicht an neurologischen Schäden, sie leide an Geistern! Hatte ich denn nicht mit eigenen Augen den verbrannten Toast gesehen? Sie fühlte sich von mir verraten. Vincent, der neben mir saß, wurde laut. Türenknallend verabschiedeten wir uns auf Nimmerwiedersehen. Im Fahrstuhl sagte Vincent: »Es gibt Menschen, von denen muss man sich fernhalten. Sie haben eine schlechte Energie, und ihnen kann man nicht helfen.«

Aber Vincent war nicht nur sauer wegen ihrer Anschuldigungen. Im Streit hatte sie uns gesagt, dass die Geister ihr auch mit Messern zwischen die Beine stachen. Dass es ausschließlich Männer waren. Und dass Vincent nicht verstehen könne: Was es heißt, als Frau von einem Mann missbraucht zu werden. Mit diesem Satz traf sie ihn wie mit einem Messerstich, genau wie es die Geister bei ihr taten.

Sie hatte uns alle irgendwie berührt. Carl stellte Feng Shui in Frage. Und auch mich hatte sie an einem Punkt getroffen: Auch ich war dazu imstande, allein in meiner Wohnung zu sitzen und mich einem Unglück hinzugeben, die Traurigkeit nicht zu bekämpfen, sondern mich von ihr lähmen zu lassen. Und jedes Mal, wenn ich in diesen Zustand verfiel, dachte ich an Billie. Sie wurde ein Warnzeichen für mich.

So konnte man enden, wenn man nicht gegen seine bösen Geister ankämpfte. Allein. Mit einer kotzenden Katze.

Die Wochen verstrichen. Auch ich begann wie Abraham, langsam die Hoffnung aufzugeben, einen Geister-Fall mitzuerleben, bei dem ich einen richtigen Geist sehen würde oder etwas wirklich Unerklärliches. Aber Vincent versicherte mir, der kommende Fall würde sich lohnen. Er hatte es so im Gefühl.

Bay Ridge. Brooklyn. Ein junges Paar. Frisch verheiratet. Sie – mit blond gebleichtem Haar – träumte von einer Karriere als Sängerin. Er – Soldat – war vor wenigen Wochen aus dem Irak heimgekehrt: aus dem Krieg in der Wüste in eine Wohnung, wo es im tiefsten Winter nicht weniger heiß war, weil man die Heizung, wie in vielen New Yorker Apartments, nicht regulieren konnte.

Das Apartmenthaus war 1901 für Angehörige des Militärs gebaut worden. Steintreppen führten ins dritte Stockwerk hinauf. Ein langer Flur. Viele Türen. Wir klopften bei 3B. Vincent, Desiree und ich. Abraham war leider wieder nicht dabei. Dafür war Ronny, der Klempner, mitgekommen.

Die junge Frau empfing uns mit Chips und Cola. Wir setzten uns auf ihr Sofa, und sie erzählte von dunklen Schatten, die sie durch die Wohnung huschen sah. Am meisten fürchtete sie sich aber, wenn sie nachts allein im Bett lag und hörte, wie jemand mit einem

Schlüsselbund im Hausflur klimperte, die Tür dann aufschloss und die Wohnung betrat. Feste Schritte – so als trage der Geist Militärstiefel – näherten sich dann ihrer Küche. Sie hörte das Zischen der Kaffeemaschine, roch sogar den Kaffeegeruch bis in ihr Schlafzimmer hinein, hörte das Geräusch einer Tasse, die auf den Tisch geknallt wurde. Wieder die festen Schritte, diesmal Richtung Bad, ein kurzes Stöhnen gefolgt von einem ausgiebigen Piss-Strahl ins Klobecken und schließlich die Spülung. Wenn sie aus dem Bett sprang und die Lichter anmachte, fand sie ihre Wohnung leer.

Der Kaffee trinkende, pinkelnde Geist mit den Militärstiefeln war ihr mehrmals erschienen, schon als ihr Mann noch im Irak stationiert war. Sie sagte ihm nichts davon, um ihn nicht zu beunruhigen. Auch hoffte sie, seine Rückkehr würde den Geist vertreiben. Aber im Gegenteil. Es wurde nur noch schlimmer. Sie sah plötzlich dunkle Schatten. Überall. Und ihre Engel! Sie sammelte Engel aus Ton, die sie auf ihrer rosa Kommode neben Kerzen aufstellte, und ihre Engel standen jeden Morgen an einem anderen Platz.

Kurz nach unserem Eintreffen kam der Soldat von der Arbeit zurück. Er war Mitte zwanzig und von schwarzer Hautfarbe. Seine blonde Frau leuchtete in seinen dunklen Armen wie ein Stern am Nachthimmel. Zwei Jahre hatte er im Irak gekämpft, nun war er endlich zu Hause. Bei seiner süßen, blonden, molligen Frau in seiner gemütlichen Wohnung. Und dann wurde sein ersehnter, heimatlicher Frieden von Geisterspuk zerstört. Er selbst hatte den Geist nie gehört, er sah auch keine Schatten. Aber er war verzweifelt, weil seine Frau unter dem Spuk litt und er sie nicht beschützen konnte.

Desiree begutachtete die Engel auf der Kommode. Ronny ging ins Bad und untersuchte die Klospülung. Man musste einen Griff ziemlich fest nach unten drücken, um sie in Gang zu setzen. Ronny klopfte die Wände ab. Dann schloss er die Tür, setzte sich ins Bad und wartete. Er wollte herausfinden, wie laut man hier die Spülung aus der Wohnung über uns hörte.

Ich sollte Vincent mit den Geräten helfen, sollte die Daten in eine Tabelle eintragen. Die blonde Frau und der Soldat sahen uns aufmerksam dabei zu. Vincent schüttelte den Kopf. Die Heizungswärme und die niedrige Luftfeuchtigkeit verursachten eine hohe Zahl von positiv geladenen Ionen in den Räumen. Es gab eine Theorie, dass zu viele positive Ionen Halluzinationen auslösen konnten. Es war nicht bewiesen. Aber Vincent meinte, es sei was dran. Er riet der Frau, auf jeden Fall mit dem Hausmeister zu sprechen, um die Temperatur der Heizkörper zu regulieren, und Wasserschalen aufzustellen, um die Luftfeuchtigkeit zu erhöhen. Die trockene Hitze könnte auch die dunklen Schatten verursachen, die sie in ihren Augenwinkeln sah.

Wir maßen die Temperatur, den Luftdruck, die Luftfeuchtigkeit und die Audiofrequenzen ober-, unter-

und innerhalb des menschlichen Gehörspektrums. Wir maßen die elektromagnetischen Strömungen des Erdfeldes und die, die von den elektronischen Geräten ausgingen, wir maßen die Voltzahl unserer Körperspannung in den einzelnen Räumen, wir maßen die Lichtstärken, keine Messung ließen wir aus.

Vincent suchte nach den Idealbedingungen für eine Geistererscheinung. Er sammelte die Daten seiner Untersuchungen in seinem Computer und hoffte, eines Tages in einer kontrollierbaren Umgebung das perfekte Umfeld für Geister herstellen zu können. Pflanze, Tiere, Menschen brauchen bestimmte Bedingungen zum Überleben. Vielleicht war es auch mit den Geistern so?

Aber anstatt das ideale Umfeld für Geister zu finden, fand Vincent durch seine Messungen in den meisten Fällen physikalische Erklärungen für die sonderbaren Geschehnisse. In einem Kellerloch in Harlem, wo eine Krankenschwester hauste, die behauptete, sie fühle sich von einem Geist beobachtet, stellte Vincent fest, dass nur eine hauchdünne Wand die Wohnung der Krankenschwester von einem Kellerraum trennte, in dem die Leitungen des gesamten Gebäudes aufeinandertrafen. Es gab auch nur wenige Fenster in ihrer Wohnung. Sie lebte quasi in einem elektrisch geladenen Vakuum. Vincent erklärte ihr, was zu tun war. Und nachdem man die Wand neu isoliert und ein Fenster eingebaut hatte, verlor sich das geisterhafte Gefühl, beobachtet zu werden.

Ein anderer Fall war der Richter auf Long Island, der über seinem Bett morgens eine Lichtkugel aufsteigen sah. Das Bett war aus Eisen. Unter dem Bett war eine Steckdose, die nicht richtig gesichert war. Die Nadel auf Vincents Detektor für elektromagnetische Felder spielte verrückt, als Vincent ihn über das Kopfkissen hielt. Das Bett wurde verschoben. Die Steckdose gesichert. Und der Richter sah keine Lichtkugeln mehr.

Vincent erklärte mir, dass manche Menschen sehr empfindlich auf Elektrizität reagierten. Es war wie mit Allergien. Es gab Leute, die waren auf Katzenhaare allergisch. Genauso gab es Menschen, auf die der leichteste Kontakt mit Elektrizität eine starke Wirkung verübte. Schwindel, Müdigkeit, das Gefühl einer anderen Präsenz oder optische Täuschungen verursachte. Und jedes Gerät, jeder Computer, jeder Kühlschrank, jeder Radiowecker, jede Mikrowelle war von einem elektromagnetischen Feld umgeben. Und wenn diese Felder hohe Messungen zeigten, dann konnte eine Geistererscheinung auch schon mal darin ihren Ursprung haben.

Vincent glaubte an Geister, hatte auch selbst welche gesehen, aber er war ein Skeptiker und wollte immer alles andere ausschließen, bevor er irgendwo einen Geist vermutete.

Bereits vor unserem Besuch bei dem jungen Paar in Brooklyn hatte Vincent die Mondphase und die Aktivität der Sonne an jenem Tag notiert. Er recherchierte immer genau, wie stark die Sonneneinstrahlung war, ob es Sonnenwinde gab oder Sonnenflecken, Eruptionen oder geomagnetische Stürme. »Alles, was von der Sonne kommt«, erklärte er mir, »beeinflusst die Erde. Und ein heftiger geomagnetischer Sonnensturm kann sich auch auf die Elektronik und unsere Messgeräte auswirken.« Aber heute gab es keine Sonnenstürme, und trotzdem spielten die beiden Videokameras verrückt.

Ronny war ratlos. Der Nachbar oben hatte gespült, und Ronny musste sein Ohr an die Decke halten, um das zu hören. Und jetzt wollten die vier Kameras, die er aufgestellt hatte, nicht eingeschaltet bleiben. Ronny drückte auf die Knöpfe, die Kameras schalteten sich ein, und eine Sekunde später gingen sie wieder aus. Wieder schaltete Ronny sie ein, und wieder gingen sie aus. Und das bei allen Kameras, mehrmals.

Vincent spielte an den Knöpfen herum. Irgendwann blieben die Kameras eingeschaltet, und wir verließen mit dem Ehepaar die Wohnung, gingen auch diesmal in eine Bar gegenüber und warteten. Nach einer Stunde kehrten wir zurück. Die Kameras hatten sich wieder ausgeschaltet. Aber als Vincent das Audiomaterial später abhörte, war darauf eine Tür zu hören, die immer wieder geöffnet und zugeschlagen wurde.

Desiree leitete wieder unsere Sitzung auf dem Boden, die Geisterwache.

Sie sagte, sie spüre hier eine große Unruhe, von jemandem, der auf etwas warte. Die blonde Frau und der

Mann konnten sich das nicht erklären. Desiree sagte, sie sehe einen alten Mann, vielleicht einen Großvater. Aber die beiden Großväter, der der Frau und der des Soldaten, lebten noch. Desirees Eingebungen brachten keine Antworten hervor.

Wir besuchten das Paar noch zwei weitere Male. Die Kameras wollten in ihrer Wohnung nicht funktionieren, nirgendwo sonst hatten wir mit ihnen Probleme. Wir konnten hier keine Erklärung finden. Und als der Soldat nach Afghanistan einberufen wurde, zog seine Frau in eine andere Wohnung um.

Vincent verlangte für diese Besuche kein Geld. »Wie soll man einen Geisterjäger bezahlen?«, sagte er immer. »Wie soll ich paranormale Phänomene berechnen? Pro Geist ein Dollar? Und alles ohne Erfolgsgarantie?«

Geld und Ruhm interessierten ihn nicht. Alle Zeitungen in New York hatten inzwischen über ihn berichtet, er war sogar im Fernsehen aufgetreten, aber Vincent war das gleichgültig. Er gab nur deshalb Interviews, weil er hoffte, dass er so einen Sponsor finden würde, der ihm bessere Geräte finanzieren würde. Um die Luftqualität zu messen und festzustellen, ob es Schimmel in den Wänden gab und wie hoch der Staubanteil in der Luft war. Es war ja bewiesen, dass bestimmte Schimmelpilze bei Menschen Halluzinationen auslösen konnten. Er hätte auch gern eine Kamera gehabt, die Wärme-Infrarotbilder aufzeichnete. Die Geisterjäger in den Fernsehserien benutzten diese

Kameras. Aber Vincent meinte, sie seien nicht zwingend. Warum sollte ein Geist Wärme abgeben? Wärme war ja etwas Menschliches. Was er sich am meisten wünschte, waren neue Mikrophone. Für die EVPs, die *electronic voice phenomena*. Die Audioaufnahmen. Die richtig guten Mikrophone kosteten an die zweitausend Dollar.

Aber auch mit unseren billigeren Mikrophonen nahmen wir bei unserer nächsten Untersuchung ein schreiendes Baby auf. Dabei kam es auch zu dem unglücklichen Zufall, durch den ich die Gefängnisgeschichte von Vincent und Abraham erfuhr.

Das Tonstudio lag in Long Island City, in Queens, in einer dunklen Straße mit vielen Lagerhallen. Ich stieg aus Vincents Wagen aus und half ihm, die Koffer auszuladen. Abraham war wieder dabei. Es war immer noch nicht sicher, ob man seinen Sohn in der guten Schule aufnehmen würde, und das bereitete ihm große Sorgen. Vincent klopfte ihm väterlich auf die Schulter.

»Du darfst die Hoffnung nicht verlieren und den Glauben daran, dass das Gute siegt.« Abraham hob schweigend die Taschen mit den Kamerastativen aus dem Kofferraum und hängte sie sich über die Schulter. Desiree stand mitten auf der leeren Straße und sah in den Himmel zu einem halbverdeckten Mond. Heute hatte jeder Fingernagel eine andere Farbe. Wie der Regenbogen.

Das Dröhnen der Stadt hallte durch die Leere, und zum ersten Mal, seit ich mit den Geisterjägern unterwegs war, überkam mich ein Gefühl von Angst.

Wir mussten an der Eisentür einen Code eingeben, dann öffnete sie sich. Wir bestiegen einen breiten Fahrstuhl, der quietschte und ruckelte und endlich im fünften Stockwerk hielt. Dort erwartete uns der neue Besitzer des Tonstudios, Pete, mit einem pockennarbigen Gesicht. Er grinste.

Der alte Besitzer war vor einem Jahr gestorben. Vor seinem Tod bat er darum, seine Asche auf dem Dach seines Studios zu verstreuen. Seitdem spukte es. Die Mitarbeiter klagten über dauernde technische Fehler, über Klappstühle, die sich von selbst zuklappten, umfielen und mitten in den Aufnahmen einen ungeheuren Lärm verursachten. Die Instrumente, die immer gestimmt waren, spielten plötzlich nur noch schräge Töne. Ein Schlagzeuger sagte, die Becken würden schlagen, obwohl niemand die Fußpedale berührt hätte. Und einem Trompeter waren beim Blasen ein Dutzend Motten aus der Trompete geflogen. Ein Musiker nach dem anderen weigerte sich, hier aufzunehmen. Dem Tonstudio drohte der Bankrott.

Desirees Gesicht erbleichte, als sie die Räume betrat. Sie setzte sich auf einen Stuhl und verlangte ein Glas Wasser. Abraham machte sich an die Koffer. Und Vincent freute sich. Ein Tonstudio war der perfekte Ort für EVPs. Die Wände waren isoliert und hielten die Geräusche der Stadt fern. Sogar mit seinen nicht ganz so guten Mikrophonen würde er hier gute Aufnahmen machen können.

»Erinnern Sie sich noch, wann der Spuk anfing?«, fragte ich Pete.

Er grinste wieder. Aber es war ein ängstliches Grinsen. Entweder wollte er nicht, dass man ihn für verrückt erklärte, oder er verheimlichte etwas.

»Wir saßen hier am Tisch, eines Nachts, sehr spät, und spielten Karten. Da flogen auf einmal die Bücher aus dem Schrank und trafen uns direkt an den Köpfen.«

»Worüber unterhielten Sie sich gerade?«, fragte ich weiter.

Das wusste Pete nicht mehr. Oder er wollte es mir nicht sagen.

Vincent trat hinzu. Er war bester Laune. »Sie brauchen sich nicht zu schämen, Sie können ruhig ganz offen sprechen, wir fällen keine Urteile.«

Pete sah zu Boden. Sie hatten in jener Nacht ein paar Linien Koks gezogen. Der alte Besitzer hatte ihnen das früher ausdrücklich verboten. Er glaubte, Drogen würden das Studio ruinieren.

»Aber Toni war selbst früher heroinabhängig gewesen, nur deshalb war er so dagegen. Wir haben dann auch nie wieder Drogen hier genommen. Nie wieder. Nicht einen einzigen Joint haben wir geraucht.« Pete schämte sich schrecklich.

Desiree trat auf ihn zu. Sie spielte mit ihren Regenbogenfingern in der Luft. Dann sagte sie sehr ruhig, mit ihrer tiefen Stimme:

»Es ist jemand hier, der Drogen nimmt.«

Pete versicherte ihr, dass außer uns niemand im Studio war. Die anderen Mitarbeiter waren schon vor Stunden nach Hause gegangen.

»Ich sehe deutlich jemanden, der Drogen nimmt«, widersprach Desiree.

Vincent lachte.

»Vor Drogen brauchen wir keine Angst zu haben. Wenn man die ganzen Pillen bedenkt, die einem die Psychiater verschreiben.« Vincent nahm keine Medizin, keine Drogen, rauchte nicht und trank nie Alkohol. Seine Droge war das Nüchternsein. Er wollte nicht mehr so viel reden und endlich mit den EVPs beginnen. Abraham hatte alles vorbereitet. Sie gingen zuerst in den großen Aufnahmeraum, wo ein Flügel stand, ein Schlagzeug, mehrere Gitarren, Blasinstrumente, Congas.

Ich blieb mit Pete beim Mischpult und sah den anderen durch die Scheibe zu, wie sie in diesem Garten von Instrumenten auf die Geister horchten. Pete flüsterte mir zu, dass er an einem Morgen das Studio betreten hatte und alle diese Instrumente ein Orchesterstück aufführten, in grausig schiefen Tönen. Das hatte ihn so sehr erschreckt, dass er im Internet nach Geisterjägern suchte und Vincent anrief.

Desiree schien etwas erlauscht zu haben. Sie hielt sich die rechte Hand vor den erstaunt offenen Mund. Die dunklen Augenbrauen hochgezogen.

Stille.

Stille.

Und dann sah ich im Glas einen Schatten, der sich mir langsam näherte. Ich zwinkerte. Schüttelte den Kopf. Wie um noch mal frisch zu schauen. Der Schatten kam näher. Ich drehte mich um, und hinter mir war ein Mann. Er trug ein ausgeleiertes, ungewaschenes T-Shirt. Ich drehte mich zurück zu der Scheibe zum Aufnahmeraum. Und da stand Abraham. Direkt vor der Scheibe. Und sein Gesicht war starr und ernst. Langsam – wie in Zeitlupe – hob Abraham seine Hand. Sie war zu einer Faust geballt.

Vincent hatte sich mit einem Kabel im Schlagzeug verheddert. Er rief etwas. Dann geschah alles sehr schnell. Pete sagte verwundert zu dem Mann im T-Shirt: »Was machst du denn noch hier?«

Aber der Fremde hatte Abraham erkannt und rannte los. Abraham riss die Tür auf und rannte ihm hinterher. »Hurensohn!« Schrie Abraham, und es fielen Stühle um, es klirrte, klimperte, donnerte aus den Fluren des Tonstudios. Vincent, endlich befreit, eilte hinterher. Und nun stürzte auch Pete los.

Desiree bewahrte Ruhe und Haltung. Auf ihren hohen Schuhen konnte sie nicht rennen. Sie kam aus dem Aufnahmeraum und ging sehr langsam zum Fahrstuhl. Ich folgte ihr.

»Ich hab ihn deutlich gesehen«, sagte Desiree. »Ich wusste nur nicht, in welchem Zimmer. Aber ich sah einen Mann, der sich die Nase wischte und einen zusammengerollten Geldschein in seine Hosentasche

steckte. Und ich sah deutlich, wie er mit seiner Fuß-
sohle einen Schraubenzieher mit grünem Griff hin
und her rollte.«

Die Straße war leer. Aus der Ferne hörte man die Autos. Der Mond hatte sein Gesicht enthüllt und schien
auf Abraham hinab. Dieser hielt eine blutverschmierte
Faust hoch.

»Wir müssen sofort ins Krankenhaus«, sagte Vincent zu Pete. »Seine Hand ist total zerschmettert. Ich
komm morgen und hol meine Geräte ab.« Aber Desiree hatte wieder ihre Handtasche vergessen. Ich
rannte in Windeseile zurück in das Gebäude, die Treppen in den fünften Stock hoch, zurück ins Tonstudio.
Da sah ich eine offene Tür. Ein kleiner Raum. Mit
einem Tisch. Weiße Spuren auf der Platte. Und am
Tischbein lag tatsächlich ein Schraubenzieher mit
grünem Griff.

Desiree hatte recht gehabt. Ich suchte und suchte
nach ihrer Tasche, fand sie schließlich auf dem Stuhl
am Eingang und hetzte die Treppen wieder hinunter,
zurück zum Auto.

Im Krankenhaus stellte man fest, dass Abraham sich
sämtliche Fingerknochen gebrochen hatte. Das bedeutete, dass er die nächsten Monate nicht mehr als
Tellerwäscher arbeiten konnte – und das hieß kein
Geld für die Miete, für seine Familie. Und die Kran-
kenhauskosten. Er war ja nicht versichert. Eine La-
wine von schrecklichen Folgen stürzte über ihm nieder. Aber Vincent klopfte ihm auf die Schulter.

»Es wird gut, ich helfe dir, mach dir keine Sorgen, es wird alles gut.«

Der Morgen graute. Vincent, Desiree und ich betraten ein Diner und bestellten uns Kaffee. Ich hätte lieber einen Whiskey getrunken, aber das war zu dieser Uhrzeit nicht so leicht möglich.

Der Mann mit dem T-Shirt war Abraham entkommen. Deshalb hatte Abraham mit seiner Faust auf die Betonwand des Gebäudes eingeschlagen.

»Ihr versteht nicht«, Vincent schlürfte den Kaffee, »dieser Mann hat Abraham fünf Jahre seines Lebens gestohlen.«

Abraham war mit Anfang zwanzig nach New York gekommen. Er wollte studieren, aber er hatte kein Geld und Angst, sich zu verschulden. Er kellnerte in einer Bar und lernte Leute kennen. Er begann Drogen zu verkaufen, er war flink, er arbeitete sich hoch, und plötzlich fuhr er teure Autos, trug schicke Anzüge und schlief auf Geld. Er traf ein Mädchen, er wollte aussteigen, sein Partner verriet ihn. Die Geschichte ist alt. Die Geschichte ist neu. Die Geschichte bleibt sich immer treu.

Im Knast traf er Vincent.

Und Vincent hatte Glück gehabt. Großes Glück. Er war kein Krimineller. Er war Elektriker. Er lag mit seiner Frau und ein paar Freunden an einem Pool, während seine kleine fünfjährige Tochter im Wasser spielte. Auf einmal weinte sie und zitterte. Vincent fragte, was geschehen war. Sie wollte es nicht sagen.

Sie wollte nur nach Hause. Am Abend brachte die Mutter das Kind endlich zum Sprechen. Ein Mann, ein fremder Mann, hatte ihr im Wasser zwischen die Beine gegriffen. Vincent fragte, wer. Es war einer ihrer Bekannten. Am nächsten Tag besorgte sich Vincent eine Pistole, ging in das Café, wo der Bekannte mittags immer saß, und drückte ab. Aber Vincent hatte Glück. Der Mann überlebte. Und das milderte Vincents Strafe.

Im Gefängnis waren Abraham und Vincent Zellennachbarn. Vincent, der Optimist, der Hoffnungsvolle, und Abraham, der Skeptiker, der seine Hoffnungen kommen und gehen sah.

Desiree klopfte mit den Fingernägeln rhythmisch an die Kaffeetasse.

»Wir haben ein richtig gutes EVP aufgenommen«, sagte sie zu Vincent.

»Habt ihr in dem Raum was gehört?«, fragte ich.

Vincent nickte. Da weinte ein Baby. Und als Desiree den Geist gefragt hatte, warum es weinte, hatte eine Frauenstimme geantwortet, weil es so traurig ist. Als Desiree gerade die zweite Frage hatte stellen wollen, war Abraham vor die Glasscheibe getreten und hatte den Mann entdeckt, der ihn einst an die Polizei verraten hatte.

Die Historikerin Lizette hatte im Vorfeld recherchiert, dass das Gebäude im Zweiten Weltkrieg eine Kleiderfabrik gewesen war, wo nur Frauen arbeiteten. Vincent vermutete, das Baby hatte einer jener Frauen gehört und vielleicht geschrien, weil sie es während der Arbeit nicht stillen konnte.

Residual Energy. Die übrig gebliebene Energie. Vincent glaubte, viele Geister waren übriggebliebene Energien. »Alles, was ist und dann vergeht, hinterlässt auch etwas.«

Wir zahlten unseren Kaffee.

Als ich meine Wohnung betrat, bellte über mir wieder der Hund. Ich kaufte eine Banane, legte sie dem Nachbarn vor die Haustür und schrieb auf einen Zettel: Für deinen Hund.

Der dunkle Tempel

Verzeiht, Ihr Götter, die Ihr auf Bali weilt.
Verzeiht, dass ich Euch heute störe.
Verzeiht, dass ich mit Lust und Leid
Für kurze Zeit in Eure Welt mich eingehöre.

Wenn die Seele durch den Mund entflieht und sie sich weigert, in den Körper zurückzukehren, tritt der Tod ein. Dann ist die Seele befreit und steigt in die höheren Sphären, um als ein besseres Wesen wieder auf die Erde zurückzukehren – die lange Reise der Reinkarnation, deren Ziel das Einswerden mit den Göttern ist.

Für einen Menschen auf Bali ist das der schönste Moment seines Lebens, wenn seine Seele frei wird. Er spart all sein Geld für dieses große Fest, für die Verbrennung seines Körpers.

Ein Mann war bei einem Mopedunfall ums Leben gekommen. Nun bereitete man auf dem Gehöft des Shiva-Priesters die Verbrennung des Leichnams vor. Es herrschte eine fröhliche Stimmung. Vier Männer trugen auf ihren Schultern ein langes weißes Tuch und liefen dreimal im Kreis. Das Tuch symbolisierte die Leiche.

Mein Begleiter führte mich an den Feierlichkeiten

vorbei in das Gehöft hinein zu einem Pavillon. Dort hockte der Shiva-Priester im Lotussitz auf einem Kissen und kaute eine Betelnuss, spuckte aus, lachte und zeigte seine dunkelroten Zähne. Das Haar hatte er zu einem Dutt gebunden, der auf seinem Kopf saß wie ein kleiner Hut. In dem Dutt steckte eine weiße Blume.

Er nickte zum Zeichen, dass ich ihm meine Frage stellen durfte.

»Verzeihen Sie die Störung«, begann ich, wie es der Brauch verlangte, und mein Begleiter übersetzte mein Anliegen ins Balinesische: »Ich suche einen Geist.«

Der Shiva-Priester sah mich verwundert an. Die Menschen kamen zu ihm, um sich vor bösen Geistern zu schützen oder reinigen zu lassen. Sie brachten täglich Opfergaben, um die Geister fernzuhalten. Niemand wollte hier auf Bali einen Geist sehen.

Ich fügte rasch hinzu: »Ich will nicht die schwarze Magie erlernen, ich suche einen Geist, den ich sehen kann.«

Er antwortete noch immer nicht und beobachtete mich skeptisch.

»Ich weiß selbst nicht, warum. Ich weiß nur, dass ich danach suche.«

»Manche Menschen sehen Geister«, sagte er endlich und spuckte wieder eine Betelnuss aus. »Andere nicht.«

»Gibt es denn Geister, die jeder sehen kann?«, fragte ich weiter.

»Nein.«

»Kann ich lernen, sie zu sehen?«

Er hob einen Arm hoch und tippte mit der anderen Hand unter seine Achsel. Meinte er vielleicht, ich würde schlecht riechen? Aber nein. Ich sollte ebenfalls den Arm heben, den Ellbogen gen Himmel halten und mit der Hand an meine andere Schulter fassen, so dass sich vor meinem Gesicht ein Dreieck auftat. Durch dieses Dreieck sollte ich in die Welt schauen. Er kaute und schwieg. Ich tat, wie er mir befohlen hatte und ließ meinen Blick durch das Dreieck meines Armes über sein Gehöft schweifen.

Viele kleine Häuschen um einen Innenhof, durch Wege und Bäume und Mäuerchen und Altäre voneinander getrennt. Alles war offen, überall huschten Balinesen um die Ecken, schlurften in ihren Sandalen lautlos an uns vorbei und trugen Körbe mit Opfergaben auf ihren Köpfen.

Von dem Dach des Pavillons, unter dem wir saßen, hing an jeder der vier Ecken eine riesige schwarze Fledermaus, groß wie Hunde, wie schwarze, fliegende Hunde. Sie fächerten sich mit ihren gummiartigen Flügeln kühle Luft zu. Es war Nachmittag und sehr heiß.

Der Shiva-Priester fragte mich, welcher Religion ich angehörte.

»Keiner«, antwortete ich und nahm meinen Arm wieder runter.

»Woran glauben Sie?«

»Ich glaube an etwas, das höher ist als wir Menschen. Vielleicht ist es ein Gott, vielleicht sind es viele. Ich glaube an die Kraft der Sonne, des Mondes, des Meeres, des Windes, der Bäume und des Atems. Ich glaube an meine Familie, an die Liebe, an den Zufall, an das Schicksal und an das Chaos.«

»Wie beten Sie?«

»Ich sehe hinauf in den Himmel oder auf das offene Meer, oder ich schließe die Augen.«

»Sehen Sie Schatten, wenn Sie meditieren?«

»Ich habe noch nie richtig meditiert.«

Das enttäuschte ihn. Er schob sich eine neue Betelnuss in den Mund, kaute, spuckte aus, fuhr sich mit der Zunge über die dunkelroten Zähne. Er überlegte.

»Schließen Sie Ihre Augen und sagen Sie mir, was für Bilder Sie wahrnehmen.«

Erst war es nur dunkel. Dann sah ich den Kopf des Priesters und sein Gesicht, das lauter Fratzen schnitt, als mache er sich über mich lustig. Ich vertrieb diese Gedanken und stellte mir seinen kleinen Haardutt vor, in dem die weiße Blume steckte. Daraus wurde eine Tänzerin, eine Bauchtänzerin, die sich mit einem durchsichtigen Schleier drehte und ihre Hände wunderschön bewegte. Aus ihr wuchs eine weiße Palme. Und schließlich ein Stein.

Er nickte und sagte, das seien Attribute von Shiva. Neben ihm stand eine Glocke aus Gold. Er bemerkte, dass ich sie betrachtete, und nahm sie zur Hand.

»Wenn man die Glocke hält«, erklärte er, »zeigt der Zeigefinger zum Vater, der kleine Finger zur Mutter, und dort, wo Mittelfinger und Daumen den Griff der Glocke umfassen, dort liegt die Atmung.« Er läutete kurz die Glocke und lachte dabei.

Die Fledermäuse wippten hin und her, die Füße am Dach, den Kopf zum Boden, und fächerten sich mit ihren breiten Flügeln Luft zu. Irgendwo bellte ein Hund.

Der Shiva-Priester legte den Kopf zur Seite.

»Sie müssen einen dunklen Tempel aufsuchen, nachts, und dort allein auf die Friedhofsgöttin Durga warten. Sie wird Sie das Sehen lehren.«

Er rief einen kleinen Jungen herbei, der auf einem Mäuerchen saß und einen grauen Affen kraulte, den man mit einer Kette um den Hals festgebunden hatte. Der kleine Junge hüpfte von der Mauer und kam zum Priester. Der Affe wollte ihm folgen, aber die Kette um seinen Hals hielt ihn zurück.

»Warum kettet man den Affen an und die Fledermäuse dürfen frei sein?«, fragte ich meinen Begleiter.

»Weil der sonst nur Mist baut«, sagte dieser.

Der Shiva-Priester befahl dem kleinen Jungen, seinen Kalender zu holen. Der Junge war barfuß und trug ein weißes Männer-T-Shirt, das ihm bis zu den Knien reichte und an vielen Stellen in Fetzen hing. Er war fünf, sechs Jahre alt.

Mein Begleiter erklärte mir: »Er spielt den ganzen Tag

im Wald und auf den Feldern. Er weigert sich, in die Schule zu gehen, er will immer nur draußen sein. Seine Mutter ist ratlos. Deshalb ist er hier. Die Mutter hofft, der Priester kann den Jungen überreden, in die Schule zu gehen.«

Nach wenigen Minuten kehrte der Kleine zurück und reichte dem Shiva-Priester den Kalender. Der Priester fuhr mit seinen Fingern über die Tage. Im balinesischen Kalender hat jeder Tag eine andere Bedeutung und wird mit jeweils unterschiedlichen Zeichen beschriftet. Ein Tag ist gut für etwas und gleichzeitig schlecht für etwas anderes.

»Hier!« Sein Finger war auf einem Freitag gelandet: »Das ist eine mondlose Nacht. Da sollen Sie einen dunklen Tempel finden und auf Durga warten.«

Der Shiva-Priester entschuldigte sich höflich, er müsse sich nun für die Verbrennung vorbereiten. Wir verließen das Gehöft und folgten dem Verbrennungszug durch das Dorf. Hunderte von Menschen. Musiker spielten. Es wurde gelacht und gesungen.

Ich bahnte mir den Weg durch die Menge, da spürte ich plötzlich, wie sich die Hand des kleinen Jungen in die meine schob. Er zog mich fort, raus aus dem Gewühl in ein Gebüsch hinein. Mein Begleiter lief uns hinter her. »Wir werden die Verbrennung verpassen«, rief er, aber ich wollte lieber mit dem kleinen Jungen mitgehen. Er trug einen alten Sack in der Hand. Er hatte etwas vor, aber ich wusste nicht, was. Plötzlich blieb er stehen. Er legte den Zeigefinger auf die

Lippen. Und da sah ich unter dem Geäst eine junge Kobra über die Erde kriechen. Ich hielt den Atem an. Der kleine Junge sagte etwas zu der Schlange.

»Was hat er gesagt? Was hat er gesagt?«, fragte ich meinen Begleiter, der sofort einen Stock gefunden hatte und zum Angriff bereithielt.

»Der Junge hat gesagt: Beiß mich nur, beiß mich nur, ich stecke dich trotzdem in meinen Sack rein.«

In diesem Augenblick schnellte die Kobra hoch und biss den kleinen Jungen in die Hand. Er packte sie mit der anderen Hand direkt hinter dem Kopf und steckte sie in seinen Sack. Dann starrte er auf die Bisswunde, starrte nur. Ich sah, wie seine dunkle Haut sich langsam rötete. Der Junge starrte weiter, starrte nur. Dann schüttelte er die Hand, als schüttele er das Gift ab, und rannte zurück zur Straße.

Mein Begleiter nickte zufrieden. Der Junge kam aus einer Familie von *balians*, von Heilern. Sein Großvater war ein sehr berühmter Heiler in der Gegend, auch sein Vater war Heiler, und der Junge würde eines Tages ebenfalls einer werden. Mein Begleiter sagte, er hätte durch die Kraft seiner Gedanken das Schlangengift aus seinem Blut herausgesogen.

Auf einmal war der Junge verschwunden. Wir liefen wieder zu der Dorfstraße und gelangten zu einer Wiese, die, von hohen Bäumen umgeben, in der Dämmerung lag.

Unzählige Menschen waren hier versammelt, denn es wurden vier Leichen gleichzeitig verbrannt. Der

Mann, der bei dem Mopedunfall gestorben war, sein Vater, ein Onkel und ein Nachbar. Die großen Verbrennungszeremonien auf Bali sind sehr teuer. Und wenn eine Familie das Geld noch nicht beisammen hat, wickeln sie den Toten in ein Tuch, begraben ihn auf einer Wiese und stecken einen Bambusstab in die Erde, damit die Seele frei herumschwirren, aber zu ihrem Körper zurückfinden kann. Wenn die Familie endlich die Kosten aufgebracht hat oder sich der Verbrennung eines anderen Toten anschließen kann, dann holen sie die Leiche wieder aus dem Boden.

Der Onkel, der heute verbrannt wurde, hatte fast sieben Jahre unter der Erde gewartet. Und die Familie hatte Land verkaufen und sich in hohe Schulden stürzen müssen, um seiner Seele endlich das große Befreiungsritual zu schenken. Aber sie hatten keine andere Wahl. Wird ein Familienmitglied nicht verbrannt, wird seine Seele zu einem Geist, der seine Familie heimsucht.

In der Mitte der Wiese saß der Shiva-Priester auf einer eigens dafür errichteten Empore. In einer Hand hielt er die goldene Glocke, mit der er unentwegt läutete, und mit der anderen warf er Blütenblätter und spritzte heiliges Wasser nach vorn. Dabei sang er. Wie er die Glocke hielt, in welche Richtung seine Finger zeigten, wie seine andere Hand sich dazu bewegte, was er sang – alles hatte hier eine tiefe Bedeutung. Die dekorierten Opfergaben, die die Menschen herbeitrugen, die Früchte, die bunten Tücher – alles war ein

Symbol für etwas, meinte etwas, erzählte etwas, und ich schämte mich ein wenig, weil ich nichts davon verstand. Den Gesang der Frauen, den konnte ich zwar auch nicht verstehen, aber wenigstens fühlen. Sie standen da in ihren dunkelblauen Kebaya-Blusen, Reiskörner auf ihren Stirnen und in ihren Dekolletés, sie standen abseits von den Männern und sangen, und ich wusste, sie sangen für die Seele, für die Reise der Seele.

Als ich spät in der Nacht zu meiner Pension kam, traute ich mich nicht über die Straße. Mein Begleiter hatte mich auf der anderen Seite abgesetzt, und ich musste nur eine harmlose, zweispurige Straße überqueren und wäre in wenigen Sekunden in meinem Bett gewesen, hätte ich nicht immer diese verfluchte Angst vor Hunden gehabt.

Ich wohnte in der Kleinstadt Ubud. Meine Pension lag etwas außerhalb des Zentrums, an einer Straße, die steil einen Berg hinaufführte. Alles schlief bereits, kein Lärm, keine fahrenden Autos, keine brummenden Maschinen, Stille, Nacht, Wind, Rascheln der Blätter. Und mitten auf der Straße lagen Dutzende streunende Hunde. Dürr waren sie. Knochig. Zerzaust. Und jaulten zum Mond wie Wölfe.

Ich ging zwei Schritte. Die Hunde bellten. Ich rannte wieder zurück auf den schmalen Bürgersteig. Ging wieder zwei Schritte nach vorn. Wieder bellten die Hunde. Ich wieder zurück, hin und her, bis endlich ein Moped kam. Der Fahrer sprach kein Englisch, aber er verstand sofort, was mein Problem war. Er lachte laut, nahm mich an die Hand und führte mich zu meiner Tür.

Als ich im Bett lag, dachte ich an eine der Frauen, die bei der Verbrennung gewesen war. Sie hatte mir erzählt, dass wenn ein Mensch schläft, seine Seele spazieren geht. Deshalb soll man einen schlafenden Menschen nicht rütteln oder sonstwie bewegen. Andernfalls könnte es passieren, dass die Seele die Stelle nicht mehr findet, wo sie in den Körper zurückkann. Ich schloss die Augen und wünschte mir, meine Seele würde zu den Hunden fliegen und mit ihnen spielen, während ich schlief.

Am nächsten Morgen fand ich Cucu – man sprach ihren Namen Tschutschu aus – auf einer Bastmatte sitzend, eine Opfergabe bastelnd. Sie faltete ein Kokosnussblatt zu einer kleinen Schale, die sie mit dünnen Bambusstäbchen befestigte, nahm eine Handvoll gekochten Reis, legte ihn hinein, tat auch ein Stückchen gebratenes Hühnerfleisch dazu und streute eine Prise Salz darüber. Fertig war das *banten saiban*, die Opfergabe, die sie jeden Morgen den Göttern reichen musste. Es war die allerwichtigste, denn es war die kleinste, und wie kann man das Große leisten, wenn man das Tägliche, das Einfache nicht zu vollbringen weiß?

Cucu war ein stilles Mädchen von etwa dreißig Jahren.

Sie hatte liebevolle Gesichtszüge, aber viele Pickel. Deshalb war sie noch nicht verheiratet. Kein Mann wollte hier eine Frau mit unreiner Haut.

Der Pavillon, wo Cucu auf Knien saß und Blätter zurechtbog, war einzig dafür bestimmt, dort Opfergaben zu basteln. Um sie herum häuften sich unzählige Blüten, Früchte, Kokosnussblätter und Bambusstäbchen. Sie musste heute noch einen großen Korb zubereiten für ihren Familientempel, für ihre Ahnen. Der Rhythmus ihres ganzen Lebens war bestimmt von Ritualen und Opfergaben. Als sie drei Monate alt war und zum ersten Mal ihre Füße auf die Erde setzte – vorher darf ein Baby den Boden nicht berühren –, gab es eine Zeremonie. Als man ihr den richtigen Namen gab – vorher werden die bösen Geister mit einem falschen Namen verwirrt –, gab es wieder eine Zeremonie. Als man ihre vorderen sechs Zähne im Oberkiefer gerade feilte – um das Tierische zu entfernen und den Göttern zu zeigen, dass sie von nun an die Verantwortung für ihre Taten und Gedanken übernimmt –, gab es abermals eine Zeremonie. Für jeden Lebensabschnitt, für den Kauf eines Hauses, für die Aussaat auf einem Feld, für die Ernte, für die Ahnentempel, für die Dorftempel, für die Haustempel, für die Feiertage gibt es Zeremonien. Die Balinesen beschenken ihre Götter, um ihnen zu danken, um sie mit Nahrung zu versorgen, um von ihnen Gesundheit und Erfolg zu bekommen – aber vor allem, um von sich die bösen Geister, die Krankheiten und Unglück bringen, fernzuhalten.

Ich erzählte Cucu, dass ich am kommenden Freitag in einem dunklen Tempel auf die Friedhofsgöttin Durga warten wolle. Und fragte sie, ob sie einen Tempel wüsste, der dafür geeignet sei. Sie schüttelte erschreckt den Kopf. Das klang nach schwarzer Magie. Davon sollte ich die Finger lassen, sonst würde mir noch etwas Böses zustoßen.

Es klopfte an der Eingangstür. Mein Begleiter holte mich jeden Morgen pünktlich um neun ab. Cucu mochte ihn nicht, weil er meine Geistersuche unterstützte, die sie für gefährlich und fragwürdig hielt. Das sagte sie natürlich nie direkt. Aber ich sah es an der Art, wie sie ihm unwillig eine Tasse Kaffee hinstellte, ganz so, als wolle sie ihm den brühend heißen Kaffee am liebsten in den Schoß kippen.

Mein Begleiter hieß Ketut. Der Viertgeborene. Sein kugelrundes Gesicht machte stets einen zufriedenen Eindruck. Er wusste auch immer auf alles eine Antwort. Seit er sich entschieden hatte, den Göttern zu dienen, warf das Leben für ihn weder Gefahren noch Fragen auf. Denn Ketut war auf dem Weg, ein Shiva-Priester zu werden. Er hatte noch zwei Jahre Ausbildung vor sich, bevor das große Ritual stattfinden würde, das ihn zum *pamanku*, zum Priester auszeichnen würde. Bei diesem Ritual würden er und seine Frau – mit der er fortan wie mit einer Schwester leben musste und nur an bestimmten, im Kalender festgelegten Tagen schlafen durfte – auf einer Bahre liegen und über mehrere Stunden in eine Art Koma versetzt werden, während ein Priester ihre Seelen reinigte. Danach durfte Ketut dann nicht mehr rauchen und nicht mehr im Meer baden. Aber er würde dafür vielen Menschen helfen können. Das sagte er immer, als redete er sich Mut zu.

Ketut hatte zwei Meister, die ihn unterrichteten. Der eine lehrte ihn, wie man welche Zeremonie zu leiten hatte, welche Opfergaben man für bestimmte Zwecke brauchte, welche Gebete man aufsagen musste, wie man die Finger bewegte, wie man die Glocke hielt und vor allem, wie man mit den Wayan-Puppen die Schattenspiele aufführte. Diesen Meister hatten wir gestern besucht, es war der Shiva-Priester, der die Betelnüsse kaute.

Sein zweiter Meister lehrte ihn die Gabe, wie Ketut sagte, das Flüstern der Götter zu hören – die andere Welt, die spirituelle wahrzunehmen, in der ja auch die Geister zu sehen waren. Zu diesem Meister wollte er mich heute führen.

Wir stiegen auf sein Moped und die Fahrt ging los durch den »green canyon«, wie er Bali nannte, vorbei an Palmen, Bambusstauden, Reisfeldern, Häusern, die nicht höher als die heilige Kokosnusspalme gebaut werden durften, und vorbei an Menschen, die Körbe voll Gras und Reis und Früchten auf ihren Köpfen trugen.

Die Landschaft war den Balinesen nicht so von der Natur geschenkt worden, wie man sie von dem fahrenden Moped aus bewunderte. Sie wurde ange-

legt, kultiviert, geschaffen. Wie die berühmten Holzschnitzer, die hier jeden Tür- und Fensterrahmen mit
ihren Verschnörkelungen schmückten, mit ungeheu-
rer Genauigkeit und einem handwerklichen Können,
das sich über Jahrhunderte hinweg vererbt hatte, ja,
so wie sie aus einem rohen Stück Holz das Gesicht
eines schreienden Drachen schnitzten, so hatten die
balinesischen Reisbauern ihre Terrassen in die Landschaft geschnitzt und die dichten tropischen Wälder
kultiviert. Die ganze Insel glich einem Kunstwerk.
Und die Menschen waren ein Teil davon. Ihre schlan-
ken Körper waren ein Teil der Natur wie die schlan-
ken Palmenstämme, und ihre glatte hellbraune Haut
war wie die Farbe der Erde und der braunen Flüsse, in
denen sie badeten. Alles hier war eins. Ein Rhythmus.
Die Menschen, die Natur, die Götter. Ein Bild.
Der Meister, den wir heute besuchten, war kein Priester, er war ein *balian*, ein Heiler. Neben dem Tor seines
Hauses standen zwei umgekippte Körbe, unter denen
jeweils ein Hahn saß. Denn dieser Mann ging, wie
viele hier, oft zu Hahnenkämpfen.
Wir fanden ihn in seinem *bale bengong*, einem Pavillon
mitten in einem Teich, der hinter seinem Gehöft lag,
am Rande eines Waldes. Die beiden Männer begrüß-
ten einander freundlich. Sie hatten sich eine Weile
nicht mehr gesehen, nur in der anderen Welt, in der
spirituellen Welt, hatten sie miteinander gesprochen
und sich, wie sie sagten, gegenseitig ins Ohr geflüs-
tert.

Ich fragte den balian nach den Lichtschweifen, von denen ich gehört hatte. Wenn zwei Hexer miteinander kämpften, um ihre Kräfte zu messen, dann konnte man manchmal am Nachthimmel zwei leuchtende Kugeln sehen, die einen Feuerstreif hinter sich herzogen, das waren die Kampfgedanken, die sich am Himmel manifestierten. Dabei mussten beide Hexer ihre Zimmer gar nicht verlassen. Einer konnte im Süden von Bali sitzen und der andere im Norden, und während sie meditierten, kämpften ihre Gedanken miteinander. Der Verlierer musste, wenn er am Leben bleiben wollte, dem Gewinner ein Versprechen geben. Dass er zum Beispiel niemals sein Haus fertigbauen würde. Sonst müsste er sofort sterben.

Der balian lächelte. Das sei schwarze Magie, davon wisse er nichts.

»Aber müssen nicht auch die weißen Magier mit der schwarzen Magie vertraut sein? Um die Menschen dagegen zu schützen?«

»Ja, das müssen wir. Aber wir müssen nicht kämpfen.«

»Aber wenn sie angegriffen werden? Müssen sie sich nicht verteidigen?«

»Manchmal. Ja.«

»Und verwandeln sie sich dann in leuchtende Kugeln am Himmel?«

»Das ist heute sehr, sehr selten. Das gibt es kaum noch.«

Auch als ich ihn nach den berühmten Dolchen, den

Krismessern fragte, die von alleine fliegen konnten, meinte er, die seien heute kaum noch zu finden. Früher hatte ein Schmied viele Jahre an einem einzigen Dolch gearbeitet. Und er hatte jeden Morgen, bevor er mit der Arbeit begann, viele Stunden meditiert und die Götter gebeten, ihren Segen und ihre Kräfte in den Dolch einfließen zu lassen. Aber heute, heute konnte ein Kris in einer Woche geschmiedet werden und hatte dadurch keine magischen Kräfte mehr. Die Menschen scheuten heute den Aufwand. Alles, was aufwändig war und Zeit brauchte, war am Aussterben. Und die Magie, die brauchte Zeit.

Seine Frau brachte uns Tee und Kekse. Und ab und zu zerbröselte der balian einen Keks über dem Teich, in dem der Pavillon errichtet war, und fütterte die kleinen roten Fische, die sofort danach schnappten.

Ich erzählte ihm von meiner Geistersuche. Manche Menschen sehen Geister, andere sehen sie nicht. Sagte er. Genau wie der Priester am Vortag. Ich erzählte ihm, man habe mir geraten, in einer mondlosen Nacht bei einem dunklen Tempel auf Durga zu warten. Sie würde mich das Sehen lehren. Aber ich wusste nicht, zu welchem Tempel ich am besten gehen sollte. Er schüttelte den Kopf. Sein Haar trug er offen, es war sehr lang und pechschwarz und wunderschön.

»Wenn Sie nicht mit dem Talent geboren sind«, sprach er leise, »dann müssen Sie es erlernen. Und das braucht viele Jahre und viel Geduld. Wie bei den Krisdolchen, den Heilkünsten und dem Gehör für die

Götter. Oder auch wie bei unseren heiligen Büchern, den *lontars*. Die sind ja nicht geschrieben, dass man sie an einem Tag liest und gleich versteht. Sie sind verwirrend, wie ein Puzzle, und mit Absicht so. Man liest sie wieder und wieder und denkt über ihren Inhalt nach. Und mit der Zeit kommen Eingebung und Verständnis ganz von allein, fliegen dem Leser zu. Wenn man sich wirklich mit diesen Fragen beschäftigen will, braucht man Zeit, sehr viel Zeit.«

Er riet mir zur Meditation. Jeden Tag sollte ich meditieren, nur so würde ich langsam mein inneres Auge öffnen können.

Plötzlich hörte ich Vogelgesang, sehr laut und sehr deutlich, wie ein verzweifeltes Lachen. Es war ein Perkutut, eine Turteltaube, deren Käfig unter dem Strohdach des Pavillons hing.

Es war eine ganz besondere Turteltaube, die ganz besonders schön singen konnte. Eine hohe Politikerin aus Java hatte sie dem balian für seine Dienste geschenkt. Und ich erfuhr, dass die meisten indonesischen Politiker nach Bali reisten, um hier von spirituellen Männern, Hexern und Heilern, durch Opfergaben, Gebete und Ratschläge Unterstützung zu erhalten. Und nicht nur die Politikerin war bei diesem Heiler gewesen, auch die Polizei kam zu ihm. Nach dem Bombenattentat auf die Diskothek in der Touristenhochburg Kuta fragten sie ihn, wo sich die Täter versteckt hielten. Und während einer langen Meditation flüsterten ihm die Götter ins Ohr, dass einer der Täter gerade in einem Boot saß, auf dem Weg nach Sumatra. Dort fasste man ihn auch.

»Liegen Sie denn jemals falsch?«, fragte ich. »Mit den Dingen, die Ihnen die Götter ins Ohr flüstern?«

»Natürlich«, unterbrach Ketut. »Er ist ein Mensch, er macht auch Fehler, er braucht nur für eine Sekunde an seine Tochter zu denken, ob sie von der Schule abgeholt wird, oder an seine Frau, und er verliert die Konzentration und irrt sich.«

Ich beobachtete, wie die Augen des balians immer wieder zum Wald hinter dem bale bengong huschten. Und als hätte er ihn gehört oder gespürt oder gesehen oder erwartet, trat nach einer Weile ein Mann aus dem Dickicht hervor. Er trug eine Jackfrucht. Groß wie eine Wassermelone, aber oval und mit zackiger Schale. Er kam über die kleine Brücke zu unserem *bale bengong*. Am Gürtel hatte er einen Säbel. Er zog ihn heraus und hackte die Frucht in vier Teile. Er breitete Zeitungspapier darunter aus, und der dicke, milchartige Fruchtsaft rann über die Zeilen wie das Blut eines aufgeschnittenen Tieres. Dann trennte er Stück für Stück das gelbe Fleisch ab, entsorgte die großen Kerne, legte die Happen in ein Plastikkörbchen.

Aber er aß nicht mit uns. Er setzte sich vor das Haus und ließ sich von einem anderen Mann das Haar scheren. Ich sah die schwarzen Locken auf die braune Haut seines entblößten Oberkörpers fallen. Als der andere mit seiner Arbeit fertig war, nahm er einen kleinen Handbesen aus getrockneten Bananenblättern und fegte die Haare von der Brust des Mannes. Dieser setzte sich einen Sonnenhut auf, zog sein rotes, ausgewaschenes T-Shirt wieder an und huschte lautlos an uns vorbei, zurück ins Dickicht.

»Wer war dieser Mann?«, fragte ich.

»Ein Freund«, sagte der balian.

»Warum ist er zurück in den Wald? Warum isst er die Frucht, die er gebracht hat, nicht mit uns?«

»Er muss zu seiner Frau.«

»Wartet sie im Wald?«

»Sie lebt in einem Banyanbaum.«

»Warum lebt sie dort?«

»Sie ist ein Geist.«

Der Mann war mit einem weiblichen Geist verheiratet, hatte sogar Kinder mit ihr. Oft verschwand er für Monate aus dem Dorf und lebte im Wald. Dann tauchte er sehr plötzlich bei dem balian auf, wie heute, ohne Ankündigung. Die anderen Leute im Dorf hielten ihn für verflucht und mieden ihn. Der balian war der Einzige, der mit ihm sprach. Manchmal wusch er ihn mit heiligen Kräutern, um ihn zu segnen und von den Geistern zu reinigen. Dann ging der Mann auch aufs Feld und arbeitete eine Zeit. Aber lange hielt er es ohne seine Frau nicht aus, und bald verschwand er wieder im Dickicht.

Ich bat Ketut und den balian, mich zu dem Banyanbaum zu führen. Sie weigerten sich. Aber schließlich gaben sie nach, und wir gingen in den Wald. Die getrockneten Palmblätter, die den Boden bedeckten, knisterten unter unseren Füßen. Papayabäume, Mangobäume, Mangroven. Das Sonnenlicht kam nur ab und zu durch das Geäst hindurch. Endlich sah ich den Banyanbaum mit seiner weit ausladenden Krone und den Luftwurzeln.

Der Mann saß auf der Erde, lehnte am Baumstamm und bewegte seine Hände, als flechte er jemandem die Haare. Aber außer ihm war niemand zu sehen. Der balian kniete sich neben ihn und grüßte die unsichtbare Frau, die sich von ihrem Gatten frisieren ließ. Die beiden Männer flüsterten miteinander. Dann winkte der balian mich herbei. Ich trat näher. Ich sah immer noch nichts, nur den Mann mit dem geschorenen Haar, der am Baumstamm lehnte und vor ihm den knienden balian. Ketut stand hinter mir.

»Siehst du sie?«, flüsterte ich.

»Nein«, antwortete er, »aber ich höre sie.«

Der balian sagte, die Geisterfrau wolle wissen, warum ich gekommen sei.

»Ich suche einen dunklen Tempel, wo ich Durga begegnen kann.«

Der Mann unterbrach seine Flechtarbeit und setzte sich zur Seite, als mache er seiner Frau Platz. Niemand sagte etwas. Endlich sprach der Mann zu dem balian. Die Geisterfrau ließ mir ausrichten, der Tempel, den ich suche, liege auf einem Reisfeld.

Ketut kannte ein Reisfeld im Norden von Bali, wo einer der ältesten Tempel der Insel stand. Er war in der

Nähe aufgewachsen, seine Eltern waren Reisbauern gewesen, und er hatte als Junge viele Stunden bei diesem Tempel verbracht. Dort war es stockdunkel in der Nacht – die Straße lag weit entfernt, und das Reisfeld war von hohen Bananenstauden umgeben. Kein künstliches Licht erreichte diesen Tempel, es war der ideale Ort. Ketut versprach, den Tempelhüter um Erlaubnis zu bitten, mich dort auf Durga warten zu lassen.

Ich ging mit Cucu auf den Markt, um für Durga einen Korb und die Opfergaben zu besorgen: Früchte wie Rambutans, Mangos, Mangostanes und Salaks, die aussehen wie Salamandereier. Wir holten auch noch ein Knäckebrot aus Reis, einen Kuchen, Eier, eine Kokosnuss und ganz viele Kokospalmblätter. In dem Pavillon machten wir den Opfergabenkorb fertig. Wir rollten heißen Reis zu kleinen Bällchen, schnitten ein hartgekochtes Ei auf und enthaarten die Kokosnuss. Jede einzelne Frucht, jedes Ei, jeder Reisball musste sein eigenes kleines Schälchen bekommen, das wir aus den Kokosblättern bastelten – nichts durfte einfach so in den Korb getan werden. Wir legten Blütenblätter zwischen die einzelnen Schälchen, und taten auch Geldmünzen dazu, auch diese in kleine Blättertütchen verpackt, und der Korb war fertig.

Als ich am Abend die Pension verlassen wollte, hielt mich Cucu zurück.

»Geh nicht«, sagte sie. »Ich habe ein ungutes Gefühl.«

»Du brauchst dir keine Sorgen zu machen«, beruhigte ich sie. »Mir passiert schon nichts Schlimmes.«

Sie blickte zu Boden. Sie hatte Angst vor Geistern und vor schwarzer Magie. Sie hatte auch einmal die Lichtschweife am Himmel gesehen, nach denen ich den balian gefragt hatte. Und ihrer Mutter war etwas Schreckliches zugestoßen.

Es geschah vor vier Jahren. Damals arbeitete ihre Mutter in einem Laden, wo sie die Seidenstoffe verkaufte, die sich die Frauen um die Hüften wickelten und als Röcke trugen. Cucus Mutter war eine so fleißige Verkäuferin, dass der Chef ihr den Lohn erhöhte. Eine Kollegin wurde eifersüchtig, ging zu einem Hexer und verfluchte Cucus Mutter. Ihre Beine waren wie gelähmt, sie konnte nicht mehr laufen und verlor ihren Job in dem Laden. Daraufhin hatte Cucu beschlossen, einen der drei leerstehenden Räume in ihrem Gehöft an Ausländer zu vermieten. Aber weil ihr Haus etwas abgelegen und nicht in den Reiseführern verzeichnet war, kam niemand. Ich war ihr allererster Gast.

»Warum soll mich hier jemand verfluchen?«, fragte ich sie. »Ich kenne doch außer dir und Ketut niemanden.«

»Du unterschätzt die schwarze Magie, die es auf Bali gibt«, fuhr sie fort. »Manche Hexer stoßen Flüche aus, nur weil sie das Fluchen üben wollen.«

Ketut hupte mit seinem Moped vor der Tür. Ich

umarmte Cucu, nahm meinen Korb und schwang mich aufs Moped. Wir fuhren Richtung Norden, wo der Vulkan Agung über allem wachte. Auf dem Vulkan wohnten die Götter. Immer steiler wurde die Straße. Immer weniger die Häuser. Immer weniger sogar die streunenden Hunde.

Wir kamen in ein Dorf und hielten vor einer engen Gasse, die sich wie ein Spalt zwischen zwei Mauern auftat. Das Moped passte da nicht durch. Wir stiegen ab. Ketut lief voran. Ich nahm meinen Korb und setzte ihn mir auf den Kopf. Ich sah nichts mehr, spürte die Steinmauern an den ausgestreckten Ellbogen und den Korb unter meiner Hand. Am Ende der Gasse war eine kleine Mauer, über die wir hinüberkletterten, und dahinter war der Wald. Eine Weile irrten wir durch das Dunkel. Der Boden war matschig. Zikaden und Frösche. Und dann endlich – hinter dem Wald lag das Reisfeld im Mondlicht.

Ich traute meinen Augen nicht. Was sich mir hier offenbarte, war von einer so raffinierten, so unendlichen Schönheit. Das Feld war gerade bewässert worden, und das Mosaik der Wasserflächen reflektierte den Sternenhimmel. Es war, als hätten die Götter auf diesem Feld große Stücke des Himmels abgelegt. Ich trat näher.

Die Sterne funkelten zu meinen Füßen. Ich sah nach oben. Die Sterne funkelten auch über meinem Kopf. Es gab kein Unten mehr und kein Oben.

Da sagte Ketut:

»Du siehst die Götter nicht.

Aber die Götter sehen dich.

Sie sehen dein Herz und deinen Geist.

Du musst an die Götter glauben, wenn du willst, dass sie zu dir kommen.

Wenn du nicht an sie glaubst, warum sollen sie sich dann mit dir beschäftigen?«

Er nahm mich an die Hand und führte mich über einen niedrigen, schmalen Damm durch das Reisfeld.

Ich wusste, dass es in den Reisfeldern Spinnen gab, die so groß waren wie Kinderköpfe. Riesenspinnen. Vorsichtig setzte ich einen Fuß vor den anderen. »Vorsicht, Vorsicht, Vorsicht«, wiederholte Ketut immer wieder. Zu spät. Ich glitt aus, trat in einen Wassergraben, mein Flipflop rutschte mir vom Fuß und war für immer im dunklen Reisfeld verschwunden.

Halb barfuß ging ich weiter, bis wir den Tempel erreichten.

Ein buckliger Mann, der Tempelhüter, half mir die Stufen hinauf. Er war ganz in Weiß gekleidet und hielt eine Öllampe zwischen seinen knochigen Fingern: ein Waldschrat, sein Gesicht von Falten zerfurcht. In seinen Augen glühte ein schelmischer Blick. Er hatte keine Zähne mehr, aber er lächelte.

Ketut kannte diesen Mann noch aus seiner Kindheit. Als Junge hatte er immer Angst vor ihm gehabt. Schon damals war er bucklig und zahnlos, er war immer schon alt gewesen.

Der Tempel war eine offene Fläche mit Lehmboden und sechs Schreinen. Ein Hauptschrein und fünf kleinere, um deren Sockel Tücher gebunden waren.

In die Mitte hatte der alte Tempelhüter eine Bastmatte gelegt. Auf die sollte ich mich setzen. Mit meinem Korb. Der Alte buckelte von Schrein zu Schrein, zündete Räucherstäbchen an, sprenkelte Wasser über die Schreine, läutete mit seiner Glocke, sang und segnete. Dann ließen die Männer mich allein, stiegen die Stufen hinab und verschwanden in der Dunkelheit.

In einer guten Stunde wollten sie zurückkehren und mich abholen.

Durga. Ich faltete die Hände und betete. Göttin des Todes. Göttin der Friedhöfe. Wenn sie böse ist, nennt man sie Durga. Wenn sie gut ist, ist sie Uma, die Frau von Shiva.

Eines Tages wollte Shiva die Treue seiner Frau testen und sandte sie auf die Erde, um ihm Milch von einer schwarzen Kuh zu bringen. Aber Shiva verwandelte sich in einen Kuhhirten, und der verlangte von Uma Liebesdienste für die Milch. Als sie mit der Milch in den Himmel zurückkehrte, bat Shiva seinen Sohn Gana – der die Gabe besaß, in die Ferne sehen zu können –, ihm zu sagen, wie Uma die Milch bekommen hatte. Und so wurde Umas Begegnung mit dem Kuhhirten aufgedeckt. Shiva verfluchte sie und schickte sie auf die Erde, wo sie fortan auf den Friedhöfen verweilen sollte, bis sie Reinigung gefunden hätte.

Es war ihr jüngster Sohn, Sahadewa, der ihr dabei

half. Als Durga ihn auf dem Friedhof traf, wollte sie ihn auffressen. Sie wurde ganz schwarz und zog ihr Wiegemesser heraus. Shiva erfuhr rechtzeitig, dass Durga ihren Sohn fressen wollte, und eilte auf die Erde hinunter, sprang aus Sahadewas Haardutt heraus und setzte seinen Fuß auf dessen Fontanelle. Und Sahadewa sprach: Jetzt ist mein Geist perfekt und erfüllt von Kraft. So wurde Durga sich ihrer Gestalt gewahr und wurde sanftmütig. Sie fiel auf die Knie, warf ihr Wiegemesser fort und bat um Vergebung. Sieben verschiedene heilige Wasser sprangen aus der Konzentration von Sahadewa hervor und reinigten die Tiefen von Durgas Herz, und auf dem Boden kniend, verwandelte sie sich in die gute Uma zurück.

Die Frösche und Zikaden spielten noch immer ihr Konzert. Und nun surrten auch Mücken und Fliegen um mein Gesicht herum. Ameisen krochen an meinen nackten Beinen empor. Ich trug nur ein Tuch um die Hüften. Und saß auf der Bastmatte in dem Tempel und wartete auf Durga.

Es passierte nichts. Ich versuchte zu meditieren und die Einsamkeit in diesem Reisfeld zu genießen. Aber die Ameisen, Mücken, Fliegen, Frösche und Zikaden ließen mir keine Ruhe.

Ich stand auf und ging an den Rand des Tempels.

Die Sterne funkelten am Himmel, und die Sterne funkelten in den Wasserflächen auf dem Reisfeld. Da sah ich etwas. Wie eine Wolke. Zwischen Himmel und

Reisfeld. War es Rauch? Oder war es Durga? Es war eine rauchige Gestalt. Sie tanzte auf dem Reisfeld.

Ich blinzelte. Ich zwickte mich. Schloss die Augen und öffnete sie wieder. Die Gestalt war noch da. Kam sie näher? Es war zu dunkel, um richtig unterscheiden zu können, was ich sah.

Ich setzte mich wieder auf die Bastmatte und versuchte zu meditieren.

Eine Stunde allein im Dunklen vergeht so langsam wie tausend Millionen Jahre.

Mein Fuß begann zu jucken.

Der Tempelhüter hatte mir eine Kerze dagelassen, für alle Fälle. Ich zündete sie an und betrachtete meinen Fuß. Ein Mückenstich. Nichts weiter.

Endlich kamen die beiden Männer und fragten mich aufgeregt, ob ich Durga gesehen hatte. Nun, ein rauchartiges Gebilde über dem Reisfeld hatte ich gesehen. Sonst nichts. Sie waren enttäuscht, und ich schämte mich.

Der bucklige Alte hatte eine Idee. Er flüsterte mit Ketut, dann verschwand er auf dem Reisfeld. Nach einer halben Stunde kehrte er zurück. Er hatte einen weißen, kreideartigen Stein in der Hand, setzte sich vor mir auf die Bastmatte und begann mich mit Glocke, Gesang und Wasser zu segnen. Dann tröpfelte er etwas Wasser auf den Stein, der dadurch weich wurde, und malte mir damit einen Punkt zwischen die Augen. Auf dem Weg zurück zum Moped sollte ich jetzt im Wald die Kindergeister sehen können. Aber auch diese sah ich nicht. Es war zum Verzweifeln mit meiner Blindheit.

Wir aßen die Früchte aus dem Opfergabenkorb. Das hatte ich beim Packen des Korbes gar nicht bedacht, dass man diese Opfergaben, dem Ritual entsprechend, gemeinsam isst. Leider waren die Bananen nicht reif, und die Salak war hart, ach, es war durch und durch eine erfolglose Nacht gewesen.

Am nächsten Tag erhielt ich eine Einladung zu einer Beerdigung auf der Insel Sulawesi, ein sehr seltenes und für die Familie höchst kostspieliges Ritual. Nachdem man hundert weiße Albinostiere geopfert hat, wird der Leichnam zum Fuße eines hohen Kliffs getragen. Ein Priester steigt hinauf und meditiert Stunden auf dem Kliff, bis der Tote von selbst den Berg hinaufsteigt und von der Erde verschwindet.

Ich wollte mir ein Ticket für den Flug nach Sulawesi kaufen, aber auf dem Weg zum Reisebüro überkam mich plötzlich eine solche Schwäche, dass ich kaum noch gehen konnte. Ich setzte mich auf den Bordstein und wartete. Schweiß lief meine Stirn hinunter. Ich beschloss, zurück zu meiner Pension zu gehen und mich hinzulegen. Den Rest des Tages schlief ich. Nachts glaubte ich, unter einem Fieberanfall zu leiden, aber am Morgen war ich mir nicht sicher, ob ich das nicht geträumt hatte.

Regen. Es regnete ununterbrochen. Und wenn ich zurück in mein Zimmer kam, dröhnte mir der Kopf, als hätte ich den ganzen Tag neben einer Autobahn gestanden. Nachts wieder das Gefühl von Fieber. Und am Morgen wieder der Gedanke, ich hätte es nur geträumt. Was war los mit mir? Meine Glieder waren schwer. Ich nahm alles so seltsam wahr, die Welt schien mir wie verraucht.

Ich wollte etwas essen. Ich saß auf der Straße an einem niedrigen Plastiktisch und wartete auf mein Nasi Goreng, Reis mit Gemüse. Da erblickte ich einen Leguan unter dem Tisch meiner Nachbarin. Sie schreckte schreiend auf und lief davon. Ich blieb sitzen, rief den Leguan zu mir. Er kam auch tatsächlich und kletterte meinen Arm hoch, hockte sich auf meine Schulter, krallte seine Klauen in meine Bluse. Ich wünschte mir, er würde mich kratzen. Ich wollte mich spüren. Ich hatte das Gefühl, ich konnte meinen Körper nicht mehr spüren.

Ich dachte an eine Erkältung und trank Ingwertee und Orangensaft. Aber als ich am Morgen mit einem Ausschlag aufwachte, vom Fuß bis zum Haaransatz übersät mit roten Punkten, fuhr mich Cucu zu einer Ärztin. Sie machte alle möglichen Untersuchungen, nahm mir auch Blut ab, fand aber nichts. Bestimmt nur eine Allergie, die von selbst wieder verschwinden würde.

In meiner Pension lief die Opfergaben-Herstellung auf Hochtouren. In zwei Tagen war *Nyepi*. Der Tag der absoluten Stille. Ende März. Der Frühling kommt, die Regenzeit ist vorbei. Man reinigt seine Familie, sein

Haus, seine Gemeinde, man reinigt das ganze Land von den bösen Geistern. Am Tag vor Nyepi darf man offiziell an Glücksspielen teilnehmen, und in jedem Dorf finden Hahnenkämpfe statt. Ketut wollte mich zu dem Kampf mitnehmen, bei dem sein Freund, der balian, mit zwei schwarzen Hähnen antreten würde. Aber ich traute mich mit dem Ausschlag nicht aus dem Haus.

Ketut hatte mir geraten, ein Bad zu nehmen mit Blütenblättern von sechs verschiedenen Blumen. Aber es half nicht. Und diese Schwäche. Ich konnte kaum noch laufen. Cucu war sehr besorgt. Sie war sich sicher: Man hatte mich verflucht. Sie wollte mit mir einen Heiler aufsuchen, sobald Nyepi vorbei war.

An Nyepi steht ganz Bali still. Sogar der Flughafen ist an diesem Tag geschlossen. Man darf kein Feuer anzünden, darf nicht kochen, darf sich nicht lieben, darf nicht arbeiten, darf nicht auf die Straße. Es gilt, den bösen Geistern einen Streich zu spielen. In der Nacht davor hat man sie mit lauter Opfergaben in die Straßen gelockt, und nun, da sie überall herumwandern und Bali still daliegt, sollen sie denken, die Insel sei ausgestorben. Niemand mehr da, den sie ärgern können mit ihren Krankheiten und allem Unglück, das sie den Menschen so gerne zufügen.

Und ausgerechnet an diesem Tag der absoluten Stille brach ich zusammen.

Cucu hatte mir einen Orangensaft auf mein Zimmer bringen wollen und an der Tür geklopft. Ich stand auf, um ihr zu öffnen, und fiel in einem heftigen Schüttelanfall zu Boden. Cucu erschrak. Sie rief ihre Eltern und Nachbarn. Alle kamen herbeigerannt. Es muss, wie mir Cucu nach meiner Rettung erzählte, ein gruseliger Anblick gewesen sein. Ich lag zuckend auf dem Kachelboden. Meine Haut war kreideweiß und gleichzeitig von oben bis unten mit den roten Punkten des Ausschlags übersät. Und mein Mund. Mein ganzer Mund war voller Blut. Mein Zahnfleisch war aufgeplatzt. Blut tropfte aus meinen Mundwinkeln.

Es heißt, man soll von Kranken fernbleiben, die bösen Geister, die sich ihrer bemächtigt haben, können auf einen überspringen und einen anstecken. Die strenggläubige Familie traute sich nicht, mich anzufassen. Nur Cucu, ausgerechnet Cucu, die besonders strikt den Regeln ihrer Religion folgte, Cucu, die mich vor meinem Ausflug zu dem dunklen Tempel gewarnt hatte, Cucu trug mich mit ihren dünnen Ärmchen die Treppe hinunter und setzte mich auf ihr Moped. Ich war im Delirium, schwitzte und fror und zitterte am ganzen Leib. Cucu wickelte mir einen Schal um die Taille, mit dem sie mich an ihrem Körper festband, so dass ich während der Fahrt nicht vom Moped stürzen würde. An Nyepi darf man weder Moped noch Auto fahren, aber sie fuhr mich nach Denpasar, in die Hauptstadt, in ein Krankenhaus für Ausländer. Cucu brauchte zwanzig Minuten für diesen Weg, der an normalen Tagen zweimal so viel Zeit verschlingt. Bali war wie ausgestorben. Angeblich zogen ja in diesen Stunden die bösen Geister durch die Insel. Die Menschen versteckten sich in ihren Häusern. Nur Cucu und ich waren unterwegs. Ich betete: »Wenn ihr mich hören könnt, ihr bösen Geister, lasst Cucu in Ruhe, und kommt alle zu mir.« Und es war mir, als hörte ich aus den Baumkronen ein hämisches Gelächter.

Im Krankenhaus kam ich sofort in die Notaufnahme, Isolierstation. Diagnose: Dengue-Fieber. Eine Stunde später, und ich hätte tot sein können.

Warum hatte das die Ärztin, die ich zuvor aufgesucht hatte, nicht festgestellt? Sie hatte doch mein Blut untersucht? Weil Dengue-Fieber sich nicht gleich im Blut zeigt. Es braucht etwa eine Woche, um seine Wut im menschlichen Körper zu entfalten.

Man weiß nicht genau, woher der Name »Dengue-Fieber« kommt. Vielleicht von dem Swahili-Wort *dinga*. *Ka-Dinga-Pepo* bedeutet: Krampfanfall, der von bösen Geistern verursacht worden ist.

Drei Tage schwebte ich in Lebensgefahr. Die Ärzte fürchteten, ich würde innerlich verbluten oder an meinem 42 Grad hohen Fieber verbrennen.

Cucu fuhr am nächsten Morgen zurück nach Ubud und verbrachte die kommenden Tage bei einem Priester, der sie verschiedenen Ritualen unterzog, um sie von den bösen Geistern zu reinigen, die sie sich an Nyepi womöglich eingefangen hatte.

Nach zwei Tagen und Nächten, in denen mich meine Mutter vergeblich auf dem Handy zu erreichen versuchte, meldete sich endlich das Krankenhaus bei ihr in New York. Es gab Komplikationen wegen der Rechnung. Das Krankenhaus wollte mich verlegen, weil sie keine Garantie für die Zahlung hatten. Die Nummer für meine Auslandsversicherung lag in meinem Pensionszimmer in Ubud. Es war ein riesiges Drama, das mir später, als ich aus dem Todeskampf heraus war, Cucu und meine Mutter erzählten. Ich bekam von alldem nichts mit. Während meine Mutter sich erst mit Krankenschwestern über Zahlungsabläufe verständigte und dann mit den Ärzten beriet, ob ich vielleicht besser nach Singapur verlegt werden sollte, kämpfte mein Leib um sein Leben.

Meine Seele trieb derweil in einem wilden Fiebertraum. Ich weiß noch genau, wie er begann. Ich starrte hartnäckig auf ein Landschaftsbild an der gegenüberliegenden Wand. Ich dachte, ich könnte mein Bewusstsein wach halten, wenn ich dieses Bild mit präziser Genauigkeit analysierte. Plötzlich humpelte aus dem Wald eine Gestalt. Ein einäugiger, einbeiniger, einarmiger schwarzer alter Mann. Er hatte ein riesiges Ohr, durch das er absolut nichts hörte, und ein winziges, mit dem er die Bewegungen jedes Grashalmes vernehmen konnte. Er setzte sich auf einen Stuhl neben mein Bett.

Ich schwieg böswillig. Ich hatte keine Lust, mich zu unterhalten. Aber wie das so ist, wenn man alleine sein will, dann lassen die anderen einen nicht in Ruhe. Und wenn man einsam ist, kommt keiner.

Der Krüppel rückte den Stuhl näher an mein Bett heran. »Kennst du schon den neuesten Tratsch aus Rumänien?«, fragte er mich, und ohne meine Antwort abzuwarten, erzählte er mir von den sechs Rumänen, die verhaftet worden waren, weil sie einen »vampirischen Verwandten« exhumiert und dann sein Herz verspeist hatten. Sie meinten, dass der im Alter von 76 Jahren an Krebs verstorbene Mann sich in einen Vampir verwandelt hatte und in der Nacht umherzog, um ihr Blut zu trinken. Auf der Beerdigung hatten sie's genau gesehen. Der Tote im Sarg hatte einen ganz blutverschmierten Mund. Deshalb holten die Sechs seine Leiche aus dem Grab, schnitten das Herz heraus, verbrannten es und mischten die Asche in Wasser, das sie tranken.

»Warum erzählst du mir das jetzt?«, fragte ich den Krüppel genervt.

»Warum nicht? Du interessierst dich doch so für Geistergeschichten.« Antwortete er und stopfte Tabak in eine Pfeife. Er zündete sie an und lehnte sich zurück. Vielleicht, dachte ich, wenn ich ihn einfach ignoriere, wird er verschwinden.

Stattdessen tauchte noch ein anderer auf: Pakal. Der legendäre Mayakönig, der in der Mayaruine von Palenque, im Süden von Mexiko, seine Grabstätte hat. Ich konnte mich noch gut erinnern an die Nacht, wo ich mit einem Archäologen heimlich in Pakals Grab hinabgestiegen war, das Steintor öffnete und auf seiner Grabplatte herumkletterte, was streng verboten ist, in der Hoffnung, Pakal würde mir als Geist erscheinen. Damals kam er nicht. Aber jetzt, wo ich niemanden sehen wollte, jetzt, wo ich allein sein wollte, jetzt stand er vor mir. Sein indianischer Haarschmuck reichte bis an die Zimmerdecke. Auf seiner Nase saß ein japanischer Büroangestellter. Auch der noch! Ich hatte schon von ihm gehört. Er kam aus Tokio und ging noch Jahre nach seinem Tod jeden Tag zur Arbeit. Die Leute sahen seinen Geist durch die Drehtür huschen. Im Sommer trug er Sommeranzüge. Im Winter trug er Winteranzüge. Und noch mehr merkwürdige Gestalten füllten den Raum.

Ach, ich bin doch eigentlich eine gute Gastgeberin, aber ich wollte mich mit niemandem unterhalten und starrte auf das Landschaftsbild. Da erinnerte ich mich an die berühmte Geschichte von dem chinesischen Landschaftsmaler Wu Dao Zi, den sein Kaiser in die neueroberte Provinz schickt. Wu Dao Zi soll aufmalen, wie es dort aussieht. Nach vielen Jahren kehrt der Maler in den Palast zurück. Er lässt sich eine riesige Leinwand aufstellen und malt darauf das ganze Land, das er durchwandert hat. Der Kaiser lobt das Bild. Da nimmt Wu Dao Zi seinen Wanderstock und tritt auf einen kleinen Weg im Bildvordergrund. Über diesen Pfad schreitet er in die Landschaft des Bildes hinein, und bald entzieht ihn eine Biegung des Weges dem Blick des Kaisers. Wu Dao Zi verschwindet, und mit ihm verschwindet die ganze Landschaft, die er gemalt hat, und er hinterlässt die Leinwand so weiß und rein, wie sie zuvor gewesen ist …

Das war die Lösung! Ich konnte in dem Bild verschwinden. Hatte mir doch Ketut beigebracht, dass man mit der Kraft der Gedanken fast alles erreichen konnte, dass sich die Hexer allein durch ihre Vorstellung in Katzen und Affen verwandeln konnten. Ich dachte immer wieder: Verschwinde in dem Bild, verschwinde in dem Bild. Ich roch schon die Farbe, da zerrte mich Ranga an den Haaren zurück ins Zimmer.

»So einfach kommst du uns nicht davon!«

Ranga! Die böse balinesische Hexe! Die mit den ausgeleierten Brüsten, die ihr bis über den Bauch schlabbern, und dem hässlichen, weißen, vertrockneten, spröden Haar, den aufgequollenen Augen und den Reißzähnen! Auf die hatte ich überhaupt keine Lust. Ihre Zunge hing ihr wie eine alte Schuhsohle aus dem Maul. Sie stank. Sie hatte keine Finger. Sie hatte nur Krallen, die sich in meine Kopfhaut hineinbohrten.

»Was wollt ihr von mir?«, schrie ich unter entsetzlichen Schmerzen.

Der alte Einbeinige zog an seiner Pfeife:

»Wir wollen, dass du uns sagst, ob es uns gibt.«

Und der Mayakönig fügte hinzu:

»Glaubst du denn, uns ergeht es anders als euch Menschen? Glaubst du denn, wir stellen uns nicht die Frage der Existenz? Was wir sind? Woher wir kommen? Wo wir hingehören?«

»Du bist ein verstorbener Mayakönig«, schrie ich, »und meine Fieberphantasie! Du bist kein Geist!«

Da ging die Diskussion erst recht los. Alle wollten mitreden und philosophieren, darüber, was sie waren und warum. Denn die Gespenster sind über ihre Existenz mehr im Zweifel als wir Menschen.

Es gab nur einen Weg, wirklich zu erfahren, ob es Geister gab oder nicht. Ich erinnerte mich an meine Begegnung mit dem Zauberer. »Haben Sie etwas zu verlieren?« Das hatte er mich gefragt. Vielleicht gab einem nur der Tod die Antwort. Aber ich wollte nicht sterben. Ich weiß noch sehr genau, dass ich an einer Klippe stand, das sah ich vor mir, und eine Stimme sagte, wenn du springst, kannst du fliegen. Vier schwarze Fledermäuse spannten ihre Flügel wie zum Beweis, dass es wirklich möglich war. Aber ich wollte nicht fliegen. Plötzlich sehnte ich mich nach einem Kuss. Ich wollte eine Erdbeere schmecken und küssen und tanzen und fühlen, und nach drei Tagen hatte der Albtraum endlich ein Ende.

Cucu kam mich besuchen und weinte. Für sie war es keine Frage, dass man mich verflucht hatte.

»Auch im Unglück liegt eine Weisheit und Seligkeit für den, den es trifft«, sagte ich ihr. Was die Natur tut, das ist heilig. Ich will jeden Schrecken mit offenen Augen erkennen und hinnehmen, den das Schicksal für nötig hält, mir zuzufügen.

Nach einer Woche verließ ich das Krankenhaus. Ich zog aus Ubud fort und verbrachte meine letzten Tage am Meer. In der Nacht vor meiner Abreise wollte ich noch mal meditieren. Ich lief den Strand entlang, bis da, wo die Lichter von den Restaurants und Bars mich mit ihren langen Fingern nicht erreichten, wo nur Mond und Sterne schienen.

In der weiten Fläche des Meeres brachen die Wellen so vielfältig, so spielerisch, so unrhythmisch, so wie die balinesische Musik, so befremdlich, so betörend, und wenn ich hundert Meter ins Wasser gelaufen war, reichte es mir noch immer nur bis zur Wade. Das Wasser war warm und sog an meinen Beinen. Es rief: »Komm mit! Versinke in meinem Schlund.«

Nyai Roro Kidul. Königin der südlichen Meere.

Sie war die schönste Frau im Harem eines Sultans, bis eine andere sie aus Eifersucht verfluchte und ihre strahlende Haut mit Geschwüren verdunkelte. Krank, hässlich und verstoßen irrte Roro Kidul am Strand herum. Die Götter schenkten ihr das Meer und einen Palast auf dem Meeresgrund. Besonders Männern, aber auch Frauen kann es passieren, dass Roro Kidul eine Welle nach ihnen auswirft und sie einfängt, wenn sie Diener für ihren Palast braucht.

Auf Java gibt es eine Nacht, in der man zu der Meeresgöttin betet. Man wirft eine weiße Blüte in die Wellen und sucht sie dann mit der Taschenlampe. Wer dieselbe Blüte wiederfindet, dem wird sein Wunsch erfüllt. Auch ich warf eine Blüte ins Meer. Roro Kidul spülte sie mir zurück.

Ich setzte mich in einen Lotussitz und versuchte, mit

offenen Augen zu meditieren. Ich sang ein paarmal OM, OM, OM, OM, OM und zählte dabei die Wellen. Ich wollte nicht denken, wollte mich ganz offen dem Moment hingeben. Aber wieder kamen sie, die Gedanken, von allen Seiten, von unten, von oben, von rechts und von links. Ich werde es niemals schaffen, dachte ich und stützte meinen Kopf in die Hand. In dieser Enttäuschung verharrte ich einige Minuten und war durch das Gefühl, nicht sehen zu können, immer denken zu müssen, überraschend gedankenlos.

Aber dann sah ich etwas. Weit draußen sah ich eine Gestalt. Sie lief am Meer entlang. Ich richtete mich auf. Eine weiße Gestalt. Auf zwei Beinen. Ein weißer Hund. Ein halber Hund. Nur der Kopf und die zwei Vorderbeine und der halbe Rumpf liefen da zwischen den spielenden Wellen. Ein halber weißer Hund im Mondlicht. Das war eindeutig ein Geist.

Ich wagte nicht, mich zu regen, und bat im Stillen Roro Kidul: Schicke ihn näher, schicke ihn näher, dass ich ihn ansprechen kann. Plötzlich drehte der Hund nach links und steuerte auf mich zu. Ein spitzes Maul und wache, aufrecht stehende Ohren. Ich hatte gar keine Angst vor dem fremden Tier. Es lief an mir vorbei, lief direkt an mir vorbei.

Und ach! Da erkannte ich, dass der Hund vier Beine hatte, nur war der hintere Teil pechschwarz, und das hatte ich gegen den Nachthimmel nicht erkannt.

Pupy ohne Angst

Ihr Toren, die ihr im Koffer sucht!
Hier werdet ihr nichts entdecken!
Die Konterbande, die mit mir reist,
Die hab ich im Kopfe stecken.
Heinrich Heine

Ich wusste, ich würde sie eines Tages finden. Die Afrikanische Königin. Nur wusste ich nicht wo und nicht wie und nicht wann. Die Dinge von selbst kommen lassen – wie Ilse Middendorf mich gelehrt hatte – ins Abwarten gehen – den Atem nicht holen – ihn kommen lassen – vertrauen – der Atem kommt von alleine – Hingabe üben – den Atem empfangen wie ein Geschenk – indem ich mich öffne, indem ich mich hingebe – ins Abwarten gehe und zulasse, dass in mir etwas aufsteigt – aber dabei wachsam sein, erfahren, horchen, schauen: Was ist es, was da kommt? Und was will es von mir?

In jenen Tagen in New York ging ich oft ins Planetarium, um mir wissenschaftliche Vorträge anzuhören. Besonders mochte ich einen Physiker, der die Superstringtheorie erklärte und von parallelen Welten sprach. Seine Vorträge waren für mich wie Drogen-trips. Meine Gedanken reisten durch seine Theorie-Gebilde wie durch fremde Länder. Ich verstand alles immer sehr genau, wenn ich es hörte. Aber wenn ich ein paar Tage später Freunden davon erzählen wollte, brachte ich nur zusammenhangslose Sätze hervor. Ein Physikvortrag war wie eine durchtanzte Nacht. Ich erlebte sie fieberhaft, spürte sie noch am Morgen im Körper vibrieren, aber eine Woche später war sie verklungen, erloschen, aufgesaugt vom schwarzen Loch der Vergangenheit.

»Wenn wir uns die Frage nach dem freien Willen und dem Schicksal stellen, müssen wir begreifen, dass unsere Auffassung von Zeit limitiert ist. Und je mehr sich die Wissenschaft mit der Frage der Zeit beschäf-tigt, desto größer wird das Mysterium.«

Zeit.

Wann bin ich wo und warum bin ich wann wo und wie bin ich dort hingekommen und ist das Ges-tern vielleicht noch neben mir morgen und bin ich heute schon da gewesen wo ich morgen hätte sein wollen

Ich lief durch die verschneite Nacht. Queens. Long Island City. Blick auf die Skyline. Wieder da, wo das Tonstudio war, wo wir das schreiende Baby aufge-nommen hatten und Abraham mit der Faust auf seine Hoffnungen eingeschlagen hatte. Diesmal war ich allein inmitten eines heftigen Schneesturms. Der Wind trieb mir die Schneeflocken ins Gesicht und schubste meinen Körper immer wieder zurück. Ich stapfte tapfer gegen ihn an. Lehnte mein ganzes Gewicht nach vorn. Niemand unterwegs. Kaum ein Auto. Ab und an ein Taxi, das langsamer fuhr, als ich lief. Und plötzlich sah ich eine rote Tür in der weißen Schneelandschaft.

Über der Tür war ein Leuchtschild angebracht: Dance Studio. Aber nicht alle Buchstaben blinkten mehr, und man las: Dan Stud. Ich hörte Musik. Salsa.

Die Liebe zu Kuba brennt immer in mir. Manchmal flüstert das Feuer nur leise. Aber kaum wirft er – wer? – na, er – ja, wer? – na, der Zufall – kaum wirft *das unerforschte, wissenschaftlich nicht nachgewiesene und die Menschen stets verwirrende Etwas* einen neuen Stapel Holz auf die Glut, lodern die Flammen in mir auf, und ich brenne für Kuba.

Ich klopfte. Keine Antwort. Dann drückte ich die Klinke herunter, die Tür war offen.

Man hatte eine Autogarage zu einem Tanzstudio ausgebaut und sowohl die Tür als auch die Wände rot angestrichen. Von der Decke hing ein riesiger Heizkörper, der sich immer wieder kurz einschaltete, gewaltig lärmte, eine nahezu unerträgliche Hitze verbreitete und wieder verstummte.

Etwa ein Dutzend Menschen standen vor einem Klapptisch, dippten Cracker in Käse, schaufelten Nudelsalat auf Pappteller oder gossen sich Cola mit Rum ein. Im hinteren Teil des Raumes, neben der Spiegelwand, standen einsam drei große Trommeln.

»Wir warten auf die Trommler«, sagte eine Frau zu mir.

Ein Kubaner, der hier Rumba unterrichtete, würde gleich einen Orisha-Tanz vorführen. Die Veranstaltung sollte um neun beginnen, es war zehn und noch nichts geschehen.

Ich zog meine nasse Jacke aus, auch die Schuhe und setzte mich erschöpft auf einen Stuhl. Da trat er auf mich zu, und er war es tatsächlich – Felix Pupy Insuam –, und er hob den Finger:

»Du kommst ein Jahr zu spät.«

»Pupy!«, rief ich und fiel ihm um den Hals wie eine Schiffbrüchige.

Pupy. Unverändert. Pupy. Laut. Pupy. Raue Stimme. Pupy. Verrückt. Pupy. Wild. Pupy. Unberechenbar. Pupy. Ohne Angst.

Ai, Pupy!

Ich war Pupy mehrmals begegnet, drei Mal, und konnte nicht glauben, dass ich ihn hier, mitten in einem der schlimmsten Schneestürme, die ich in New York erlebt hatte, dass ich ihm hier wiederbegegnet war.

Ich hatte Pupy nach meiner ersten Kubareise getroffen, als ich noch fest davon überzeugt war, dass ich eines Tages nach Kuba ziehen und Pablo heiraten würde. Damals war ich in New York und hatte Geburtstag. Ein paar Freunde kamen vorbei, verbanden mir die Augen, setzten mir Kopfhörer auf und mich in ein Auto. Lange Fahrt. Musik auf den Ohren. Die Augen verbunden. Irgendwo stieg ich aus, irgendwo ging ich hinein. Sie nahmen mir die Kopfhörer ab, ließen mir aber die Binde über den Augen. Ich sah nichts. Hörte nur. Trommeln. Trommeln. Trommeln. Und Männerstimmen, die zu den Trommeln ein spanisches Geburtstagslied sangen. New Jersey. Eine alte Kaschemme. Eine Kneipe. La Esquina Habanera. Die Ecke in Havanna. So hieß der Laden, wo Pupy einmal im Monat mit seiner Gruppe Rumba spielte, den wahren kubanischen Rumba. Pupy war Santero. Er sang. Er sang so schön, so rein, so zart und so fern. Seine Stimme klang wie aus einer anderen Welt. Dann. Jahre später. In einem Club in Manhattan. Copa Cabana am West Side Highway. Großer Laden. Schicker Laden. Türsteher und roter Teppich, auf dem viele nackte Damenfüße in hochhackigen Schuhen fröstelnd warteten, hereingelassen zu werden, um Salsa zu tanzen.

Ich war allein, stand an der Seite der Tanzfläche, und niemand forderte mich auf. Ich beherrschte den New Yorker Salsa-Stil nicht gut. Sie tanzen auf die Zwei. Die Kubaner tanzen auf die Eins. So hatte ich es in Kuba gelernt. Ein Mann forderte mich auf, aber ich konnte ihm schwer folgen. Vielleicht machte mich seine Nervosität nervös? Alle sahen mit an, wie ungeschickt ich mich drehte, wie oft wir mitten im Tanz anhielten, weil wir aus dem Schritt gefallen waren.

Der Mann führte mich enttäuscht zurück zu meinem Drink. Jetzt fragt mich keiner mehr, dachte ich, und in dieser Sekunde kam Pupy. Ich erkannte ihn sofort. Den Rumbero. Er nahm mich bei der Hand.

Ich sagte ihm, ich kann nicht so gut tanzen, und er lachte: »Eine Frau tanzt so gut, wie der Mann, der sie führt.« Und er führte mich. Himmlisch leicht. Und ich konnte plötzlich alles. Jede Drehung. Jeden Schritt. Weil ich mich ihm anvertraute, weil ich mich von ihm führen ließ, weil ich mich ihm hingab. Das nächste Lied war ein Son. Pupy konnte Son tanzen wie kein anderer. Er zog mich näher an sich heran. Er ließ meine Hüften die Achten malen und in Unendlichkeit schwingen. Nie werde ich diesen Tanz vergessen. Danach wollte er mich sofort mit zu sich nach Hause nehmen, aber ich war zu schüchtern und rannte fort.

Und sehr viel später begegnete ich ihm wieder in dem renommierten Tanzstudio Alvin Ailey an der 9. Avenue und 54. Straße. Glasgebäude. Große Fenster. Dort konnte man Orisha-Tanzstunden nehmen. Und Pupy war der Lehrer. Aber er unterrichtete nicht. Er plante gerade eine Show, zeigte uns seine Choreographie und machte aus der Tanzstunde eine Probe. Er schrie wie ein richtiger Regisseur. Danach gab er mir seine Telefonnummer.

»Ruf mich an. Mach mit in meiner Kompanie. Trete mit uns auf.«

Wir waren verabredet an einem Montag. Sonntagnacht bekam ich einen Anruf aus Berlin und musste wegen eines Jobs am nächsten Tag fliegen. Ich verlor den Zettel mit seiner Nummer und sah Pupy nicht wieder.

Die Tür ging auf, und ein heftiger Windstoß schob drei verschneite Trommler in den Raum. Als Pupy sie sah, nahm er einen großen Schluck Rum aus seinem Becher, ging zu dem Altar, der in der hinteren Ecke des Raumes aufgebaut war, und spuckte den Rum in einem Sprühregen über den Altar. Jetzt, wo die Trommler da waren, konnte er beginnen. Und erst jetzt sah ich, dass auf dem Altar ein Bild von San Lázaro stand, der alte Heilige mit dem Krückstock und seinen Hunden. Ihm galt dieser Abend.

Pupy setzte sich auf der Tanzfläche auf einen Stuhl. Die anderen Besucher nahmen vor ihm Platz. Er zog ein Papier aus der Tasche, er hatte ein paar Geschichten von Babalu Ayé aufgeschrieben und wollte sie vorlesen. Aber er hatte seine Brille vergessen und konnte die Schrift nicht erkennen. Also warf er den Zettel fort und begann zu erzählen, von den Sklaven, die aus Afrika nach Kuba kamen und ihre Orisha-Traditionen mitbrachten. Sie hatten ja sonst nichts. Nur die Erinnerung. Die Geschichten. Die Gesänge. Im Blut die Rhythmen der Trommeln. Und weil ihnen das Trommeln von den Spaniern verboten wurde, erfanden sie ein neues Instrument, den cajon, eine Holzkiste. Sie saßen auf der Holzkiste und trommelten zwischen ihren Beinen auf das Holz. Wenn ein spanischer Aufpasser kam, saßen sie still auf ihren Kisten und starrten stumm in die Hitze. Hast du was gehört? Nee, du? Nee, nichts.

Pupy erzählte von Babalu Ayé, dem Orisha der Heilung, dem leprösen Gott, dem syphilitischen, eitrigen Gott, dem Schürzenjäger, dem Lüstling, der aber auch barmherzig ist, fromm und mitleidig.

Olofin verteilte seine Kräfte zwischen seinen Söhnen. Er gab Oshun den Fluss, Chango den Donnerschlag, Oya die schnellen Funken, Oggun die Metalle, Orunmila die Macht der Voraussehung, Eleggua die Wege und die Aufgabe, der Götterbote zu sein, und als die Reihe an Babalu Ayé kam, fragte ihn Olodumare: »Was willst du?«

»Ich will mit allen Frauen auf der Welt Beziehungen haben.«

Und Olofin schenkte ihm die Frauen unter der Bedingung, dass er an Donnerstagen keine Frau anrühren dürfe.

Babalu Ayé hielt sich brav an die Vorschrift, bis er sich in ein junges Mädchen verliebte und sie an einem Donnerstag zu der Seinen machte. Am folgenden Tag war sein Körper voller Geschwüre. Er flehte um Vergebung. Aber Olofin gab nicht nach. Und Babalu starb an den Folgen seiner schrecklichen Krankheiten. Da weinten alle Frauen auf der Welt. Die schöne Oshun beschloss, ihn zu retten. Sie reiste zu Olofins Palast und schmierte ihren Honig an die Wände und Türen und in die Zimmerecken, ihren Honig, der die Leidenschaft der Männer weckt.

»Gib mir auch etwas von deinem Honig«, sprach Olofin, »ich fühle mich auf einmal so jung und so stark.«
Aber erst musste er ihr versprechen, Babalu Ayé wieder zum Leben zu erwecken. Olofin tat, wie sie ihm befahl, und Babalu kehrte zurück zu den Frauen.

»Unsere Götter sind nicht wie der christliche Gott«, sagte Pupy und erhob sich von seinem Stuhl. »Nicht wie ein Gott, den man nicht sehen kann, der immer nur gut ist, der alles richtig macht. Nein, bei uns ist nur der gut, von dem man nichts Schlechtes weiß. Die Orishas sind streitsüchtig, eifersüchtig, verschmitzt und spielen einander andauernd Streiche.«

Babalu Ayé lebte in einem fernen Land und heilte die Kranken. Eines Tages rief man ihn in ein Dorf, um einen Sterbenden zu retten. Er zog, auf seinen Stock gestützt und begleitet von seinen Hunden, durch die Landschaft.

Oggun, der in den Wäldern wohnt, wollte sich mit seinem Bruder versöhnen, denn sie hatten sich ganz fürchterlich gestritten, und Babalu Ayé war stinksauer auf ihn. Da ging Oggun zu dem kleinen Eleggua und fragte: »Wo treibt sich mein Bruder herum?«
Eleggua wusste den Weg, den Babalu Ayé gerade eingeschlagen hatte. Und so spielte Oggun seinem Bruder einen Streich.

Er nahm seine Machete und hackte aus dem Gestrüpp einen Pfad heraus, der tiefer in den Wald hineinführte. Dann stellte er ein Schild auf mit der Aufschrift: Abkürzung in das Dorf.

Und er versteckte sich hinter einem Busch und wartete.

Babalu Ayé war müde und erschöpft. Als er das Schild sah, freute er sich. Wie gut, eine Abkürzung, bald kann ich mich ausruhen! Er betrat den falschen Pfad und geriet immer tiefer in den dichten Wald hinein. Aber ach, er kam nirgendwo an. Und ach, er kam auch nicht mehr zurück. Plötzlich war er nur noch von Bäumen und Büschen umgeben. Er schrie um Hilfe. Da kam Oggun aus seinem Versteck, führte Babalu Ayé zurück auf die richtige Straße. Dankbar sagte dieser zu Oggun: »Fortan kannst du immer auf mich zählen.«

Draußen trieb der Schnee. 17. Dezember. Der Tag des San Lázaro. Heute pilgerte halb Kuba zu einer Kirche außerhalb von Havanna, die sich El Rincón nennt, um ihren Babalu zu bitten, sie oder ihre Liebsten von schlimmen Krankheiten zu heilen. Auf Knien rutschen sie die Straßen entlang, die Pilger, die Betenden.

»Wie in Mexiko!«, rief eine Frau aus dem Publikum. Da pilgern auch Millionen von Menschen zur Virgen Guadalupe, einer gelb gekleideten Puppe, und bitten um Glück und Gnade. Auch Pupy war einmal in Mexiko gewesen und hatte das miterlebt, aber aus der hintersten Reihe, »denn die vorderen sind ja überall und immer nur für die Reichen reserviert! Und wir Armen müssen hinten das Gedränge überleben.«

Aber eigentlich, sagte er, eigentlich haben die Götter keine Tage. El dios no tiene día. Wir geben ihnen Tage, weil wir die Zeit so gerne unterteilen.

Zeit. Zeit.

Draußen der Schnee und hier die uralten Geschichten aus Afrika. So viele Jahrhunderte, dachte ich, so viele Münder, die sie weitergetragen haben, diese Geschichten, die in keinem Buch geschrieben sind, die man nicht verbieten kann, weil sie wie Luft sind, wie die Geister, die man nicht deuten und nicht fangen kann – aber Pupy tanzt sie.

Die drei Trommler begannen langsam die Trommeln zu schlagen.

Der Tanz von Babalu Ayé war Pupys Lieblingstanz. Der Tanz des Gottes, dem seine Frauensucht fast den Tod bringt. Und wenn er läuft, sind seine Knie nach innen gebogen, und er zuckt, und er wedelt mit den Händen vor seiner Brust herum, weil er so die Insekten vertreibt. Er hat so viele offene Wunden, und es ist heiß, und die Fliegen knabbern an seinen Geschwüren, und er versucht, sie mit einem Palmenblatt fortzujagen.

Der Tanz von Babalu ist der Kampf mit dem Tod. Babalu fällt nie hin, aber immer fast. Und auf dem Boden wartet der Tod. Wenn er hinfällt, wird er nie mehr aufstehen, und man sieht, wie er fast hinfällt, aber eben nie ganz den Boden berührt. Und die Trommler rufen dem fast fallenden Pupy in der alten Yoruba-Sprache zu: »Steh auf, steh auf, steh auf ...«

Am folgenden Tag besuchte ich Pupy in seiner Wohnung in der Bronx. Nein. Pupy hatte nicht viel Geld. Er war in der Welt der Santeros wie in der der Musiker und Tänzer nicht unbedingt der, der in der ersten Reihe saß und Preise bekam. Denn er hielt sich an keine Regeln.

Ich setzte mich neben ihn auf sein Sofa und erzählte von der Reise mit Ronal, zu der Santera, die mir auftrug, die Afrikanische Königin zu finden.

»Das bist du!« Schoss es aus ihm raus.

»Du bist das.«

»Ich?«

»Wollen wir sehen, ob ich recht habe?« Und er sprang auf und ging in seinen Flur, wo hinter der Tür, zu Füßen von Eleggua, ein Schrein aufgebaut war. Und er warf vier Kokosnusshälften vor den Schrein. Zwei landeten mit der dunklen Schale nach oben. Und zwei zeigten ihr weißes Fleisch. Das war ein eindeutiges Ja.

»Ich bin die Afrikanische Königin?«

»Du bist es nicht, du hast sie. Du hast eine Tote, die mit dir geht, eine tote Afrikanerin, die dich begleitet ... Warum hast du mich gesucht?

All diese Zufälle! Glaubst du, ich habe dich nicht erkannt? Damals im Copa Cabana? Ich wusste sofort, wer du warst. Das Geburtstags-Mädchen mit den verbundenen Augen, die in das Esquina Habanera gekommen war. Und dann trafen wir uns im Tanzstudio. Und nun wieder. Siehst du es nicht? Deine Tote hat dich zu mir gebracht, damit ich dir sage, dass du eine Tote hast, die dich führt, und damit du dir selbst vertrauen kannst ... Man muss die Beziehung suchen, zwischen Fluss und Meer ... Dein Weg ist vorausbestimmt, aber du musst ihn trotzdem selbst gehen ... Die Götter helfen dir, aber arbeiten musst du allein ... Deine Tote ist die Afrikanische Königin.

Schau mal, ich habe eine Nonne, einen Indianer, Chango, da ist sogar ein Sufi. Mein Weg ist vorausbestimmt, ich bin in bester Begleitung, aber ich gehe ihn trotzdem allein.«

»Aber warum habe ich eine Afrikanische Königin?«

»Sie haben sie dir gegeben. In dem Dorf in Kuba. Sie fuhr in dich hinein. Du fühltest dich schwach, und aus der Schwäche entstand deine große Kraft.«

Ein paar Jahre später flog Pupy nach Havanna zum Sterben. Er wusste, er würde sterben, setzte sich ins Flugzeug, landete in Havanna, legte sich auf sein Bett, ließ seine vielen Kinder kommen, verabschiedete sich und starb.

Die Afrikanische Königin. Die Tote, die mich beschützt, die ich nicht sehe. So war ich umhergereist und hatte gesucht und gesucht und gesucht nach einem Geist, und dabei saß er mir die ganze Zeit auf der Schulter.

Ich danke allen Menschen, Tieren, Geistern und Göttern, die mir auf meiner Reise geholfen haben.

Ein besonderer Dank geht an meine Mutter, ohne die ich nicht bin, und an meine Schwester, ohne die ich nicht sein will.

Marie Pohl
Maries Reise
Band 16034

Mit gerade mal zwanzig, zwischen Abitur und »richtigem
Leben«, hat Marie Pohl einen Plan: eine Reise um die Welt zu
Menschen ihres Alters, die genau wie sie beginnen, ihr Leben
aufzubauen. Entstanden ist dabei ein ebenso unerschrockenes
wie charmantes Buch voller Geschichten, die uns etwas über
die Welt von morgen verraten.

»Ich suche: die interessantesten
Personen meiner Generation.
Bevor: mich alle mit ›Sie‹ ansprechen.
In: Berlin, Havanna, Buenos Aires, San Francisco,
Hanoi, Tiflis, Jerusalem, Helsinki.«

Fischer Taschenbuch Verlag

Bruce Chatwin und Paul Theroux
Wiedersehen mit Patagonien
Aus dem Englischen von Anna Kamp
Band 11721

Bruce Chatwin und Paul Theroux, zwei erfahrene Patago-
nien-Reisende, die beide bereits Bücher über dieses Land
am äußersten Rand der bewohnbaren Welt geschrieben
haben, treffen in Wiedersehen mit Patagonien zu einem
reizvollen Zwiegespräch über ihre Erlebnisse zusammen.
Und da sie »literarisch« Reisende sind, erregt ein literari-
scher Bezug genauso ihre Neugier wie ein merkwürdiges
Tier oder eine seltene Pflanze. Melvilles Moby Dick oder
Edgar Allan Poes Denkwürdige Erlebnisse des Arthur
Gordon Pym, ein spätmittelalterlicher Ritterroman, in dem
ein seltsames Tier mit Namen Patagon auftaucht, oder das
Verschwinden des Odysseus im Meer – ihrer leidenschaft-
lichen Aufmerksamkeit entgeht kaum ein faszinierendes
Detail. Sie folgen aber auch den Spuren ganz realer Reisen-
den – ob es sich hierbei nun um Darwin oder eine englische
Lady handelt –, und Chatwin entdeckt höchstpersönlich
die Hütte, in der sich Butch Cassidy und Sundance Kid für
eine Weile zur Ruhe setzten. Die hier zusammengetragenen
Fundstücke wecken die Sehnsucht nach diesem Land, das
zur Metapher wurde für das Unheimliche, das verhängnis-
voll Anziehende.

Fischer Taschenbuch Verlag

fi 11721 / 1